激发办学活力区域改革系列成果

编委会主任　成尚荣

心教育概论

XINJIAOYUGAILUN

赵丹妮　编著

南京大学出版社

内容简介

《国家中长期教育改革与发展规划纲要(2010—2020)》《关于进一步激发中小学办学活力的若干意见》等文件明确提出,将"充满活力"作为教育体制机制改革的重要目标,形成师生才智充分涌流、学校活力竞相迸发的良好局面,最终推动基础教育公平发展和质量提升。洛阳市西工区教育体育局在洛阳师范学院的指导和协作下,开展心教育实践,立足五大基石和三十九项行动落实教育教学自主权、完善治理体系、增强内生动力、拓展办学资源等举措,激发中小学办学活力,推进了区域教育优质均衡发展。

图书在版编目(CIP)数据

心教育概论 / 赵丹妮编著. — 南京:南京大学出版社,2021.11
ISBN 978 - 7 - 305 - 24758 - 3

Ⅰ. ①心… Ⅱ. ①赵… Ⅲ. ①儿童教育—研究 Ⅳ. ①G61

中国版本图书馆 CIP 数据核字(2021)第 146892 号

出版发行　南京大学出版社
社　　址　南京市汉口路 22 号　　　　邮　编　210093
出 版 人　金鑫荣

书　　名　**心教育概论**
编　　著　赵丹妮
责任编辑　曹　森　　　　　　　编辑热线　025 - 83592123

照　　排　南京南琳图文制作有限公司
印　　刷　南京人文印务有限公司
开　　本　718×1000　1/16　印张16　字数287千
版　　次　2021 年 11 月第 1 版　2021 年 11 月第 1 次印刷
ISBN 978 - 7 - 305 - 24758 - 3
定　　价　48.00 元

网址:http://www.njupco.com
官方微博:http://weibo.com/njupco
官方微信号:njupress
销售咨询热线:(025) 83594756

编 委 会

让儿童心灵焕发最美的光彩

　　洛阳市西工区西下池小学校园并不大,但很美,处处闪现儿童活泼的身影,自由创造的气氛洋溢在校园的每个角落,称之为"儿童世界""爱的天地"是不为过的。这一切都与学校的文化主张、教育的核心理念——心教育有关。

　　心教育的倡导者是时任校长的李艳丽。从2006年开始,她就践行"爱·自由·规则·平等"为核心主题的教育,逐步凝炼为心教育。李艳丽升任西工区教体局副局长、局长后仍孜孜以求,至今已有15年。她策划心教育,由此带动心文化、心生态的建设,并进行完整建构。在"心环境、心课堂、心课程、心成长、心管理"五块基石上着力,着眼于儿童精神品质、和谐人格的培养,塑造美好心灵,促进学生身心健全发展,让儿童心灵焕发光彩,为培养时代新人打好基础。

　　心教育是健全人的教育。人是完整的存在,其健全在于身与心两个方面,身与心是一个整体,密不可分,但在教育实践中,又人为地使两者常处在分离状态,甚至造成割裂。造成这两方面问题的主要原因是,对人存在的有机整体性缺少深刻的认知与准确的把握。用西方哲学家的观点来看,将身与心生生地切开,成为所谓"永久持续的存在的炸裂"(《作为身体哲学的中国古代哲学》,梅洛·庞蒂语),这种"炸裂"伤害了儿童的生命与心灵。用中国古代哲学观点来看,身心合一实质是"身道合一",即"身与道原是一件""须道尊身尊才是至善"(同上,王艮语)。值得注意的是,就现状来看,对身体的重视及其教育正逐步得到加强,相比之下,对心教育的关注及加强还远远不够。而身体教育存在的问题又往往与心教育关系甚为密切。因此,从心的教育切入,由此推动身心发展的完整,是极为重要的思路举措。不难看出,心教育具有鲜明的针对性和超越性。心教育揭示了教育的本质与核心,遵循了人身心健全发展的教育之道。心教育命题的提出与实施具有原创意义和突破价值。

洛阳市西工区的心教育研究与实践,坚持让实践走在前面,在实践的基础上,逐步加深理性认识,成果颇丰。为了提炼区域教改经验,洛阳市西工区在洛阳师范学院的长期指导下,发挥区域协同合作优势,开展了广泛而深入的理论研究与实践探索。双方将成果进一步梳理和凝炼,形成了一套包括《心教育概论》《学校环境创设与开发》等在内的"激发办学活力区域改革系列成果"。

该丛书理论观照实践,构建了系统成熟的心教育体系,从特质、内涵、原则等方面阐释心教育;从学校课程建设角度分类归纳,挖掘中小学课程整合案例,提出评价标准和实施成效;对学校环境创设与开发进行理论阐述,将心教育环境的特色案例进行分类与描述;以儿童观察案例为基点诠释心教育的鲜明特色,梳理儿童发展的相关理论基础,整合儿童身心发展领域的观察案例,提出观察案例撰写要求和评价标准,对实施效果进行科学评估;对讨论课进行深入、全面的理论研究和实践应用,分析讨论课对立德树人的意义和价值。整体而言,基于心教育的研究在以下几个方面进行深入的探索,作出了创造性实践。

　　首先是对心教育进行定义。心教育是心理教育,更是心灵教育,是塑造心灵的教育。教育必须重视儿童的心理健康教育,这是人健康内涵的重要有机组成部分,须臾不能忽略,甚至不能有一点点轻慢。但心理的深处是心灵,只有真正走进儿童的心灵世界,才能真正了解他们;只有呵护他们的心灵,才能抚慰他们的心理;只有把整个心灵献给儿童,教育的真谛才能实现。心教育不仅是生命体验教育,让生命焕发独有的光彩,更是塑造灵魂的教育,失去灵魂的教育培养的是没有灵魂的人。总之,心教育是全人教育,培养担当民族复兴大任的时代新人需要心教育。

　　其次是心教育有着鲜明的特点,这些特点彰显了教育的深义。一是高价值。心教育是价值观教育,学生在价值认知、价值澄清、价值选择中,确立正确价值观,让心灵有价值方向。二是高品德。高品德绝不是高端的品德,而是必备的品格。用品德做底色,心灵才可能是纯洁的、高尚的。三是高情感。情感是人存在的根本与动力,情感教育让心灵飞扬起来,有着快乐的表情,对世界充满兴趣,在探究中发现,在体悟中深化,引导学生在情感伴随下过幸福的童年生活。四是高审美。心教育的过程是美的历程,而审美引导着创造。心教育培养儿童创造性人格,发展他们的创新精神和实践能力。高价值、高品德、高情感、高审美离不开高理性,理性渗透在心教育始终,让学生获得理智感,发展才有深度。心教育与教育的全部意义相一致,又具有独特的育人价值。

　　最后是心教育实施的品格。一是对儿童健康成长的真关怀,关怀身体,关怀心理,关怀全面发展,尤其是呵护心灵。二是真落实,落实在校园文化建设中,落实在课程教学中,落实在管理中,落实在师生成长中,有实招,有实效。三是真推进,向深度推进,《心教育概论》

《学校环境创设与开发》等都有新意和深度。四是机制的建立、健全推进,探寻规律,用机制促心教育常态化。心灵原本是真的,真的实施让心教育更真诚更可信也更有境界。

心教育已长在儿童心灵里了,为儿童生命美好燃起了最温暖的火焰,这火焰犹如生命的篝火,学生的生命有了志气、骨气、底气,少年儿童的心灵发出了新时代最美的光彩!

成尚荣

(原江苏省教育科学研究所所长)

前言 _Preface_

　　长期以来,小学课堂缺少对儿童生命本质的关注,小学教育存在重"术"轻"道"的问题。党的十九大报告指出,"建设教育强国是中华民族伟大复兴的基础工程,必须把教育事业放在优先位置,深化教育改革,加快教育现代化,办好人民满意的教育。"激发区域办学活力,激发儿童自我发展潜能,走出一条科学化、特色化的办学道路,积极回应党和国家在新时代教育发展中提出的明确要求。洛阳市西工区较早意识到激发学校办学活力的重要性和紧迫性,并将其确定为教育发展要务。经过十余年的积淀与创新,西工区探索并建立了有利于激发学校办学活力的教育行政和治理机制,在洛阳师范学院专家团队的长期指导下,提炼区域教育改革经验,形成了旨在解放发展儿童和促进师生双向成长的"心教育"体系。

　　心教育体系以 U-G-S(高等院校、区域教育部门、小学协同互助)的方式进行探索,始终坚持问题导向,注重统筹规划和协同合作,通过"实际问题揭示—理念创新先导—基地实践探索—区域协同共振—品牌打造推广"的历程,重点解决了理念指导实践的思想问题、制度规范行为的机制问题、优化专家指导的师资问题以及困扰区域整体推进问题。心教育的核心观点是立足于"五心"基石,始终秉持着"爱、自由、规则、平等"的理念,重新认知学生、发现学生,为学生提供"有准备的环境"。致力于区域基础教育改革发展,打造生本课堂和"概念为本,实物配对"的实体化教学,倡导有温度的、和谐的、人本的管理模式,促进师生、管理者和家长的多方成长。近年来,西工区基础教育内涵式、优质化发展初见成效,教育高质量发展亮点纷呈。

　　本书的亮点在于从教育史视角描绘西工区心教育的原貌,借助原始资料、亲历者口述等还原心教育发展历程。坚持正向推行和反向设计,一方面基于前期理论与实践结合下的突出成果,进一步挖掘和生发理论内涵;另一方面抓住核心理念,从不同学科维度深入阐释心教育学理,形成严谨的理论框架。突出案例解读,对相当数量的师生访谈、专家解读、课程反思、培训总结等进行分析,对心教育理论起到极大的支持作用。秉持人文性和实用性相结合,既细腻地描述心教育下师生成长的境况,又可以给予读者经验启示,充分体现书籍的双重价值。

本书为心教育的理论综述,共八个章节。第一章主要阐释心教育的概况和内涵,谈及其精神实质——爱、自由、规则、平等。从儿童、教师、家长、学校四个角度阐释心教育的核心目标,并陈述其发展历程。第二章从哲学、心理学、伦理学、教育学四个维度出发对心教育学理基础进行诠释,彰显心教育深厚的理论根脉。第三章解析心教育构架,借助五大基石和三十九项行动全面透析心教育。第四章对心环境深入解读,介绍其两个组成部分、三大特征和三大原则。第五章详细阐述心课程的框架、模式和开发步骤,并借助学科课程和活动课程佐证。第六章谈及心课堂要素及落实方法制度,对三个学科研发案例进行分析。第七章阐释心管理特质、原则和理念,从文化营造和团队建设上进一步解释。第八章心成长聚焦成长内涵和成长途径,从教师、儿童、家长、管理者四方见证成长。整体上本书通过理论观照与实践探索,多维度展现心教育的发展特质。在西工区心教育的引领下,师生在"爱和自由,规则与平等"的环境中得到滋养,实现解放心灵与完善人格的目标,展示出一幅以变革与创新为主题的教育图景。

"不积跬步,无以至千里;不积小流,无以成江海",本书是西工区教育体育局与洛阳师范学院集体智慧的结晶。各章节负责人和编写分工如下:赵丹妮(前言),赵丹妮(第一章),王泓瑶、郑满利(第二章),陈琛、曾育松(第三章),曾育松(第四章),王泓瑶(第五章、第六章),赵丹妮(第七章),郑满利(第八章)。洛阳市西工区教育体育局局长李艳丽多次召集所属辖区中小学骨干教师参与本书的编写工作,提供了具体案例和修改意见。洛阳师范学院小学教育专业硕士研究生张一帆、王莉莎、胡晓、张琳承担了书稿的文字校勘工作。

本书在撰写过程中汲取了诸多学者的研究成果,在此谨向有关专家表示真诚的感谢。南京大学出版社编辑曹森老师在本书的出版中付出辛勤的努力,在此一并致谢。

由于编写者理论水平和学识素养有限,本书若存在不当之处,敬请广大读者在阅读过程中提出宝贵意见!

赵丹妮

2021 年 10 月

目 录 *Contents*

第一章　走进心教育

第一节　何为心教育

20 世纪 80 年代,改革开放的伟大设计师邓小平在给北京景山学校题词时提出,"教育要面向现代化,面向世界,面向未来",这成为社会主义教育改革的总体方针和指导思想。1999 年,随着《中共中央国务院关于深化教育改革全面推进素质教育的决定》出台,素质教育作为国家重要战略全面铺开,教育改革围绕人的素质实行内涵式发展逐渐成为时代的主旋律。河南省洛阳市作为蕴含着厚重历史底蕴和丰富人文精神的名城,顺应改革发展的大潮,积极探索教育创新之路。其中以西工区西下池小学为代表的一批学校,以理念创新引领学校实践,开辟出一条心教育之路。

中国人很早就发现了"心"。《黄帝内经》记载,"心者,生之本,神之变也。"《礼记·大学疏》中也提道,"总包万虑谓之心。"古人认为"心"不仅是生命中枢所在,同时还是精神思想所在,是人智慧与灵性的载体。因此《礼记·大学》中强调"正心",唯有人心端正,不存杂念,才能逐渐达到纯心以求真我的境界,这也正如孟子所言,"学问之道无他,求其放心而已矣"。随着现代教育的发展,"心"融入现代教育中衍生出新的意义,其宗旨可以参照我国学者班华提出的"优化心理机能,提升精神品质,促进人格和谐,服务人生幸福"。在师生共同学习的场域中,"心"成为一种生命的体验,通过爱的传递让生命"在场",激发师生的自信心和价值感,成长为内心丰富、人格健全、个性发展的人。在"心"的价值被确立起来后,心育越来越成为学界的关注热点。譬如有学者提出教育即是立三心,即仁心、匠心和公心,人事物秩序井然,各得其所,方得天地之大道。[1] 心育是未来人类命运共同体塑成的重要钥匙,是习近平总书记提出"培养有大爱大德大情怀的人"的关键所在。心教育贯彻落实了新时代教育变

---

[1] 黄英杰.试论教育即是立"心"[J].中国教育学刊,2018(11):39.

革的要求,从心育出发进行持续建设。

对于心教育,教育专家成尚荣先生有鞭辟入里的分析。他认为,"心者,人性也,核心也,创新也,健康也,新也",并指出心教育是发展每一个人的教育;是立德树人的教育;是开发创造潜能的教育;是让师生身心健康起来,健康生活,快乐成长的教育;是充溢着爱的情感教育和活跃着想象力的思维教育。

综合而言,从尊重生命实体的角度,心教育引导个体认识生命,让个体对生命心存敬畏,保持尊重,顺应身体发展的顺序,完成个体生命与社会融合。从促进个体心理健康发展的角度,心教育强调要以人的终身发展为目的,遵循个体的认知发展规律、自我意识形成和发展规律,注重对个体自我认知的培养,促进个体心理健康发展。从丰富个体精神生命的角度,心教育关注生命的本真,改变学校重"术"轻"道"而导致的精神荒漠,丰富个体精神生命,体验生命高价值感。一言以蔽之,心教育是以心为本,通过强化教师与儿童生命觉知,促进群体生命成长,实现身心灵协调发展的教育。

一、心教育撷拾

(一)心教育概况

2006 年,心教育以洛阳市西工区西下池小学为起点,开展"爱、自由、规则、平等"的教育改革,逐步构建包含 24 道景观的"儿童世界",尝试课程开发,探究课程改革,促进师生共同成长。随着改革的不断深入,2012 年,西工区在全国率先提出"心文化、心教育、心生态"教育的总体理念。多年来,在"三心"理念的引领下,有关单位以"扎实推进义务教育优质均衡发展,促进西工品牌生长"为目标,从"心环境、心课堂、心课程、心成长、心管理"五块基石发力,大胆改革,不断创新,扎实推进,从教体局到各学校,再到广大师生和家长,逐渐形成共同的价值观和话语体系。"心教育"概念内化为师生家长的群体观念,外化为师生的行为规范。"爱和自由,让每一个儿童成为他自己",已经成为西工教育人共同的语言密码和教育信仰。全区各小学在区域理念的引领下,提炼办学思想,聚焦发展主题,涌现出西下池小学、凯旋路小学、白马小学、芳林路小学、外国语小学等一大批名校,形成"名校雁阵"效应。

经过 10 余年的持续建设,西工区构筑了"心教育"五大基石并不断探索。第一,点燃心环境。通过营造"生态化、生活化、经典化"环境,让学生在与环境的连接中体验生命,在规则许可内享受最大的自由,在爱的陪伴下完整成长,从而使每一个儿童成为自己。第二,贴近心课程。立足分科课程开发学科课

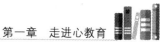

程,立足传统文化开展非学科课程,使儿童在学习过程中感受到生命的乐趣,为其心智和精神成长提供养分和能量。第三,心连心课堂。立足"概念为本,实物配对",使课堂教学由抽象变为具体,儿童由静听变为参与,师生关系从主客二元对立转变为双主体平等,激发儿童积极性和主动性。第四,根植心成长。通过校本培训、区本培训帮助教师实现学科专业的成长和人文心理素养的提升,在清楚理解儿童身心成长规律和认知发展规律的基础上以心传心,使儿童获得感知体验,用"真爱"使他们获得安全感和规则感。第五,完善心管理,凝结共同愿景,形成富有活力的团队氛围,在创新机制的作用下实现区域联动,全面推进教育教学改革与落实。

(二)心教育的影响力

心教育在推进过程中不断扩大影响力。2012 年,洛阳市中小学管理现场会在西工区召开,交流"心教育"实验成果,洛阳市教育局称赞西工区教育"有信仰、有理念、有实践、有创新、有成果、有经验","心教育"在洛阳市基础教育领域得到广泛认同。国内媒体也对西工区教育进行大规模报道。2011 年,典型示范学校西下池小学被《中国教师报》评为"全国十佳现代小学",2012 年被确定为"全国中小学校长培训基地",同年 4 月,《教育时报》在西工区召开豫派教育论坛,并以《心教育,破解中国教育变革》为标题报道心教育建设的成功经验。2013 年 6 月,《中国教师报》以《有一种教育叫"西工"》为题集中报道西工区心教育改革探索的成果,认为"河南省洛阳市西工区的'心文化·心教育·心生态'教育实践,重新定义了教师成长,重新定义了学生发展,重新定义了师生关系,重新定义了教育管理"。2017 年 3 月,《洛阳日报》以"走进西工心教育"为专题,分六期对心教育在课程建设、教师成长、"概念为本,实物配对"的课堂教学改革、节点教育、规则教育、非功利阅读方面的改革创新做法进行连载宣传报道,在洛阳市教育界引起强烈反响,树立了西工教育在河洛大地的良好形象和社会口碑。同年,中国教育报刊社社长李曜升、副社长雷振海等专家以及河北、内蒙古等省区教育代表团先后前往西工区学校参观考察,感受心教育的魅力。参观者对西工区学校的校园环境文化建设、课程开发、课堂改革、学校管理等给予高度评价。此外,"心文化、心教育、心生态"教育改革创新案例还荣获第五届全国教育改革创新典型案例。心教育逐步实现由均衡发展到品质提升,再到品牌彰显的跨越式发展,呈现出高位发展的良好态势。

谨以一首在西工区教师间流传的小诗来展现西工教育人的精神面貌:

致教育者

孙瑞雪

在这片土地上，我们怀抱生命的梦想，这样展示：

源于爱自己而创造一种情怀，

源于爱他人而创造一种生活，

源于爱世界而创造一个新的人类文化和成长的景象。

在这片土地上，我们怀抱教育的理想，这样履行：

源于心灵的自由而创造一个博大的自我，

源于生命的自由而创造一个懂得爱的新人类，

源于创造的自由而创造出一种秩序和平等的生存状态。

我们正拥有着这生存状态。

爱，使生命通畅的联结，

自由，使一个人抵达完整的状态，

规则，确保着万物之间可贵的平等，

我们就此扎根于这片土地。

正是这样一群人，满怀深情地耕耘西工区这片土地，心教育才能够扎根于河洛大地，遍地开花，昂首走向未来。

二、心教育内涵解读

西工区教体局局长李艳丽以"道和术"的关系论述心教育，认为知识、技巧、品德的教育是"术"的教育；而宁静、觉知、心念的教育是"道"的教育。前者是头脑的教育，属于生存教育范畴，后者是心的教育，属于生命教育范畴，前者是为后者服务的。"道"是根，"术"是花，在"道"上下功夫，那么"术"自然而然随之发展，就像辛劳浇灌树根，其花必然茂盛鲜艳。[①]

从上面的表述中可以看出，心教育追求的是更高价值感的教育，是能够引动生命活力的教育。正如它所倡导的"无条件地爱学生、爱老师"，心教育要营造出一种在活动中以心传心，学习知识、认识道德和体验生命世界的氛围。具

---

① 李艳丽.心教育：让生命在当下开花(上)[N].教育时报，2011-08-20(1).

体而言,心教育可以从以下四个维度加以解读。

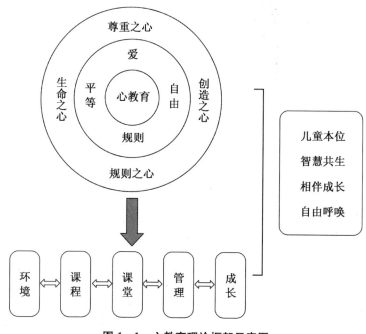

图 1－1　心教育理论框架示意图

（一）尊重之心

第一个维度是尊重之心。意大利著名幼儿教育家玛利亚·蒙台梭利曾提出过"精神胚胎"的概念,在她看来,精神胚胎是儿童天生的心理本质,是具有自主性和创造性的精神展现模式。因此,她指出成人把自己当成"幼儿的塑造者及精神生命的建造者"这一观念是错误的。我国学者孙瑞雪对此进一步阐释,"个体想要自由地发展,必须要先打破对精神胚胎的压制。但大人不理解儿童的行为,很容易从自己的角度出发,强迫儿童接受自己的意志,控制并压制儿童的选择空间。"显而易见,其中的矛盾点在于成人未能体察到儿童发展的自主性,对儿童的精神世界缺乏关注。

心教育强调"以人为本",从"成人立场"转向"儿童立场",直抵儿童的内心。那么如何促成这一转向呢? 首先,心教育着力于教师队伍的培养。这种培养不仅是职业技能的培训,还是对教师人格的塑造。蒙台梭利的《童年的秘密》、谢雷的《与儿童交谈》、孙瑞雪的《爱与自由》、袁了凡的《了凡四训》等是教师认知儿童和改变自我的必读书目。经过大量的阅读积累及分享体悟,教师获得较完整的精神体验,逐渐转变思维,真正融入儿童立场中。其次,在课堂场域中师生展现出平等合作的良好关系。例如在音乐课上,教师边弹奏钢琴边与每一位儿童打招呼,儿童唱歌回应,简单的开场环节拉近师生间的距离。而在教学过程中,教师会持续与儿童进行互动,用肯定鼓励的态度去和他们对话。最后,透过节点活动促进儿童的生命体验。每到毕业季,通过举行盛大、隆重的毕业节活动为六年的小学生活画上圆满的句号,六年级和一年级的儿童结对走红地毯、穿过彩门、行谢师礼,并开展露营活动。通过仪式感极强的活动,让儿童体验高品质的精神生活,体验生命的至尊感。在这里,每一位儿童都是自己的主人。

(二) 创造之心

第二个维度是创造之心。法国作家居伊·德·莫泊桑曾有一个形象的比喻,"创造包括万物的萌芽,经培育了生命和思想,正如树木的开花结果。"创造性是无穷的,它与自然、社会紧密相连,提升人的思维活力和生命价值。而创造性的发挥有赖于人的自由成长。在心教育中,非常强调"自由"的意义,凝结出"教育是自创的""课堂是生成的""教师成长是无止境的"等共识。学校教师一直努力营造自由的氛围,让儿童在自由环境中得以健康成长,成为独一无二的人。

成尚荣指出,"心教育极大地唤醒、开发了教师与学生的创造性,让教师在发现儿童的同时也看见了自己,让儿童在发现自己的同时看见了未来。心灵的苏醒与活跃,让创造的可能成为现实。心教育是开发创造潜能的教育。"因此,在语文课堂上,儿童可以对绘本故事中的情节进行自由改编;在美术课堂上,儿童动手制作各式各样的艺术作品进行展示。每一个儿童都是发自内心的愉悦,满怀热情地参与其中,这就是创造性的表现。

(三) 规则之心

第三个维度是规则之心。蒙台梭利指出,"自由与规则是内在紧密相连接的。没有规则,谈不上自由,没有自由,规则也无法实现。"人生而自由平等,在获得个体自由的同时,尊重他人的自由,这就是规则。自由和规则是一体两面的,心教育所展现出的生命实体的自由是建立在规则基础上的。对教师来说,帮助儿童建立界限,使他们明白什么可以做、什么不可以做,能够让他们及早建立秩序感和规则意识,就像小树苗一样向着阳光健康发展。在西工区西下池小学有几条共同遵守的基本规则。

1. 学生该做的、能做的教师不要干；

2. 粗俗、粗野的行为不被允许；

3. 别人的东西不能动；

4. 不打扰别人；

5. 做错事要道歉；

6. 学会说不；

7. 拥抱表达爱。

这些规则不仅约束儿童的言行，同时也为教师日常管理提供明确参照。值得注意的是，这些规则是由师生共同协商制定的约定，在语言表述上并不生硬，而是站在儿童的立场表达如何做。比如，"当我站在黑板旁边的时候，我要面向大家，声音洪亮，清晰地说出我的见解""我拖完地后，要把拖布冲洗干净，把水拧干，然后挂在教室后面的墙上"。这种具体明确的提示使他们直接明了如何去做。

除了明文规定外，学校中还有一些约定俗成的规则。在课堂上，当一个儿童回答完毕后，另一个儿童如果站起来发言，首先会发自内心地对前一个儿童说"×××，我觉得你回答得很棒"，然后再发表自己的观点。如果儿童们讨论得热火朝天，到了规定时间后，教师会伸出双手，张开五指，来回摇晃，这是一种终止的信号，儿童们看到后会立刻回应，举起双手摇晃，一双双小手组成的"花海"体现的也是规则。规则同样延续到课外活动中，西下池小学设有 5 个秋千，在荡秋千的时候，儿童在侧前方排队，每个人一次最多只能荡 30 下就要起身让给下一位。从一个小小的秋千中，儿童明白要享受荡秋千的自由，首先要遵循排队的规则。

（四）生命之心

第四个维度是生命之心。卡尔·西奥多·雅斯贝尔斯指出，"所谓教育，不过是人对人的主体间灵肉交流活动（尤其是老一代对年轻一代），包括知识内容的传授、生命内涵的领悟、意志行为的规范，并通过文化传递功能，将文化遗产交给年轻一代，使他们自由地生长，并启迪其自然天性。"[①]教育离不开生命的启迪，它并不是加工和催熟，而是强调以心传心，引动个体生命活力。西下池小学所倡导的儿童观强调，儿童是在成人和老师的帮助下，学习生存本

---

① 卡尔·雅斯贝尔斯.什么是教育[M].邹进,译.北京:生活·读书·新知三联书店,1991:3.

领,获得生活智慧,体验生命的意义、价值和尊严的人。《教育时报》在报道西工区心教育的时候用的标题是《心教育:让生命在当下开花》,其中提到"给儿童无条件的爱,让他们在'爱和自由'中成为自己;给教师无条件的接纳与关注,让他们在'温暖的陪伴'下成为自我。静待花开,做赢在终点的教育"①。心教育给予师生全面的生命关怀,尤其是始终坚持"生命在场"的理念。比如在讨论课上,通过参与讨论、分享观点,让儿童在不同的主题活动中学会悦纳自我,构建起正确的价值观,从而提高生命质量。同时,教师进一步感知生命的真谛,更好地引导儿童探寻生命的意蕴。2020年突如其来的新冠疫情给人们带来了严峻的挑战,但也为开展生命教育提供了真实教材,师生、生生之间在对疫情的讨论中懂得生命的宝贵,能够敬畏生命、呵护生命。

校园的环境建设同样能够达到目的。蒙台梭利说,"正如一个肉体的胚胎需要母亲的子宫并在那里得以发育一样,精神的胚胎也需要外界环境的保护;这种环境有着丰富的营养,所有东西都倾向于保护它。"②唯有为儿童生命发展的各个阶段准备一个自由而富有生命力的环境,儿童的生命潜力才会自发地显现出来。西工区西下池小学的"吉祥兔屋"、白马小学的"品香苑"、西工区实验小学的"和美苑",处处生机勃勃,绿意盎然。除了铺满校园的花草树木,还能看到庄稼、瓜果、蔬菜形成的生态园,在专题活动时这里便成了露天课堂,所有人和大自然一起呼吸,一起成长,感受生命的律动。

第二节　心教育的精神实质

孙瑞雪曾指出,"以爱的情感唤醒儿童成长的积极性,以自由的空间确立儿童的创造热情和自我意识,以规则的内化形成儿童的社会秩序和内在智慧,以平等的关系引导未来社会的和谐和文明。"③爱、自由、规则、平等,心教育的精神实质凝结在这四个方面,并在实践中生发出更多内容,实现对教育本真的回溯。

一、爱

"儿童是人们温情和怜爱的汇聚之点。全人类都沐浴在对儿童的这种爱

① 李艳丽.心教育:让生命在当下开花(下)[N].教育时报,2011-08-27(1).
② 玛利亚·蒙台梭利.童年的秘密[M].马荣根,译.北京:人民教育出版社,2005:48.
③ 孙瑞雪.爱与自由[M].北京:中国妇女出版社,2013:171.

之中。儿童是爱的源泉,所有与儿童有关的话题都与会爱有关。"[①]西工区心教育主张真爱是一切教育的核心,真正的素质教育是爱的教育。教育要明确每一个人都是值得被爱的人,正如蒙台梭利所言,一个人不管有什么条件、遭受什么批评,他都是值得爱的人。凡生命必然有爱,因为爱是生命的动力,是真情的召唤,以爱为本去了解儿童的心理,关注儿童的思想,以心传心给予儿童无穷的力量,协助儿童健康成长。

(一) 长度

爱有长度,它是延展的,是渗透在人生命中各个阶段的。对于教师而言,儿童并不是教学生涯中的过客,而是永恒星空中闪闪发光的星星。教师力图做到的,是永恒的爱,而不是短暂的爱;是实质的爱,而不是空洞的爱;是醇厚的爱,而不是淡薄的爱。在爱的动力下,儿童获得安全感、满足感、自信心,基于情感的充实从而发挥生命的活力。唯有源源不断的爱,才能支持儿童探索不一样的世界,将生命的全部精力投入到心智发展中。

(二) 宽度

爱有宽度,它是包容的,是融汇在教育方方面面的。印度哲学家拉宾德拉纳特·泰戈尔说过,"让我的爱,像阳光一样包围着你,而又给你光辉灿烂的自由。"[②]积极而不泛化,健康而不肤浅,正是心教育带给人最直观的感受。爱的重要方式是对话,注重心灵的沟通,注重对儿童情感的细腻感知。西工区有一位校长告诉学校的教师要时刻谨记两句话,"假如是我的儿童,假如我是儿童。"前者代表着站在父母的立场去给予儿童最大的关爱,后者代表着站在儿童的立场去理解儿童对爱的需求,两者结合起来就可以让爱变得温暖而不灼人,实现对儿童心灵的呵护。

(三) 高度

爱有高度,它并不是简单一句"我爱你",而是要真正考虑到儿童的身心健康、价值观形成以及未来发展的需要,它使人在价值层面得到升华。特级教师袁卫星曾写道,"如果一朵花不美,就请欣赏它的叶子;如果叶子不美,就请欣赏它的枝干;如果枝干不美,就请欣赏它的根茎;如果根茎也不能让你产生情感冲动,那你应该为它是一株蓬勃的生命而讴歌!"这是一种深层次的爱,是一

---

① 玛利亚·蒙台梭利. 有吸收力的心灵[M]. 高潮, 薛杰, 译. 北京:中国发展出版社,2006:231.
② 拉宾德拉纳特·泰戈尔. 流萤集[M]. 李家真, 译. 北京:外语教学与研究出版社,2010:7.

种生命至上的感悟。西工区外国语小学校长贾丽静指出,"每个儿童都是一个鲜活的生命,是一粒种子,有的儿童会成长为参天大树,有的儿童会开出美丽的花朵,教育就是给儿童们更多更好的机会,让儿童们'破土而出',成为他们原本的样子。"正是在爱的期待、爱的陪伴下,儿童得以健康完整地成长。

（四）尺度

爱有尺度,爱并不是像蜜糖一样黏住儿童,也不是像太阳一样炙烤儿童。成人立场下很容易出现这样一种逻辑,我这样做是为了儿童好。过度的关爱并不能让儿童健康成长,反而会使他们无法自然地发展,就像小树苗因烈日曝晒而枯萎。作为教师,要允许儿童以最符合其成长规律的方式"自然成长"。《中国教师报》主编褚清源在深入了解西工区心教育成果后指出,"西工区的课改经验实现了教育立场的切换,即从'成人立场'转向'儿童立场'。"在心教育的浪潮中,许多教师通过点滴小事产生深刻的感悟,刘老师就是其中一位。学校曾经专门为学生设置了"自我评价"表,凡是敢于表现的儿童都会得到小红花,但学生依依的质疑让她开始反思。"为什么必须分享自己的想法？不分享不也挺好的,只要我有自己的想法。为什么必须要给自己的表现画上小红花,只要是花不就行了?"那一刻,刘老师意识到了问题,自己还是以传统的眼光、模式对待及评价新时代的儿童。教师给儿童许多暗示,暗示他们怎么做才是"好的",才是"正确的",这本身就限制了儿童的选择。后来刘老师坦言,"作为教师,需要时刻提醒自己停下来,听听儿童怎么说,因为自己也不清楚哪句话可能就会成为儿童成长的阻碍。"[①]

沐浴在心教育阳光下的儿童是幸福的,西工区的教师身上散发无限爱的光芒。在任何时候见到儿童,教师总是面带微笑真诚地向他们问好——"早晨好""中午好""下午好"。插班新生进入班级的第一周,主题班会课上会有欢迎仪式,教师会先自我介绍,然后由教师介绍新生,表达对新生的爱与关怀。最后所有学生逐一自我介绍,表达对新成员的欢迎。简单的欢迎仪式展现出心教育对儿童强烈的包容,儿童在爱的环境下迅速融入集体,在集体的关爱中迅速成长。

二、自由

自由是个体生命存在的终极意义,也是社会生命存在的必然条件。婴儿

---

① 褚清源. 发现教育新常识[N]. 中国教师报,2018－04－17(1).

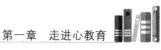

呱呱坠地的第一声啼哭,代表着一个自由的灵魂在人世间发出的独立宣言。蒙台梭利指出,"儿童通过自由支配自己的身体和行动而获得尊严,通过自由地使用其选择能力获得意志上的独立,通过没有干扰的独立工作获得思想上的独立。"在教育场域中,儿童同样需要自由。

(一)内部自由

儿童需要有内部自由,主要包括身体、心理、精神三个层面的自由。

首先,追求身体层面的自由。人从出生之后,就开始了对身体的掌控,坐、卧、爬、走,每一种状态的保持都是为掌控身体取得的巨大胜利。在高速发展的社会中,过多的课业和补习使得许多儿童处于亚健康的状态。儿童需要建立起与身体的连接,充分感知身体,释放活力,使之能够自由、健康地成长。张德芬曾经说过,"如果我们习惯于注意自己身体的感觉,时时安抚照顾它的话,很多疾病就不会因为日积月累而产生。"只有身体自由,才能去做更多的事情,在成长中实现灵魂自由。因此,需要让儿童健康地活着、快乐地活着、有希望地活着,延展生命的长度。西工区学校倡导静心训练,每天上午40分钟大课间的最后5分钟,全体师生在完成热身运动、校操和自由舞蹈后,都要进行放松冥想。当一个人的身体得到自由解放,他就能更好地觉察到自身的状态,这暗合道家"内视""虚静"的理念。

其次,追求心理层面的自由。心理自由的发展路径就是经过自由感知和表达,在自我塑造中实现自我同一。一个儿童,如果对自己和外在世界没有清晰的认知,在懵懂中度过童年成为"样板",他的心灵便会如沙漠一般。因此,想要实现人我和谐,就要先使儿童能够正确认识自己,成为情绪感觉、心理认知的主人,并不断拓展人文素养,拓宽生命的宽度。比如在情绪管理方面,西下池小学有三段式方法——"给情绪命名""允许情绪发生""拥抱,表达爱",儿童能够先正视情绪,再发泄情绪,最后平息情绪。在此过程中情绪被接纳,正如西下池小学校长武伟伟所说,"这是对儿童生命的一种滋养,可以让他保持平静和喜悦。"

最后,追求精神的自由。匈牙利诗人裴多菲有一首小诗,"生命诚可贵,爱情价更高。若为自由故,二者皆可抛",诗人认为人的终极意义就是自由。它追求的不是外物的自由,而是内心的喜悦,是不经意间看到花开而产生的感动。儿童自身能够赋予生命意义,确立积极的人生观,增加生命的高度。回归大教育家陶行知先生的"生活即教育",西工区特别重视儿童在点滴生活中的自我觉察。西工区王城小学校长介红里在一次秋季研学活动中看到一名平常好动、易怒的学生在秋日的和风中安静地画画,"当他仰视时看到天空的飞鸟,平视时看到面前的野菊花,就灵性地在画面中呈现出'天地合一,人与自然和谐共生'的内在需求和渴望"。作为教育者,需要和儿童共同体验生命的美好,共同感受人和自然赋予的精神能量。总之,在身、心、灵的统合中心教育寻求真正的自由,达到生命的和谐的状态。

(二)外部自由

儿童同样需要有外部自由。无能和平庸是自由的敌人,蒙台梭利曾讲过一个故事:一家三口赶马车行驶在路上,一伙劫匪把他们截住,大声喝问要钱还是要命。这时一家三口的反应截然不同,父亲是一个训练有素的射手,立马掏出枪进行还击;儿子有一双灵活的腿,大叫一声撒腿就跑;母亲既没有武器又被裙子裹住腿脚不便,心生恐惧吓得昏迷倒地。从三个人的反应可以看到,一个没有真正独立的人,在面对危险变化时往往无所凭依,只能束手待毙。为什么没有获得独立呢? 原因有很多,而这和童年的经历是有很大联系的。一方面,成人剥夺了儿童的行动力,导致儿童在处理事件中无能为力。在生活中有很多溺爱儿童的家庭,这样的教养方式较大概率会出现巨婴,他们在心智上是不成熟的,呈现出极强的依赖意识。因此,成人要学会大胆放手,让儿童自己迈步向前,虽然有时可能会跌跌撞撞,但这是独立人格形成必须经历的过程。另一方面,成人剥夺了儿童的创造力,让儿童和别人一样。孙瑞雪指出,"每个儿童都是独一无二的,我们总希望他和别人一样,于是,平庸就产生了。"自我是创造力的重要前提,有了自我,儿童才是独一无二的存在。而寻回自我的关键就是给予儿童充分的自由。一个儿童,如果置于家长或教师所规定的框架内,那么感知就会被蒙蔽,难以去体悟真正的世界,他的内心必然是不自由的。一个儿童,如果在表达的过程中总是被纠正,习惯了"正确答案",他的思维及组织表达能力会被抑制。因此,成人可做的就是给儿童充分的自由,让他们自由地生长。

西工区的儿童,充分获得了真正的自由。他们能够处处寻找到自由的真谛。在荡秋千的过程中,儿童能够将简单的活动经过想象的加工变成自由的体验。"在荡起的那一秒钟,我抛开所有的烦恼,轻松快乐,把自己置身于童话之中,在童话世界里寻找自己。在飞向天空的那一刻,我感到特别自由,我把自己想象成一只小鸟,想象成一只金色的凤凰在蓝天自由自在地飞翔。"当儿童的心灵得以自由,自然而然与外物发生碰撞,产生连接,带给生命本身的是喜悦和满足。

三、规则

规则是人类社会经过千百年的实践所凝结出的共同法则。它是文明得以持续发展的黏合剂,是建构文明的内在机理。没有规则,受本能影响的个体会对社会文明造成不可逆转的伤害。因此,对规则的遵守,意味着对个体生存空间的保护。及早地规则教育,是儿童健康成长发展的必要条件,是成为未来社会合格公民必须经历的教育。

（一）整体规则

在心教育中,规则被更加具体的定义为大家共同遵守的具体规定,是保护全体人权利和自由的共同约定。全体人指的是规则范围内的所有人,比如家庭中的每一位成员或学校里的每一位成员。规则对于儿童的意义在于保证了儿童的自由和尊严;建立了儿童的内在秩序,为他们建构了安全感;巩固了儿童成长的空间,排除了暴力与权力;使儿童了解到自己内在和外在世界;成为自己的主人,不受支配,有尊严感。在心教育中,教师、家长、儿童均遵守着同样的规则,通过一体化陪伴使儿童在成长过程中迅速从秩序感过渡到规则意识,给予明确的是非界限。

（二）基础规则

西工区教育的基础规则体现在:不伤害自己、不伤害与妨碍他人、不伤害环境。三者体现出个我、人我和物我之间的关系,这样的规则是从哲学高度提炼出来的,是贯穿一生的规则。在建立规则的过程中,具有一定的关键点。首先,由于心智的不成熟,儿童在有情绪的时候往往会屏蔽外界环境,因此在发生冲突的时候要首先照顾儿童情绪,安抚后再处理问题。处理问题的时候,要问清缘由,层层剥离,让儿童感知秩序的正义性。其次,在爱的关怀中帮助儿童建立规则,对儿童的合理举动不做评价、不贴标签、不指责,所有的行动都可以在规则之下合理展开。最后,规则指向权责意识,给儿童指出明确的权责边界,使儿童有责任感和道德感。需要注意的是,规则是有弹性的,更需要建立的是规则意识,而不是规则本身。

在西工区的学校,很多事情都讲究规则。请归位、请倾听、请等待、不打扰等七大校园规则是西工区教育人共同遵守的准则。比如,到了上课时间,儿童们拿着玩具或其他用具回到教室里。这时教师会伸出手指头倒数8下,儿童们在倒计时内完成"物什归位",然后再数3下完成"身体归位"。在交往过程中,儿童也时刻体现出规则意识。比如在借用物品的时候,一定会事先征求物品主人的同意,用完后会说谢谢。"别人的东西不能动,借用物品要礼貌请求"的观念在每一个儿童心中牢固树立。《中国教师报》记者在采访西工区某学校六年级小学生时听到一种回答,"我喜欢校园里的秋千,因为在排队荡秋千的过程中让我体会了规则与自由。当一、二年级的同学在里面玩耍的时候,一个个都自觉排成一队,安静地站在第二条线外。正是因为所有同学都遵守规则,才有了玩耍的权利,才有最大的自由。"[①]至真的道理,蕴含在简单的游戏中,平平淡淡中体现规则正是心教育的魅力所在。

四、平等

平等是一种原则,一种信条,它是人格独立的关键条件和重要标志。东汉王充曾提出"问难"和"距师"的主张,其实质在于不完全附和教师的观点,善于在质问中精进,在独立的思考中追求学术真理。唐代韩愈也指出,"是故弟子不必不如师,师不必贤于弟子。闻道有先后,术业有专攻,如是而已。"一句话言明了师生之间并不强调高低差别,而是各有所长,各有所取。

(一)人格平等

现代教育认为教师并不是高高在上的权威,儿童并不是服从教师的应声虫,而是倡导双方在平等和谐的环境下进行对话交流,充分保护每一个儿童的人格独立和个人见解。对于权威的消解是心教育的一个突出特质,很多来访者的第一印象是学生很有生机,这其实是在平等的成长环境中熏陶出来的。《中国教师报》的记者李炳亭在参观西下池小学后向读者提出这样的问题,"如果一所学校,校长和教师都没有一点为'人师'的架子,学生见了他们就撒着娇在怀里'腻歪',这样的场景是否会让人觉得意外?"看似"出格"的行为背后其实代表着师生关系的融洽,这是一个令人振奋的现象。如果一个人生活在没有权威没有说教的环境中,他们不因成人的权威而怯懦,随时保持着自信与淡然,也不因面对弱小而狂妄,随时保持着谦卑与友善,那么他在未来的生活中将时时享受亲情、友情、爱情的快乐,成长为值得信赖的社会人。

(二)意志平等

心教育的平等从多方面体现出来。在学区教师规则中,要求教师凡事以

---

① 李炳亭.重新"定义"小学教育——河南省洛阳市西工区西下池小学的"心教育学"[N].中国教师报,2013-06-12(11).

商量的口吻与儿童对话,比如"我可以……""请离开""请帮忙""请等一下"等;当得到帮助之后,要真诚地向他们道谢。心教育引导成人用平等的态度面对儿童,从"成人立场"转向"儿童立场",通过认同和陪伴,实现生命的自我觉察与完善,帮助生命更好地社会化,通过重建生命的高价值感,让师生成为真正的自己。在规则中,粗野粗俗的行为不可以有、请归位、请等待、请倾听、不打扰等其实都是在规则中贯彻平等的意志,教会儿童尊重自己、尊重他人、尊重环境。孙瑞雪指出,"当儿童在充满爱,拥有自由,建立了富有人性而清晰规则的平等环境中成长,儿童将真正拥有自己的思想、独立的意志和判断力,自尊、自爱、自信、自律、自主、自强的人格特征也随即自然呈现。"①

《中国教师报》在报道中记录了一件小事,有一次,西下池小学校长李艳丽遇到了一年级二班学生李某,小女生头戴一顶自制的"王冠",身披长纱巾,非常漂亮。李校长忍不住叫了她一声,"李××,我想跟你说几句话,可以吗?"小女孩却回答,"现在不行,我要上卫生间了。"所以,李校长和她约定一会再见。忙碌一上午后,快放学时李校长突然想起了约定,赶紧跑进一(二)班教室,正好碰到小女孩背着书包准备放学回家,头上的王冠和身上的长纱巾没了。李校长赶忙说,"上午看到你的装扮很特别,我想和你照张相,可以吗?"小女孩马上回应道,"不行,我的那些东西都收起来了,现在要回家了。"看到校长有些失望,小女孩想跟校长约定换个时间,但因为时间原因仍未达成一致,于是便告别离开了。

李校长在回忆这件小事时表明这才是她想看到的。她认为教育原本就是陪伴、接纳、欣赏,是为自己生命里的一切做主。在她看来,一个有自我的人,才是能够为自己的生命做出选择并且能承担起全部责任的人。这个小女孩是一个有自我的人,她能够轻松和权威说不,没有丝毫犹豫与担心。她始终表现出强烈的自我意识,不担心自己的选择可能会让校长失望。当然,她依然贴心地考虑到校长的感受,建议约定其他时间拍照。而当不能达成共识的时候,她还是毫不犹豫地说"不",这是难能可贵的。

(三)心态平等

当成年人用平等的心态对待儿童,儿童也在用相应的平等进行回应,甚至他们更加能够直达成人的内心,这也就是我们常说的"童言无忌"。在心教育

① 孙瑞雪."爱和自由"教育思想体系[EB/OL].(2013-05-15)[2021-03-21].http://blog.sina.com.cn/s/blog_4cc2b983010192zy.html.

当中,"童言无忌"并不是幼稚无知,而是一种平等下的率性,是平等生命观的体现。李艳丽认为,"这样的儿童既能看到自己的存在也能看到别人的存在,长大后,他就既能让自己有尊严地活着也能让别人有尊严地活着,这难道不就是我们成人社会一直追求的高度自主与文明吗?"

第三节   心教育的核心目标

一、儿童本位:生成学生健康人格

走进西工区,教师最常说的一句话就是,"由'成人立场'向'儿童立场'转变。"这背后体现的是儿童本位。儿童本位,简单而言是站在儿童的立场思考问题;反映到教育教学实践中,其实质是教育应该根据儿童天性需要而确定。伟大的人民教育家陶行知先生曾写过《小孩不小歌》,"人人都说小孩小,谁知人小心不小。你若小看小儿童,便比小孩还要小。"这首诗歌充分体现了陶行知先生作为真正教育者的态度——把儿童当作独立的、进取的生命个体。

(一) 儿童本位的必要性

为什么在西工区要大规模地推行"儿童本位"的观念,李艳丽对此有清晰的解释。在她看来,当前的小学教育存在着三大问题。一是以成人的思维模式主宰儿童的自主成长与自然成长。她认为当前的小学教育并不是按照儿童的身心发展规律来创造教育的形式,而是用成人的价值取向、社会的价值目标来规划儿童的成长方向。儿童的自我需求被忽视,长此以往就导致儿童缺少主见,成为教育的应声虫,这就是"小学教育成人化"带来的严重后果。二是以"为你好"的名义剥夺儿童体验生命快乐与幸福的权利。生命个体拥有追求快乐和幸福的权利,但是很多儿童却被挡在大门之外,这道大门的名字叫"我是为你好"。李艳丽认为很多"好心"的教师和家长受到"好成绩,升名校"的引导与刺激,使儿童背负着"家长期望、学校质量"的双重十字架,活得辛苦而沉重,导致本应属于儿童成长过程的快乐和幸福的生命体验成为一种奢侈。教育的功利化导致小学教育的价值取向出现了群体性偏差。三是以片面的"好儿童"定位,扭曲了儿童心中的是非标准,误导了儿童的人生方向。2013 年,《新京报》刊登的一位小学生的作文《园丁与导游》在网上疯传,其中一句话是这样写的,"我希望老师像导游……而不像园丁,修剪掉我们不听话的枝丫,最终让我们长成了只会听话的植物。"且不论园丁和导游孰对孰错,这背后确实反映了教育的一些沉疴。很多小学老师希望自己的学生是以"好儿童"的身份出现，听话、懂事、乖巧、爱学习、成绩好、不惹是非……但是不得不说，其中缺少了一种生命向上的元素。李艳丽指出，人们很少将支撑儿童一生发展与幸福的元素作为评价"好儿童"的标准予以引导，比如有奇思妙想、敢于大胆质疑、善于发现问题、有动手本领、勇于创新创造等。而心教育要做到的，就是扭转传统的成人思维模式，贴近儿童的需求；由"为你好"转变为"你很好"，给予儿童自由成长的空间；破除"好儿童"刻板模式，让儿童得以多元发展。

（二）儿童本位实现的条件

儿童本位得以实现的条件有三：首先，教师应尊重儿童。儿童是独立的个体，有自己的人格和意志，教师需要做的是平等对待，静候花开。这就需要成年人不将自己的社会角色过多地代入到与儿童的交往中，比如一位教师面对自己的学生，第一个想法是维护角色权威，慑服学生，那么他依然扮演着传统的"师长"角色——在学校里他把这个角色当作自己的全部，这种模式导致学生压力很大。试想一下，当教师处处以高人一等的姿态说教，那么教育怎么能进入儿童的心灵？因此，在教育的世界里渗透民主平等理念，实现师生平等和谐共生是终极目标。其次，教师应理解儿童。心教育特别强调"让儿童有感觉"，认为儿童的创造力、想象力大都来源于感觉。需要指出的是，儿童的感知是独特的，贴近自然状态的。比如每天儿童们会在草坪上盘腿"静坐"，这种冥想的方式就是修心的历程。唯有心灵强大，才能更好地感知外界，更好地拥抱生活、拥抱世界、拥抱未来。儿童具有独特的视角和情感体验，教师只有理解并顺应儿童身心发展的特点，儿童本位才能够真正保持。最后，教师应信任儿童。试想一下，如果有几个儿童，上课时间在校园内闲逛，是否会被允许？如果学校允许儿童不上课，并且还在楼道里专门为他们配置数台电脑，随时可供看动画片或者玩游戏，这样的做法你如何理解？这些看似出格的行为背后有着更深层次的逻辑。李艳丽认为，"儿童天然地生活在精神世界中，每个儿童都是天生的哲学家和艺术家。"教育的任务就是要创造一个自由的环境，配合儿童自我成长，给儿童提供各种必要的机会让他们的生命与外在事物自我联结或碰撞，就像小树苗一样，它会根据自然界的变化主动汲取营养，茁壮成长。

（三）儿童本位的表现

儿童本位表现在教师无限信仰学生。正如农人信仰庄稼一样，在心教育的理念中，教育犹如种庄稼。农人只需要给种子提供适合的土壤、阳光、水分、养料,让种子自由生长。让儿童像庄稼一样自然成长,是西工区遵循的教育之道。生命能自由做主,儿童人格便能得到捍卫。某位来访的专家这样感叹,"学校办学的出发点是对生命的关爱和对个性的尊重,这是教育的本真要求,是育人的最高境界。"①的确,学校让儿童自己去找兴趣点,体会其中的快乐;把成长的选择权交给儿童,使其个性独立与完善;不强加成人的意志,不去刻意地纠正,让每个儿童都是独一无二的;把差异当作财富,利用差异让教育更加丰富多元。正是这一份关爱和尊重让儿童化茧成蝶。

二、智慧共生:永葆教师职业情怀

教育是师生主体间双向互动的过程。教师作为心教育的重要组成部分,必须是充满生命力的,在不断追求自我成长的过程中更好地教育儿童。那么如何点燃教师的生命活力,促进教师自我成长呢? 心教育给了我们一个很好的方案:教师读书、观察案例、心理健康培训等使教师在成长过程中永葆职业情怀。

(一) 智慧共生的知识之源

中华民族自古以来是一个以书为业的民族。西汉刘向指出,"书犹药也,善读之可以医愚。"读书可以提升我们的精神海拔,改变我们的生命状态。西下池小学的阅览室墙壁上写着这样一句话,"一定要读书,不读书而观察生活等于零,没有文化,就没有消化生活的胃。"这句话一针见血地指出教育的智慧从何处来——从书中来。李艳丽认为读书能够让教师接纳真实的自己、建构完整的自己、成为真正的自己。她经常对教师们讲,"一个人,阴和阳是一体的,就像一个硬币的两面,都是真实的。"所以在西工区,每位教师都要阅读三类书籍。第一类是认知儿童的书籍,比如蒙台梭利的《童年的秘密》、帕蒂·惠芙乐的《倾听儿童》、王树的《透析童年》。第二类是认知自我的书籍,比如宗萨钦哲仁波切的《正见》、克里希那穆提的《你就是世界》、谢尔登·卡什丹的《客体关系心理治疗》。第三类是专业类的书籍,比如小学语文可以选读的有艾登·钱伯斯《说来听听:儿童阅读与讨论》、窦桂梅的《窦桂梅与主题教学》、王崧舟的《王崧舟教学思想与经典课堂》。在心的成长中,教师逐渐由被动转向主动,每学期初制定读书计划,每学期末进行读书汇报会,结合阅读感悟和工

---

① 王占伟.心教育给中国教改带来了什么——豫派教育师范学校西下池小学办学思想研讨会专家观点摘要[N].教育时报,2011-09-17(1).

作中的具体案例将本学期阅读的内容吸收内化,从而提升思想境界和专业水平,获得成就感和价值感。除此之外,交流会也是非常重要的环节,每学期由学校选择一本认知儿童的书籍,每周全校共读一章,在固定时间进行组内轮流发言和全校分享交流。许多教师从抗拒读书,抗拒面对自我,逐渐跨越心灵的坎,接纳自己,充满喜悦地汲取书籍的精神力量,这是一种成功的觉察,是一种生命的顿悟。

(二)智慧共生的观察之匙

如果说读书使教师内心清明、理解教育,那么观察案例则使教师能学以致用。教师在平时的教育教学中,带着觉知去观察儿童的个人状态、学习状况,不断改变相处模式,运用所学习的认知自我和儿童的知识,去帮助儿童解决实际问题,同时在这个过程中觉察自己。比如一位教师带领学生到隋唐遗址公园寻找春天,给她印象最深的是一位小女孩,她静静地站在一株开得旺盛的桃花树下安静又专注地观察,随后捡拾掉落的桃花花瓣,最后创作出一幅很具精神能量的画——一株盛开的桃花树,几只蝴蝶蜜蜂停留在树上,树下的小女孩静看桃花,身后另一个小女孩跑来,大地是绿油油的,点缀着桃花瓣,太阳公公在微笑地看着她们……这位教师在观察分析中写道,生命的感觉是人所有部分的基础,正如这个小女孩,她在用她的感觉系统感受春天的一切,外界的自然通过感觉与内在世界建立起连接,更进一步地融入生命,画面、色彩、生命的感触就全都有了。他在观察总结中写到,"当我们为儿童提供爱和自由的环境,创造更多的感觉体验机会,他们的内外世界在扩展,不断创造自己、成为自己。"教师在观察的时候总是会获得生命的体悟,这其实就是教师自我的成长。

(三)智慧共生的心理之基

西工区的心理健康培训具有读书交流的分享性、观察案例的体验性等特点。为了促使教师对自我、儿童和人性有更深刻地认知,促使爱和自由的教育理念更能内化于心,西工区持续加大心理健康培训力度,提升教师的自我觉知能力,做到让每一位教育者都懂得基本的心理学常识,比如了解自我的内在关系模式与外在行为模式的因果机理,懂得儿童内在秩序感与敏感期的外在表现,知道一个儿童只有经过身体的体验才能真正形成对概念、原理等的认知。只有这样,教育才能最大限度地在不打扰儿童的基础上进行,顺应儿童的天性,促进儿童健康发展。因此,西工区建构起"金字塔型"心理健康教师队伍培养体系,培训分普及性培训、专业培训和提高培训,通过专家引领、梯队管理、严格筛选提升教师心理健康及咨询服务水平,目前全区有200多名教师获得国家二、三级心理咨询证书。

通过教师读书、观察案例、心理健康培训,西工区的教师们在一次次的升华中提高教育智慧,在合作交流中迸发出巨大的能量。这种能量是温暖的,是充满生命情感的。教师在成长中学会如何关爱儿童,尊重儿童人格,在相互依存中取得心与心的相通,进而逐步升华到更高的层面——善爱。教师职业情怀是善爱的不竭之源,为什么我们在西工区能够看到教师们脸上洋溢着幸福的笑容,因为他们把教育当作毕生志业。他们所拥有的职业情怀是教师道德和良心的高度统一,是一种至高的境界。正如王国维在《人间词话》中所说,"有境界,则自成高格。"

三、相伴成长:创生家长觉察能力

我们长期以来接受着三种教育,一种来自父母,一种来自教师,一种来自社会。父母是儿童成长的启蒙导师,承担着儿童健康发展的重要责任。儿童的言行就像一面镜子,映照出家长的言行和家庭的风气。马卡连柯指出,"必须拿出父母全部的爱、全部的智慧和所有的才能,才能培养出伟大的人来。"但在现实情况中,生活压力、代际隔阂、成人权威成了家长与子女间有效沟通的障碍,假教育、不教育的例子比比皆是,其关键在于一些家长对于子女缺乏正确的认识,对教育具有从众和敷衍心理,教育方式存在一定缺陷。

(一) 相伴成长的制度人员保障

池田大作谈道,"即使是儿童,也有一个人格,也是一个独立的人,这个前提必须明确,儿童绝不是父母的私有物,他的人格是构成社会的组成部分之一,这一个人格必须用充沛的爱来培养。"①心教育着力于完善心的家育,提升家长对家庭教育的认知水平,修复缺失的家庭关系模式。为此,西工区通过多种途径做出多方面努力。比如科学评估,开展有针对性的家育培训。在学年初,西工区教体局会通过小学座谈会等方式,全面调研全区家长对家育的认知,针对家长的认知水平开展有针对性地培训。为更好地推行这项工作,西工区从2016年起连续三年专门制定《关于家长培训的若干要求的通知》,完善了对学校家教工作的规范指导。此外,还建立由校长、书记、教导主任、班主任、教师代表、家长代表等组成的家庭教育网络结构,保障了家庭教育组织机构及

---

① 池田大作. 我的人学[M]. 潘金生,庞春兰,译. 北京:北京大学出版社,1990:261.

人员配备。学校有三级家长委员会制度,每个年级、每个班级都组建了家长委员会。学校把家庭教育工作纳入学校整体工作计划,作为目标考核的主要内容。

（二）相伴成长的具体形式

在健全的制度保障和人员保障下,西工区教体局开展一系列的家长培训会和主题活动。比如,2018年开展家长公益讲座——从"成人立场"到"儿童立场",为儿童提供有准备的环境。局长李艳丽在讲座中与家长分享了中外教育的对比,以自身在美国的课堂体验反思国内的教育,指出教育应该从人本身出发,儿童需要感受到他是独一无二的,家长教师能够尊重他们,让他们自我赋能。她还分享了儿童敏感期理论,重点对语言敏感期、感官敏感期、对细微事物感兴趣敏感期、动作敏感期、空间敏感期进行解读。除此之外,还利用小棒和拼音卡让家长能够真实感受实物教学的魅力,通过非学科课程的介绍让家长明白感觉对儿童的重要性,并明确指出良好的环境让儿童天然生活在精神中,作为父母要不断改良家庭环境土壤,厘清边界,给予支持,与他们一同成长。经过四个小时的培训,家长在学习中获得自我的成长,能够厘清真假教育的区别。一位家长在微信群里分享了这样一段话,"儿童就像一颗植物,家庭就是土壤,爱和自由就是养分,给予更多的爱和自由儿童就能更好地成长。但是不能过度保护,要让儿童经历一定的风雨和坎坷才能更加坚强与豁达。"从一次小小的分享中,可以看到这位家长明白了爱是陪伴,是守望。

纪伯伦说过,"你的儿女,其实不是你的……你是弓,儿女是从你那里射出的箭。"儿童迟早要长大,要离开父母,有自己独立的生活。健全的人格、自信、自爱是他们独立生活所必备的,而这些都需要在童年和少年时期形成,在家庭和学校中形成。一个人的成长,80%的影响来源于家庭。因此,创生家长的觉察能力成为心教育关注的焦点,这种觉察体现在两个方面,一是对儿童的认知,二是对自己的认知。西工区以全区名义推行活动内容丰富的学校开放日,包括"心课堂观摩会""古诗现场会""学生手工作品及绘画展"……通过参观和体验,让家长重新认识儿童,思考家庭教育的不足。另外,小学家长普遍存在焦虑、压抑、愤怒、攻击等负面情绪,这些情绪很容易被宣泄到儿童身上。学校要求家长要陪伴儿童度过情绪过程,正向修复内在关系。

凯旋园学区用六大家庭规则来展现父母与子女间的相伴成长:三"尊"——尊重自己,尊重他人,尊重环境;三"不"——不伤害健康,不伤害生命,不伤害道德。温尼克特认为,每一位妈妈都应该成为"足够好的妈妈",曾奇峰将温尼克特所说的"足够好的妈妈"翻译为"60分妈妈"。因此,真正为儿童好,就要站在"儿童立场"上,让他们成就他自己。

四、自由呼唤:体验学校自然气息

《中国教师报》主编褚清源曾用"转身即是风景"来形容西工区学校的校园,这不是一句夸张的说法。"一些小的植物被栽在食槽里,养在水缸里,种在木桶里,看上去有别样的精致美。再小的校园都是一方独特的生态,都可以听到水声和鸟鸣,看见花木绿了窗台,红了枝头。而这一切无关奢侈,无关豪华,只是真实、自然、恰到好处。"①真实、自然、融洽是每一位来访者的切实感受,放眼望去,能够收获到满满的绿意,这种令人心旷神怡的感觉时刻萦绕在心头,大脑仿佛在跟自然对话,在这种环境中如何不让人欣喜?

（一）自由呼唤的理论根基

充满自然气息的校园环境自古有之。朱熹在《衡州石鼓书院记》中讲得十分明白,"(宋初)士病无所于学,往往相与择胜地,立精舍,以为群居讲习之所。"②何谓胜地,就是那些名山大川,是风景怡人的地方。在这种环境中,学生既静心求学,又陶冶情操。这种与自然交融,抱万物而归一的生活方式使得学生能够超越现实条件的局限,复归本性。

自1864年乔治·普尔金·马什出版《人与自然》以来,人们发挥主观能动性,适度地改造自然,让生活更美好的思想就从未断绝。人类是自然系统的一部分,无法脱离自然而单独存在,因此许多教育者在实践中提出"环境教育"这一理念,希望通过人与自然的交互实现人精神和价值方面的成长。心教育所倡导的环境可以被称为有准备的环境,其中一个核心元素是"真实与自然"。"真实与自然"是指能够提供给儿童真实而非虚假的环境,自然而非人工的环境。每当春季开学前西工区各个学校都会专门召开春季种植讨论会,在校园里增添一些草本类、灌木类、爬藤类、乔木类植物,让儿童能够在入学的一瞬间平复心情,感受自然的美好。"自然环境,才是唤醒儿童感觉和精神的地方。"当儿童一直身处自然环境中,而环境又体现出美的价值,那么拥有自然天性的儿童就会自然而然地与环境对话,开展审美体验,儿童心理和精神在自由欣赏中得到滋养。值得指出的是,这种滋养对于儿童自由天性的发展是极为重要

---

① 褚清源.回到儿童世界改造环境[N].中国教师报,2018-04-11(15).
② 朱熹.朱子全书(册二十四)[M].上海:上海古籍出版社,2010:3783.

的。儿童的模仿和观察能力强,在自由生长中懂得了成长的奥秘,学会自由的呼吸。在这种氛围的孕育中,儿童自发地认为他是主人,能动地去改造自然景观,使其更符合心中所想,乐意在其中玩耍。

(二)自由呼唤的突出特质

生态性是校园环境的突出体现。在西下池小学,可以看到很多庄稼、瓜果、蔬菜,这是他们的生态园,西红柿、辣椒、南瓜……一切都充满着生命的气息,儿童在这里体验课程,在自由天地中获得快乐。一位转学而来的学生这样表达自己心中的感受,"每次看到生态园里的植物心里都暖暖的……有一天走进学校后,感觉特别兴奋,我发现那颗细小的并不繁茂的梨树上结出了三个梨。看着这三个梨,我欣喜地感受到生命的神奇、生命的可贵。我更加喜欢生态园了。渐渐地梨长大了,细小的梨枝被压弯了腰。每天来看看梨树一家人,我特别高兴,希望梨树妈妈和她的宝宝健康成长。"[1]真正的教育是儿童天性的自然发展,只要给儿童提供有感觉的环境,他们就能发挥感觉,主动寻找与自然生命的连接点。正如李艳丽强调的,"儿童生活在万事万物中,但这些事物只是一种存在,不是他们成长的根本。儿童成长的根本在于这些事物引发的内在感觉上升为精神力量。"这种精神力量所产生的强烈的呼唤使得心教育能够持续给儿童带来满足、快乐和欢笑。

第四节　心教育的发展历程

由于小学教育在某种程度上存在着个体缺乏对生命实体的敬畏之心,教育缺少对个体自我认知的培养,学校生活缺失对生命本真的关注,学校教育重"术"轻"道",这些问题的根源是"教育者不明白儿童生命成长的基本规律"。"心教育"强调"爱、自由、规则、平等,让师生成为自己",就是给他们一个认同和陪伴、规则与平等的环境,在活动中体验生命,在规则下享受自由,在爱的陪伴下完整成长。心教育正是在这种理念下应运而生。

一、萌发阶段:小学教育问题的新思考(2003—2004)

心教育作为河南教育的旗帜之一,最早可以追溯到 2003 年。是年在科学

① 王占伟.爱和自由,让师生成为自己——解读洛阳市西工区西下池小学蝶变背后的文化力[N].教育时报,2011-05-07(1).

发展观指导下,基础教育课程改革启动。改革大潮中,西工区一所本不起眼的城中村小学——西下池小学率先开始了它的涅槃重生。

（一）最初的原点

西下池小学位于洛阳市西工区洛北乡西下池村内,占地只有 5 336 平方米,90%的学生来自进城务工人员家庭,教学质量向来较差,是一所典型的城中村小学。2003 年西下池小学的教育状况很糟糕,一栋普通的三层小楼,边上是菜园,教学用地严重不足。学校教师大多是抱着当一天和尚撞一天钟的心态,上课时间不是在菜园中浇水种菜,就是聚在一起闲聊、打扑克,学生经常被教师叫到家中打扫卫生,可以说整个学校很难寻觅到教育的踪迹。

在这样的情况下,李艳丽临危受命成为西下池小学校长,年轻人的干劲支持着她和另外一位青年教导主任开始推进艰难的改革。首先就是取消菜园,让教师复归工作岗位,紧接着每周一召开例会,通过集体学习文章的方式进行讨论,要求所有教师逐渐恢复正常上课,给学生批改作业。唯物辩证法讲到事物发展是前进性和曲折性的统一。一连串的组合拳下来,遭受到极大的阻力,教师的反对之声高涨,学生急剧流失,从 1 000 多人锐减到不足 300 人,大批学生整班转走。但这始终没有动摇她的决心,作为一名教育者,她敏锐地发现了破局的关键。

（二）构建教育理念的“种子思维”

2004 年,是心教育实验真正发轫的一年。是年《中共中央国务院关于进一步加强和改进未成年人思想道德建设的若干意见》(简称中央 8 号文件)提出进一步加强和改进未成年人思想道德建设,河南省认真贯彻落实文件精神,在全省范围内组织开展以饮食健康、日常卫生、青春期生理卫生等为主要内容的生理知识教育,以民族精神、理想信念、文明习惯养成等为主要内容的伦理知识教育,以意志品格、行为习惯、人际关系等为主要内容的心理知识教育(简称“三理”教育)。教育者的直觉告诉李艳丽,“三理”教育是一次很好的机会,心理是教育儿童健康成长的关键因素,这源于在西下池小学任教以来其自身的体悟。由于是城中村,相对封闭的环境和近亲结婚的风气导致学生心智薄弱,加上学生父母多为外出务工者,无暇顾及儿童,因此西下池小学的学生是极度缺乏爱和安全感的一群儿童。只有帮助儿童走出心理的困境,才能够去做教育,正是这种强烈的感受促使李艳丽联系洛阳市心理学会,开始做心理量表评估和基础性的课程,将德育和课程融合在一起。虽然现在看来当时设计

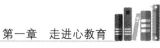

的内容比较粗浅,但对于从来未体验过的儿童来说,这种心与心碰撞的初体验是很大的慰藉,成人能够认同自己并乐于帮助自己。

而真正的契机是同年洛阳召开的"三理"教育现场会。当时河南省专门派人到各个地市收集"三理"工作素材,由于西下池小学已经开展部分工作,并取得一定的成效(比如学生作业质量提高,课程有序开展,手工活动,量表评价等),因此,最终选定在西下池小学召开洛阳市"三理"教育现场会。这对当时的西下池小学来说既是机会,也是挑战。为此李艳丽进行了更加深入与专业的思考,在思考当中她的心中逐渐萌发一种想法:爱、自由、规则,让每一个师生都成为自己。"爱和自由"是"种子思维"在学校教育中的集中诠释——爱指的是无条件的爱,是深深的理解与尊重,是全然的接纳与关注,是允许生命以任何一种他(她)喜欢的方式真实地呈现;自由是指人的行为、心理、意志、情感、精神不受外力的支配和压迫,自己做自己的主人;规则是需要大家共同遵守的约定和原则。在这种观念的引领下,心教育实验正式拉开帷幕。

二、探索阶段:理念创新引领的新试验(2005—2009)

蒙台梭利说,"只要准备一个自由的环境来配合儿童生命的发展阶段,儿童们的精神与秘密便会自发地显现出来。"环境是一切的起点,从创造良好的环境做起,营造氛围以满足学生发展的需求。因此,"环境"成为心教育的逻辑起点。

(一) 建构24道景观的"儿童世界"

自"三理"教育现场会之后,心教育在新的理念指引下开始在西下池小学进行大范围的实践。操场土黄没有关系,打扫整洁,边上种上石榴树,做几个小树凳、小树屋,温馨的环境就这样慢慢形成。李艳丽认为要把环境当作课程来做,干净温馨的环境势必会影响到学生。进而提出"让每一面墙和每一块地面都会说话"的口号,全面启动校园环境建设,从环境文化与课程文化入手打造"普及+课程"的教育。河图洛书、树阵、沙池等符合儿童爱好兴趣的24道景观逐步被打造出来,学生在儿童世界中享受宁静,在自然的生态的经典的环境中生长。整个校园就是一部童书,让儿童自己觉察世界,觉察自我,书写自己的童话。校园成为学生最留恋的地方。而教室也引入了经典绘画、经典音乐、经典书籍、经典电影,被儿童们称为"经典教室"。

(二) 探究课堂改革

与此同时,心教育的探索逐渐延伸到课程教学。把课堂还给学生,让学生做学习的主人,让学生选择自己的学习方式,是西下池小学教学的核心理念。包括打造三个技术因子和两个文化因子,尝试"概念为本,实物配对"的实体化教学,推行课堂教学的"去评价"。在教学改革中教师要少说,让儿童有充分的空间和时间讨论学习目标,搜集素材提前学习,在课堂上自己组建小组,围绕学习任务表达、讨论、操作、分享。由于小学低年级学生,即6—9岁的儿童逐步走出自我,走向世界,开始社会化并建构社会关系,因此儿童学习的方式更多是游戏,由无意识的学习状态走向有意识的学习状态。课堂上每个新概念的进入,比如数学的加减法,语文的拼音字母词语,均需要通过感官体验的方式让抽象的概念变得具体,儿童的视觉、触觉、听觉、嗅觉能够将抽象概念和实物配对,在头脑中整合形成真正的认知。

（三）尝试课程开发

深化教学改革有助于发展儿童的智能,而进一步研发课程,则能够满足儿童深层次的心理需要。西下池小学开发的课程包括环境文化课程、普及与特长课程、学生品格训练课程、社团课程、汉文化礼仪课程以及艺术课程,这些课程涵盖了从外在物质环境到内在精神环境。儿童从9岁左右就开始有意识地学习,对外部有极大兴趣,开展丰富多元的科学类、实验类、植物类、运动类、手工类、生活类、艺术类课程,组成不同的兴趣社团,满足儿童的需求并允许每个儿童自由选择。一个社团维持10—15人,一个学期有13—15次学习的机会,如果不喜欢的话下学期可以更换其他课程,让儿童享有更多地发现人生方向的可能性。

教育从来不是独角戏,教师的在场不可或缺。心教育强调教师是环境的第一要素,教师的成长影响儿童的发展,其最终目标是重建生命的高价值感。心教育的突出特征是"心",它直指人的心理,因此心理学的重要性凸显出来。心理学界有这样一句话:一个人要想得到成长,有两种办法,第一个办法是遇到一个给你无条件接纳与关注的人,第二个办法是依靠自我的觉察,让问题得到解决。教师需要面对真实的自己、真实的儿童。第一,能够完全地接纳儿童,比如帮助儿童认知情绪,就像认识自己的鼻子眉毛眼睛一样,让他们能够给情绪命名,在允许儿童情绪发生后提供充分的陪伴。第二,能够完全地接纳自己,直击心灵深处,面对自身的不足战胜心中的敌人。通过读书、写作、讨论,让教师实现专业发展。通过教师关注儿童生命成长规律及心理特点,接纳每一个生命个体,帮助儿童成为自己的任务,给儿童提供一个爱、自由、规则与平等的环境,帮助他们形成内在秩序感,实现生命的自我觉察与完善。

从校园环境到课堂教学改革,再到课程研发,最后到教师成人环境,心教育在不断的探索实践中形成了一条清晰的路径。这个过程是不断精进的过程,考虑的是儿童心理的需求和行为的需求。在探索中,儿童实现了全方位成长,这种"不教而教"的方式成了心教育实验的最大亮点。

三、推进阶段:以点带面改革的新方向(2010—2012)

(一)完成以西下池小学为中心的心教育基地建设

心教育发展历程中的以点带面,其实指的是两个方面,一方面是以西下池小学为点带动西工教育整体面,另一方面是以心理学为点带动教师成长面。至2010年,李艳丽已经在西下池小学担任了7年校长,7年时间里,西下池小学从零开始,从零突破,取得了瞩目的成绩。在长期实践中,心教育团队积累了大量的宝贵经验,也得到了洛阳市教育界同仁的认可,区域范围全面推广的契机随之而来。"心文化、心教育创造西工教育心生态"这一教育思想的提出,体现了西工教育由硬件建设转向内涵发展的内在诉求。从2010年到2012年,短短3年之间,西工区完成以西下池小学为中心的"心教育"基地建设,通过校园环境创设、教师理念转变、家校合作构建、校本课程开发、课堂教学变革,"心教育"基地建设取得了阶段性成果。

(二)出台区域改革实施意见并实现科研机构引领课题

基于西下池小学"心教育"成就,2010年,西工区教体局出台《西工区"十二五"期间教育事业发展规划纲要》,规划区域改革蓝图。2011年,成立了"西工区教体局教育科研中心",通过建立科研机构实施课题引领,倡导"问题即课题,研究即成长,解决即成果"科研理念。目前,心教育改革及其相关研究共获批教育部、省级、市级立项课题214项,其中教育部中国教师发展基金会立项课题10项,省级课题48项,市级课题156项。在省、市结题163项,其中省级结题39项,省级优秀成果17项,市级结题及优秀成果124项。课题研究成为西工区"心教育"发展战略的有效载体。

2012年,西工区出台《西工区教育系统2012年"教育提升年"活动实施方案》,确定2012年教育发展的主题是"心教育,开创西工教育心生态"。

自此,心教育的品牌开始打响。2011年,西下池小学被中国教师报评为"全国十佳现代小学",2012年被授予"全国中小学校长培训基地"。《教育时报》以"心教育,破解中国教育变革"为题,对西下池小学心教育建设的成功经验做了整版报道。国家督学成尚荣盛赞以"心教育"为代表的豫派教育有望成为教育人改变世界的第四只苹果。他认为,心教育能够尊重生命的价值,尊重儿童,尊重童年,激发人的创造力,使师生"创造自己,成就自己",因此是"高价值感"的教育。

四、深化阶段:区域协调发展的新路径(2013—至今)

自2013年开始,围绕"出经验、出智慧、出样本"的目标,西工区上下形成合力,共同推动区域教育教学纵深发展。一是做宽——做出区域广度;二是做深——做出文化厚度;三是做强——做出知名度。

（一）心教育在推广中硕果累累

2013年4月,西下池小学的成功办学理念与实践,被《中国教师报》认为创生了素质教育背景下的"心教育学""重新定义了小学教育"。西下池小学的突出表现也激发了其他小学的发展,形成了雁阵效应。凯旋路小学被评为"第四届河南教育名片",并成功举办了《教育时报》第二届"河南教育名片学校"发展论坛现场会,全国教育同行到该校参观。白马小学、芳林路小学、西工区实验小学被评为"全国经典诵读示范学校"。西工区荣获"河南省义务教育均衡发展先进县区""河南省家庭教育工作先进区"。2015年西工区荣获"国家义务教育发展基本均衡区",2017年荣获"第五届全国教育改革创新典型案例",让"心教育"在全国范围内广为流传。先后有来自河北、湖南、湖北、吉林、甘肃、辽宁、黑龙江、山西、陕西、北京、上海、内蒙古等省内外的教育同仁一万余人次来西下池小学参观学习和挂职锻炼。

（二）继续培育区域性教科研队伍

西工区教体局围绕"心教育"进行全区性的教师培训,打造了一支优秀的教育科研队伍,促进教师队伍成长。多年来,西工区教体局先后举办了百余场不同层次的培训,促进了教师的专业化和人文心理素养的提升。例如,认知儿童、认知自我的培训,主要分为四部分:一是儿童怎么使用他的身体,身体如何被发展起来;二是儿童的内在情绪是怎么回事,情绪上如何得到可能的成长;三是儿童的感觉是怎么回事;四是儿童的心理、智能、精神怎么发展。为此西工区邀请了首届全国中小学心理健康教育"十佳专家"钟志农、顶尖沙盘游戏专家艾浓、案例督导培训专家冯建国、台湾"叙事王子"周志建、台湾精神分析第一人王浩威进行专业培训。在一轮轮的心理培训中构建了以精神分析为根

本,以沙盘游戏为中心,以心育活动为大纲的完整课程体系,使心理健康教师队伍个人成长与教学实践结合,提升心教育的品质与站位。

（三）"实施意见"推动心教育深入发展

以西下池小学的心教育为样板,在 2012 年,西工区教体局出台《心课堂推进工作实施意见》,明确了心课堂推进的目标:心课堂是"心文化·心教育·心生态"的重要基石之一。并确立 2013 年西工教育的发展主题:心文化·心教育·心生态,以此作为统领各项工作的灵魂。围绕这一主题,着力打造心教育的五块基石——心管理、心课程、心课堂、心环境、心成长。西工区教体局出台了《心课堂持续推进工作的实施意见》,明确各校要加大心课堂推进力度,全区心课堂过关率达到 100％,优秀率达到 35％。围绕第二届"爱和自由"机构小学教师培训内容,区教体局组织机关和二级机构业务部门人员、校长进行了教育教学专题研讨会,理清了工作方向和思路,西工区域教育教学改革进入深度整合阶段。通过校本培训(教师读书、观察案例、集体研修)和区本培训(心理健康培训、"爱和自由"培训、管理层培训、新教师培训),教师读懂儿童的同时也读懂了自己,提升幸福指数,能够悦纳自我、悦纳他人,成为更好的自己。

在"办真教育,办大教育,办强教育,办人民满意的优质教育,打造全国教育强区"的奋斗目标指引下,扩展心教育外延,形成"心文化·心教育·心生态"三位一体的整体结构。2014 年在全国区域教育样本联席会议暨西工区未来教育家成长工程启动仪式上,西工区教体局局长冯建文指出,如果把西工教育比作一片森林,那么,心文化是树根,心教育是树干,心生态是一大片森林形成后的整体效果与景象。

由心教育上升到心文化,西工区持续推进七大战略:坚持七项基础工作(教师个人读书,校本培训,学生分级式阅读,心课堂改革,作业,反思,教室、办公室、教学楼及校园视角文化),夯实心文化基础;着力打造"五名工程"(名师、名班主任、名学科带头人、名校长、名校),树立心文化标杆;加大区本培训力度,固强心文化根本;普及"两全两分式阅读"(教师全员式阅读、全程式阅读,学生分学段阅读、分年级阅读),开掘心文化源泉;打造"五大支柱"(心管理、心课程、心课堂、心环境和心成长),支撑心文化大厦;开展课题研究,促进心文化生长;推进区域教育均衡,保障心文化和谐。

心文化、心教育、心生态三者紧密相连,心文化是西工教育的发展战略,是顶层设计,心教育是建设心文化的主要途径,而心生态是心文化、心教育结出的果。在这一理念的引领下,心教育更好地帮助教师读懂自己、读懂人生、读懂儿童、读懂教育。各个学校更好地融会贯通,迅速实现整体布局,西工区呈现出"名校如林"的良好态势。与此同时,五大支柱成为心文化大厦的坚强支撑,支撑着西工区教育大步向前。总的来看,心教育正逐步实现精神铸造、价值引领、生态布局和文化建构,向着更好的明天前进。

第二章　心教育的学理基础

第一节　心教育的哲学基础

心教育的发起人李艳丽认为,"要认识儿童、发现儿童,要鼓励儿童发现自己,只有发现了自己,才能改变自己。"对于个体本我的审视是哲学永恒的话题,而对自我的发现正是个体获得发展的前提和基础,促进儿童对其本心的探索需要加深儿童对自我的认知。那么儿童究竟是什么人? 儿童的生命发展具备怎样的特性? 这便是心教育改革的哲学基础所要探寻的两大基本问题。

一、卢梭自然主义思想

心教育致力于帮助儿童发现自身的特性,遵循儿童自身的自然法则顺序和规律进行教育,帮助儿童实现自身发展。儿童的特性属于一种自然特性,在英文中"自然(nature)"一词大致有七重含义:起源或诞生;天性、本性;性格;自然方式,指事物自身的循环中自然放生的方式;客观世界;大自然,自然界,其中,天性、本性是最贴合"自然主义"中"自然"之义的;自然发生,与人刻意为之相反。因此,"自然主义"思想更多地强调人的天性和本性。自然主义代表人物让·雅克·卢梭强调对天性的尊重,呼吁解放人的天性,强调教育要遵循自然规律,回归到自然中去。

(一) 人之自然属性

人是什么样的? 人又如何发展自己呢?

卢梭认为,儿童天生就是纯洁善良的。卢梭在《爱弥尔》开篇即指出,"出自造物主之手的东西,都是好的,而一到人的手里,就全变坏了。……本性的最初的冲动始终是正确的,因为在人的心灵中根本就没有什么生来就有的邪恶。"他认为儿童善良的天性中,包括爱自己和爱他人两个方面,即"自爱心"和"怜悯心"。所以儿童天生就懂得探索如何爱惜自己的生命与生活,也有爱护同胞、希望别人幸福的仁爱之心,对受苦受难的人会产生怜悯之心,对不公正的行为会有愤怒之心。只要不受到城市文明的污染,儿童善良的心灵就不会被扭曲。

卢梭认为,人生来具有主动学习的能力,而且能够通过主动学习发展理性。"由于所有一切都是通过人的感官进入人的头脑的,所以人的最初的理解就是感官的理解,正是有了这种感性的理解做接触,理智的理解才得以形成。"也就是说,知识来源于个体与周围环境的接触,学习不该由别人传授,而应从感觉开始,通过感觉器官感知外界事物,从而获得感觉观念,转换为个人认识世界的材料。人在获得了感觉材料之后,会对不同的感觉材料进行分析比较,判断事物之间的关系,获得知识和道德。感官发展成熟之后,人会具备理性,对世界有更加深刻完整的认识。同时,卢梭认为通过个体感觉获取的知识更加客观可靠,"我只知道真理是存在于实物中,而不是存在于我对事物进行判断的思想中,我只知道我在对事物进行判断的思想中,我的成分愈少,则我愈是接近真理"。所以,儿童感官不成熟、不完善的时候,需要通过不断的尝试和练习发展自己的感官,但这些练习过程中,要让儿童自己感觉、自己推理、自己学习,成人不可代替。

虽然卢梭对人性的论断过于单一,仅仅看到了环境对人的影响,忽视了遗传本身的作用,对感官的作用过于夸大,轻视主观思维和系统知识学习。但是他对人性的肯定,尤其是儿童天性的尊重,对感官作用的深度剖析,对教育活动有长远的启发意义。

(二) 人的发展须遵循自然

儿童的发展,须能使其天性得以维持,让其能力自在地生长。卢梭认为,儿童不是一无所知的小动物,也不是成人的附属品,他们与成人是平等的,拥有比成人还要纯洁的灵魂,充满无限发展潜力。所以,儿童的生命具有独立性、独特性、崇高性。儿童应该受到高度尊重,并被赋予独立成长的权力与自由。基于此,在儿童成长的过程中,教育者不能按照成人的需求干预儿童的成长内容与方式,应当充分考虑儿童自身的特点和需求,给儿童充分的自由,让他按照自己的特点和需求去安排学习内容和方式,让其天性得以发展。

人作为自然万物的一部分,生长是有阶段性和规律性的,自然的教育须得遵循人发展的自然进程。以儿童的内在自然为依据的教育,才能使儿童的身心健康发展。卢梭把儿童的发展分为四个阶段,即婴儿期、儿童期、少年期、青年期。婴儿期,应该重点发展儿童的肢体运动能力;儿童期,要重视培养儿童的感官能力;少年期是智力发展的关键期,应重视智力培养;青年期,要重视道德教育。每种能力的发展都有其关键期,教育者如果强迫儿童过早地学习新知识,会让儿童感觉压抑、怨愤、厌恶学习,但是如果错过了能力发展的关键时期,后期弥补也是事倍功半。所以卢梭主张教育者首先要了解儿童的身心发展规律及特点,然后全面观察个体的独特性,顺应其个人发展规律开展教育。

（三）人的发展终归于自然

卢梭认为,"只有一门科学必须教给儿童:这门科学就是做人的天职"。教育的终极目的,要归于自然规律。自然主义的培养目标是身心健康、自食其力的劳动者,同时也是有见识、有性格的独立、自由、头脑健康的人。人之为人,首先要身心健康,能够靠劳动生存。"他自最初便被训练尽可能地自食其力,他并没有养成那些永远求助于人的习惯,他更没有养成那种向人夸示学问的习惯。"劳动是大自然赋予人的先天本能,也是人后天生存必须具备的能力,所以教育的目的须归于人之自然需求。人之为人,其次要有独立思考的能力,具备独立、自由的人格。所以,卢梭认为,"只要他处在社会生活的漩流中,不至于被种种欲念或人的偏见拖进漩涡中去就行了;只要他能够用他自己的眼睛去看,用他自己的心去想,而且,除了他自己的理智外,不为任何权威所控制就行了。"每个个体天生具有心灵特质的唯一性,要保持其心灵的独特性,就要让其学会观察与思考,成为具有自由思想、独立人格的社会人。

人的身心、劳动能力、独立自由人格要在什么样的环境中发展呢? 卢梭的回答是在自然中成长,即教育过程应归于自然。这里的自然有几重含义,首先指实际生活,而非人为制造的环境。卢梭的自然主义认为,儿童天生有发展自由和冲动,对成人的教育有抵触感。所以成人不应给儿童过多的口头训诫,应该让儿童在自己的生活中和人际交往中体验行为的结果,包括"不良行为的自然结果"和"良好行为的自然结果"。这种方法又被称为"自然后果法",实质就是减少成人对儿童的过多干预,让儿童在自然的过程中主动探索和思考。其次,自然又指与工业化城市文明相对应的自然界。卢梭认为,科技发展造成了人的异化。一方面工业提供了很多工具,人们过度依赖工具;另一方面,城市文明带来价值的多元化,甚至道德的迷惘与沦丧,不利于儿童纯洁天性的发展,也不利于儿童身体健康和劳动能力的发展。应该让儿童重新回归到大自然中,走出技术的包围,降低对工具的依赖,避开负面道德行为带来的冲击,在自然中发现自我的需求与力量,构筑自己的精神世界。

二、柏格森生命哲学观

亨利·柏格森受新达尔文主义、新马克思主义、爱因斯坦相对论以及叔本华、尼采哲学思想等诸多理论的影响,在反思西方哲学理性主义的基础上,提出要采用非理性的、直觉的方法去观察和研究世界,把握世界的本质。他认为直觉是认识、理解和把握世界本质最根本的能力和方法,生命是一种绵延不断向上的冲动,生命的本质是创造,在这种生命哲学视角下,儿童的生命特质表现为成长的时间性、发展过程中的自我创造性和探索世界的直观性。

(一) 生命成长的时间性

"时间"是柏格森阐述其生命哲学理论的一个重要视域,他在冥思宇宙生命的本质时指出,生命的本质与意义只能从生命体的内在时间来把握,并由此区分出了两种时间观:科学的时间(量化时间)和真正的时间(生命时间)。科学的时间是单一的、固定向前的、不可逆的,世间万物所拥有的"此刻"时间都是一样的。柏格森认为生命的时间是非匀质的、多样的,是一条无底无岸的河流,流向一个不能确定的方向。自然赋予每个生命机体独有的生命成长样态,所以,个体绵延的生命张力和生长节奏是不同的,都有自己独特的生长时间,都按照内在成长时间表的顺序不断充实自己,并逐渐达到成熟的状态。

儿童作为独立的生命个体,也具有其独特的成长节奏,他们的生长遵循自身内在的生命时间。从诞生的那一刻,儿童就被自然赋予了一种内在秩序,他们的无意识中蕴藏着一种积极的内在潜能,促使其按照这种秩序不断汲取外界的新知识、新方法、新思维,有节奏地获得发展,自然而然地展现生命的精彩。教育者要相信儿童天生就具有生长的能力,而且要明确儿童知识、兴趣、能力的发展都是有个体时间表的。所以,儿童的教育首先应该尊重自然赋予的发展节奏,遵循儿童内在的时间大纲,根据其生长的时间性来安排教育内容,不能人为地加快儿童的成长速率;其次应该帮助儿童认识到自己是成长的主人,引导儿童发现自己的成长节奏与需求,发挥自己的个性潜能,激发儿童主动探索世界、吸纳知识。

(二) 个体的自我创造性

柏格森认为,生命像时间是一种连续的、变化的状态,就如大河在连续流动,他称之为"绵延",也是他所提出的"生命的冲动"。生命的冲动是生命变化的原动力,是世界最真实的存在,具有强大、永恒的力量,推动世界不断进行创造和进化。这种生命的冲动源于人自身成长的需要,推动人不断向前发展,创造自己的生命,促使个体不断突破现实的局限,实现每段时间历程中的目标。柏格森认为,生命是主体"我"凭借内在的"生命冲动"进行自由创造的过程,不是被动地与外在客观环境相适应,而是主动地改变外界环境使其适应自身内在要求。

如千万滴水才能聚成江河,每个生命的发展都由无数个创造性的瞬间聚集而成。冲动每时每刻都在进行自我创造,生命流动的每个瞬间都是崭新和不可预见的,时刻处在一种发展、成长和成熟的进化状态。由此,每个"此刻"的样态都是之前创造的独一无二的时刻,也就是说,每个生命个体的每个瞬间都是一种创造。

儿童的生命处于一种未成熟的状态,处于极具冲击力、连续的生长与创造之中,他们不断超越现有的发展水平,在成长中自我创造,在自我创造中成长。因此,创造是儿童先天具有的一种生命本能。这种本能,源自儿童内在发展的需求与潜能。基于创造的本能,儿童能够主动吸收外界环境的信息来构筑自己的精神世界。儿童的创造力源于儿童本身的发展需要,不依赖于任何外界的特定训练方式,儿童的本真生活状态就是其自我创造性的展现。因此,教育无须刻意追求某些外在目的,就是要让儿童自然地表达自我需求。为了使儿童的自我创造力得到充分的发挥,教育应该创造一个宽松自由的环境。在这样的环境内,儿童拥有足够的时间与空间进行自由表达,他们的好奇心和求知欲能得到充分尊重,生命的活力能到得以充分地释放。

（三）探索世界的直觉性

柏格森认为,直觉是将主体和认识对象相互融为一体的中介,它使主客体相互交融,这种交融使人们置身于对象之内,以便与其独特的、无法表达的东西相符合。他将直觉作为一种把握生命本质的方法,并将其融入个体生命冲动无限绵延的过程之中。相比于发现诸多现象背后必然性与定律的理智,直觉能够将自己深入到探索对象之中,与其生命中诸多因素相符合。

柏格森强调在探索世界的过程中要注重个体自身的体验,只有靠身临其境的直觉,用心灵与心灵沟通,才能抵达个体生命深处,实现一种"物我同一"的状态。以观看戏剧为例,人们如果仅仅依靠外部感官单纯地看剧,那么所体会到的仅仅是剧情或角色带来的外部刺激,而这种感受是转瞬即逝的,无法深刻体会剧中人物的情感。但是,如果人们将自己置于角色情景中,参与戏剧表演,体会剧中人物当时的内心独白以及情绪反应,那么就可以将自己与情境、与认识对象融为一体,与剧中人物发生情感共鸣。

依据柏格森的观点,直觉应是儿童认识世界的基本方法。直觉能够让儿童真正地在认识过程中体验与感受生命的脉动,把握认识对象的本质。在教育场域,儿童投入的不仅仅是理性与思维,他们会将整个身体所有的情绪情感全部置身其中,以"直觉直观"的方式深入教育情境之中,尝试对整个教育过程进行理解与把握。那么,教育创设儿童生命发展的实践环境,就要满足儿童观察世界、感受生活、体验问题解决的需求。学校应该为儿童创设可以看得见、摸得着的探索工具和环境,让儿童能够以直观的方式,感受物体的存在与生命的发展。在课堂中,教师应该尽可能为儿童提供直观的、可感知的材料,建立客观知识与儿童直观感知之间的桥梁,帮助儿童理解新的学习内容。在课堂之外的生活中,学校应该创建丰富的体验环境,让儿童感知他人、动物、植物等生命的变化,学会珍爱自我生命,呵护他者生命。

三、孟子性善论

自先秦以降,儒家自民间兴起,孔子以"仁""礼"为核,形成儒家道德体系。孟子继承孔子的思想,并将之生发。他主张的道德修养方法站在唯心主义的角度,强调人的天性中充盈着善,但在先天善性中只有善端。所谓善端是人区别于禽兽的特殊之处,包含恻隐之心、羞恶之心、恭敬之心、是非之心。由此四端产生出的仁、义、礼、智构成大丈夫人格的核心要素。孟子指出:"仁者爱人,有礼者敬人。爱人者,人恒爱之。敬人者,人恒敬之。"[1]孟子的道德哲学对于心性等方面的阐发,有助于增强对心教育的理解。

(一) 心性

人性论是人首先对自己生理作用加以批评、澄汰、摆脱,因而向生命的内层迫进,以发现、把握、扩充自己的生命根源、道德根源的工夫。[2] 相比于荀子等谈的"气性",孟子更强调"心性",认为心是可以独立活动的实在。正如牟宗三指出四端之善的心是内在而固有的、超越的、自发、自律、自定方向的道德本心。[3]孟子谈的心并非是本有的、固化的气质之性,它并不是一成不变由命注定,而是需要不断实践探索。"求则得之,舍则失之",孟子所谈之心是超越了

① 孟轲.孟子[M].杨伯峻、杨逢彬,译注.长沙:岳麓书社,2000:147.
② 徐复观.中国人性论史·先秦篇[M].上海:生活·读书·新知三联书店,2005:420-421.
③ 牟宗三.心体与性体(第一册)[M].长春:吉林出版集团责任有限公司,2013:44.

价值层面的道德本心。因而,他认为爱人是天生的本性,性善论为人的一系列道德实践提供先天的依据。

"尽其心者,知其性也",发挥善良的本心就是明白人的本性。心教育的立足点是"爱",强调在现实活动中对知情意三者的丰富和发展。通过帮助儿童认知自我与外在世界,协调生命与外在他人的关系,继而坚定未来生命活动的选择,促进其生命价值感的发挥及道德感的育成。在西工区的小学,随处可以感知到包容的、互助的、成长的文化,一切活动的重心在于促使儿童发挥本心,其实质便是儒家道德实践中的"存心养性"。

(二) 良能良知

《孟子·尽心上》中最早提到了"良能""良知"的概念。孟子认为,"人之所不学而能者,其良能也;所不虑而知者,其良知也。孩提之童无不知爱其亲者,及其长也,无不知敬其兄也。亲亲,仁也;敬长,义也。"[1]孟子将人无须学习便能掌握的称为"良能",将人不用思考便能知道的称为"良知",其背后指代的是人生来固有的知爱、孝亲、敬长的潜能,而孩提之童爱其亲,敬其兄,则是良能、良知在个体上的行为表现。

心教育认为教育的核心是让人成为更好的自己。儿童本就懂得爱,他们能够自发地亲近周围的人和物,怀着对宇宙间生命最大的善意。儿童的至纯至真在伦理关系的核心体现是诚孝睦亲,将这种人伦本质进一步发挥,便是心教育所期待的目标之一。在这一过程中,教师通过认同和陪伴创设一个生活化、生态化、经典化的环境给儿童,配合其生命的自然成长,使生命和精神的秘密自发地显现,儿童内在潜能便得以不断涌出。

(三) 善端

"恻隐之心,仁之端也;羞恶之心,义之端也;辞让之心,礼之端也;是非之心,智之端也。人之有是四端也,犹其有四体也。"[2]在孟子看来,人人都有"不忍"之心,抑或称之为同情心。同情心是仁的发端,羞耻心是义的发端,辞让心是礼的发端,是非心是智的发端。

心成长,是让每个学生在爱和自由、规则与平等中建构个体化自我,形成独立的精神世界。孟子说,"人能充无欲害人之心,而仁不可胜用也。"[3]不侵

---

① 孟轲.孟子[M].杨伯峻,杨逢彬,译注.长沙:岳麓书社,2000:230.
② 孟轲.孟子[M].杨伯峻,杨逢彬,译注.长沙:岳麓书社,2000:56.
③ 孟轲.孟子[M].杨伯峻,杨逢彬,译注.长沙:岳麓书社,2000:258.

害他人,所行皆为正道,需要躬身自省。要使儿童做到这一点,就必须关照儿童的身心,让他们在活动中体验生活,在规则下享受自由,在爱的陪伴中完整成长。扩充儿童的善端就是滋养其生命成长,实现生命的自我觉察和完善,帮助他们更好地社会化,重建生命的高价值感,提升幸福指数。正所谓"学问之道无他,求其放心而已",从学习中探索自我,完善人格是一条亘古不变的道路,而所求的第一要义正是"仁者爱人"。

四、王阳明心灵哲学观

在我国教育史中存在着诸多带有自然主义色彩的教育论断。以老子为代表的道家主张"清静无为";魏晋南北朝时期,嵇康"越名教而任自然"的观点与自然主义教育主要论断不谋而合;唐宋时期,柳宗元借种树老人之口阐述了"顺天之木以致其性"的教育理念;而在明清时期,以王阳明为代表的"知行合一"教育观则标志着我国自然主义教育观走向了系统和成熟,王阳明的心学体系及对于儿童教育的观念在程朱理学盛行的明清时期具有突破性意义,其观念也对心教育中"心"的解读起到了指导作用。

(一) 心体

王阳明的心灵哲学观也被称为阳明心学,"圣人之学,心学也,学以求尽其心而已。"①心学不仅是修身之道,也是治学之道,通过实践求其本心,进而达到较为圆满的人生状态,"为学须有本原,须从本原上用力"②,这里的本原指代的就是"心体","心体"的概念是阳明心学与程朱理学的区别所在,王阳明认为"心之本体即是性,性即是理……复其心体。"③"心之体,性也,性即理也。故有孝亲之心,即有孝亲之理……无忠君之心,即无忠之理矣"④"心之本体即是天理。"⑤由此可见,阳明心学中的"心""性""理"概念极为接近,"心体"是"心"的初始状态,这种生存状态便是"性",也是"理"。当然,"心体"不仅包含客观的"理",也包括主观的"乐","乐是心之本体,虽不同于七情之乐,而亦不外于七情之乐。虽则圣贤别有真乐,而亦常人之所同有。"⑥无论是圣贤还是

① 王阳明. 王阳明全集[M]. 上海:上海古籍出版社,2017:181.
② 王阳明. 王阳明全集[M]. 上海:上海古籍出版社,2017:14.
③ 王阳明. 王阳明全集[M]. 上海:上海古籍出版社,2017:55.
④ 王阳明. 王阳明全集[M]. 上海:上海古籍出版社,2017:37.
⑤ 王阳明. 王阳明全集[M]. 上海:上海古籍出版社,2017:58.
⑥ 王阳明. 王阳明全集[M]. 上海:上海古籍出版社,2017:70.

常人,被称为"乐"的情感认同都是人所共有的特性。

"心体"的状态并非是一成不变的,而是不断变化的,该论断也使人的教育和发展成为可能。体现在躯体上便是行动,身心的联结和互相作用成为"心体"发展变化的内在动力,"心体既以理为根据(本体)和形式结构(心之条理),又与身相联系而内含着感性之维。"①"心体"和"心"的区别也在于此,阳明心学中的"心体"指的是一种生命状态。心教育即是发现了"心体"的奥秘,并在实践中加以践行。

（二）良知

"良知"是王阳明学说的核心概念之一,具有重要地位。王阳明在继承孟子所言的良知之义的基础上,进一步认为"良知只是个是非之心。是非只是个好恶……良知只是一个天理自然明觉发见处,只是一个真诚恻怛,便是他本体……以事亲便是孝……以从兄便是弟……以事君便是忠"②,这里的是非、好恶、真诚、恻怛与孟子所言的恻隐、羞恶、恭敬、是非之心相对应,成为王阳明的"良知"所存的"四端之心"。

王阳明认为,"良知"是人生而具有的内在属性,纵然人的行为有时会与之相悖,但"良知"作为一种特性是始终存在的,虽然有时会被环境影响所蒙蔽。"虽妄念发而良知未尝不在,但人不知存则有时而或放耳;虽昏塞之极而良知未尝不明,但人之知察则有时而或蔽耳!"③此外,人的"良知"天然也存在不同的种类,"良知本来是自明,气质不美者渣滓多,障蔽厚,不易开明;质美者,渣滓原少,无多障蔽,略加致知之功此良知觉自莹澈。"④

有学者认为,王阳明的"良知"学说其实是关于个体生命自觉的探讨。⑤"自信其良知无所惑而明,明则诚矣。明诚相生,是故良知常觉常照。常觉常照,则如明镜之悬,而物之来者自不能遁其妍媸矣。"⑥要使得"良知"澄澈通透,就需要使得"良知"顺应其如是,因此王阳明所提到的"良知"其实是一种个体生命自觉的形态,涵盖了身、心两个向度,既是躯体的现实存在,也是心灵世界的灵台菩提。王阳明认为虽然良知具有身心两个向度,身心互为表里,互相

---

① 杨国荣.心学之思——王阳明哲学的阐释[M].北京:中国人民大学出版社,2009:79.

② 王阳明.王阳明全集[M].上海:上海古籍出版社,2017:69.

③ 王阳明.王阳明全集[M].上海:上海古籍出版社,2017:41.

④ 王阳明.王阳明全集[M].上海:上海古籍出版社,2017:59.

⑤ 余英时.余英时文集[M].广西:广西师范大学出版社,2006:112.

⑥ 王阳明.王阳明全集[M].上海:上海古籍出版社,2017:65.

依存,但"心"是"身"的主宰和领导,统御了"身"的践履和行动,"身"包含血肉躯体的自然向度、社会关系中的社会向度以及形气向度,而心向度的良知又涵盖了"知是知非""真诚恻怛"和"虚灵明觉"三个维度。[①]"良知"结构如图2-1所示。

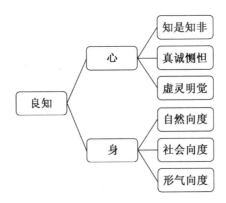

图2-1　王阳明"良知"结构图

心教育中对于"心"的定义也在一定程度上得益于阳明心学对"良知"的思考,在促进学生发展的过程中既要涵盖对心灵的自明,也要重视对身体的涵养。王阳明"良知"的发展遵循心体(本然之良知)—物(践履)—心体(自觉之知)的基本逻辑,即是从心出发,以心为体进行身心一体的行动践履,最终回归到心体,实现以心为体的自觉状态,这种生命自觉归结为指向心体的生命自觉。[②] 心教育致力于学生"心"的发展和旨归,批判性吸收了王阳明"良知"发展的基本逻辑,强调环境和教师在学生发展过程中的引导作用,由致"良知"到"心"教育的转化,既是对阳明心学的继承,也融合了当代教育发展理念。

(三) 童子之情

从阳明心学的相关理论出发,王阳明认为人越年轻,"良知"所受到的蒙蔽越少,因此治学和修身都需要尽早从儿童时期开始。虽然"良知"生而皆有,儿童发展"良知"的方式与成人并无本质区别,但王阳明已经意识到儿童的身心发展特点和规律与成人有着较大的差异。王阳明认为"大抵童子之情,乐嬉游而惮拘检,如草木之始萌芽,舒畅之则条达,摧挠之则衰痿。"[③]儿童天性喜欢

①　蔡光悦. 指向心体的生命自觉[D]. 长沙:湖南师范大学,2019.
②　杨国荣. 心学之思——王阳明哲学的阐释[M]. 北京:中国人民大学出版社,2009:79.
③　王守仁. 王阳明全集(卷二)[M]. 上海:大东书局,1935:57.

嬉戏游乐,害怕拘束教条,如同刚刚萌芽的草木一样,如果枝丫能够自由舒展,便能生长得繁盛茂密,如果遭到了摧残和约束,便会枯萎衰败,儿童如果能够顺应其天性生长,便可以形成较为完善的品格。"今教童子,必使其趋向鼓舞,中心喜悦,则其进自不能已。譬之时雨春风,沾被卉木,莫不萌动发越,自然日长月化。若冰霜剥落,则生意萧索,日就枯槁矣。"[1]顺应儿童发展的身心特点,帮助儿童发现天性,顺应儿童自我发展的内在需求,那么儿童的进步会成为一种自觉自动的过程,就像是沐浴在春风春雨中的花卉草木,感时而生,枝繁叶茂,但若是草木萌发之际遭遇了冰霜摧折,就会导致生机凋零,日渐枯槁。儿童如同春季的草木,正处在萌芽阶段,因此对儿童的教育也应该尊重天性,采用顺应"童子之情"的教育方式。

对于所处时代的教育方式,王阳明表示了彻底的批判,"旧惟督以句读课仿,责其检束","鞭挞绳缚,若待拘囚"。[2] 这种以机械学习、约束为主的教育方法无视儿童天性,不利于儿童明其"良知"及"心体"发展。当然,王阳明对儿童的教育并非是放任自流,而是倡导通过读书,学习诗歌、礼仪等方式熏陶儿童,导之以善,以春风化雨的方式帮助儿童进行自我觉醒及发展。"故凡诱之诗歌者,非但发起意志而已,亦所以泄其跳号呼啸咏歌,宣其幽抑结滞于音节也;导之习礼者,非但肃其威仪而已,亦所以周旋揖让而动荡其血脉,拜起屈伸而固束其筋骸也;讽之读书者,非但开其知觉而已,亦所以沉潜反复而存其心,抑扬讽诵以宣其志也。"[3]王阳明认为这些教育方法可以使得儿童"日使之渐于礼仪而不苦其难,于中和而不知其故"[4],并能够激发儿童发展的自主性,满足儿童自我发展兴趣,提升儿童发展自我效能感。这些教育原则也为心教育实践中教育环境的创设和教育方法的运用提供了参考依据。

第二节　心教育的心理学基础

"心"是心教育的核心概念,既是心教育的育人目标,也是心教育实践的初心,更是心教育探索过程中所遵循的心理学基础。心教育体系是教学智慧的提升总结,也是基于心理学相关理论在实践中的检验与实践。心教育是以人

---

①　王守仁.王阳明全集(卷二)[M].上海:大东书局,1935:57.
②　王守仁.王阳明全集(卷二)[M].上海:大东书局,1935:57.
③　王守仁.王阳明全集(卷二)[M].上海:大东书局,1935:57.
④　王守仁.王阳明全集(卷二)[M].上海:大东书局,1935:57.

为本的教育,以人本主义相关思想为指导,尊重师生主体地位;心教育是以心育人的教育,以认知发展理论为基础,促进学生智育发展;心教育也是面向社群的教育,以社会学习理论为纲要,构建社会学习环境。心教育在实践过程中立足立德树人根本任务,践行心理学相关理论基础,探索育人新路径,进一步激发学校办学活力。

一、罗杰斯人本主义思想

卡尔·罗杰斯是人本主义心理治疗的先驱,他将"以人为中心"的治疗方法应用到心理治疗过程中,形成了"来访者中心疗法"的治疗思想。罗杰斯在对美国传统的教育模式进行批判性思考的基础上,将"来访者中心疗法"应用到教育教学活动中,提出了"以学生为中心"等教育教学理念。在基础教育改革和发展过程中,罗杰斯"以人为本"的思想极大地冲击了传统的教育思想和方式,为教育改革带来了新思路,也为西工区心教育实施过程中认识学生主体地位提供了相关的理论支持。

(一)以学生为中心的教学观

罗杰斯在反思美国传统教育的过程中指出,"教师是知识的拥有者,而学生只是被动的接受者;教师可以通过讲演、考试甚至嘲弄等方式来支配学生的学习,而学生无所适从,教师是权力的拥有者,而学生只是服从者。"罗杰斯认为这样的学习对于学生来说毫无意义。因此,罗杰斯创造性地提出了"以学生为中心"的教学理念,强调以学生为本和非指导性教学法。也就是说,在教学过程中,教师应充分尊重学生的需要和兴趣,让学生在宽松、包容、自由的学习氛围中主动地自我学习,学生可以自主地制定自己的学习计划和学习方式,自主思考,在小组讨论过程中自由发言;教师的任务不是灌输或传授任何权威性的知识或结论,而是为学生提供丰富的学习资源,提供促进学习的氛围,成为学生学习的促进者。罗杰斯认为,促进学习的心理氛围因素包括:真实或真诚,教师表现真我,没有任何掩饰、虚伪和防御;尊重、关注和接纳,教师尊重学生的情感和意见,关心学生的方方面面,接纳学生的价值观念和情感表现;移情性理解,即教师能理解学生的内在反应,了解学生的学习过程。因此,以学生为中心的教学中,学生才是学习的关键,教师只是学习的促进者。罗杰斯的教学理念与我国第八次基础教育课程改革的理念不谋而合,进而成为西工区心教育心理学基础思想来源之一。

（二）倡导有意义学习

罗杰斯将学习分为有意义学习和无意义学习两类，他认为无意义学习就相当于心理学上无意义音节的学习，这些音节没有任何意义，枯燥乏味，因此很难记住，即使记住了又很容易遗忘。罗杰斯认为这类学习只涉及脑，是一种在"颈部以上"发生的学习，没有任何情感卷入，也没有任何个人意义，与完整的人无关。[①]

所谓有意义学习，不是指那种仅仅涉及事实累积的学习，而是指一种使个体的行为、态度、个性以及在未来选择行动方针时发生重大变化的学习。这不仅仅是一种增长知识的学习，而且是一种与每个人各部分经验都融合在一起的学习。有意义学习能把逻辑与直觉、理智与情感、概念与经验、观念与意义等结合在一起。当我们以这种方式学习时，我们就成了一个完整的人。这也为心教育教学过程中教学内容的选择和教学活动的设计提供了相关的参考。

罗杰斯提出，有意义学习包含四个要素：个人的卷入程度，即整个人（包括情感和认知两方面）都投入学习活动；自我主动投入，即便在推动力或刺激来自外界时，要求发现、获得、掌握和领会的感觉是来自内部的；渗透性，即使学生的行为、态度，乃至个性都会发生变化；自我评价，学生最清楚学习是否满足自己的需要，是否有助于于学习目标的达成，是否明了了自己原来不甚清楚的某些方面。

（三）无条件积极关注

在心理治疗过程中，罗杰斯认为心理治疗师应当营造一种尊重、真诚、包容、积极关注的环境，有助于来访者感受和发现自我，获得成长。同样，罗杰斯认为，在家庭和学校教育中，父母或老师也应营造一种无条件积极关注的氛围，有助于孩子自我的成长和发展。心教育中关于"心环境"的建设理念也源于此，通过打造全员育人格局，提升学生综合素养，进而培养"全面而自由发展的人"。

罗杰斯认为，多数人都是在有条件的积极关注的环境中长大的。我们的父母或监护人、老师给我们爱和支持，都不是无条件的，就是说，很多大人都是在孩子满足了自己的期望时，才会给他们积极的关注。比如，孩子考了理想的分数，或者遵守了规则要求，或者特别听话，父母或老师会表达他们对孩子的

---

① 卡尔·罗杰斯，杰罗姆·弗赖伯格.自由学习［M］.王烨晖，译.人民邮电出版社，2015.

爱;但当父母或老师对孩子的行为不满意(没有考到理想的分数,或者没有遵守规则)的时候,他们就会收回对孩子的爱。这种爱和关注是以孩子良好的行为表现为条件的,是一种有条件的积极关注。

这种有条件的积极关注让孩子们很快就明白,只有做了父母或老师想让他们做的事情,才能得到父母或老师的爱。所以,为了继续得到父母或老师对自己的爱,他们学会了隐藏或否定自己的某些真实感情和愿望,拒绝自己的弱点和错误,只是接受父母或老师期待的那一部分自我,在表现父母和老师期待的那一部分自我的同时,隐藏或压抑自己的真实感受和需求,最终,孩子会变得越来越不了解自己,而且在将来也越来越不可能成为一个心理和谐的人。

而无条件积极关注,是指父母或老师对孩子的关注是无条件的,无论孩子的行为如何,父母或老师都能够以积极、关注的态度对待孩子。尽管孩子的某些行为是不合适的,父母或老师也不会因为行为不当而收回自己的爱。在纠正孩子的不当行为时,也不以收回或剥夺对孩子的爱为筹码,而是会和孩子沟通、交流。在无条件积极关注中,孩子知道,无论自己做什么,都会被接纳,被爱。在这样的氛围中生活的孩子,不需要去隐藏那部分可能会引起爱的撤销的自我,也不必担心父母或老师的爱会被收回,因此,他们就可以自由地体验全部的自我,自由地把错误和弱点都纳入自我概念中,自由地体验全部的生活。"爱"是西工区心教育实践的核心概念之一,同样也是学生自由发展的前提,对于"无条件积极关注"的落实,有利于学生在成长过程中获得良好的人际关系,同样有利于课程教学活动的积极开展。

(四)自我和谐的人

自我和谐是罗杰斯人格理论中最重要的概念之一,指个体自我概念中没有自我冲突的现象。罗杰斯说,好的人生,是一种过程,而不是一种状态;它是一个方向,而不是终点。罗杰斯认为,人的本性就是要努力做到因满足于个人生活而保持乐观态度,他把达到这一目标的人称为自我和谐的人。

罗杰斯认为,自我和谐的人有几个显著的特点:能坦诚地对待自己的经历;试图生活在现实的空间里;愿意相信自己的感觉;能深刻而敏感地体会自己的情感,包括积极的和消极的。他们能接受和表达自己的愤怒,或者做一些其他的事情来使自己摆脱某种情绪,正是因为这种敏感性,自我和谐的人能经历更丰富的生活。

(五)知情统一的教学目标观

罗杰斯认为,情感和认知是人类精神世界中两个不可分割的有机组成部分,彼此是融为一体的。因此,他的教育理想就是要培养"躯体、心智、情感、精神、心力融汇一体"的人,即知情合一的人。这种知情融为一体的人,被其称为"全人"或"功能完善者"。当然,"全人"或"功能完善者"只是一种理想化的人的模式,而要想最终实现这一教育理想,应该有一个现实的教学目标,这就是"促进变化和学习,培养能够适应变化和知道如何学习的人"。他说:"只有学会如何学习和学会如何适应变化的人,只有意识到没有任何可靠的知识,唯有寻求知识的过程才是可靠的人,才是真正有教养的人。在现代世界中,变化是唯一可以作为确立教育目标的依据,这种变化取决于过程而不是静止的知识。""我们的教育有一个悖论,即以昨天的知识教给今天的孩童,以便他们去适应明天的社会。"这也是当代教育所面临的难题,因此教会学生自主发展,学会学习,也成为心教育探讨的核心议题。在教育过程中要践行罗杰斯"以学生为中心"的教育理念,在充分尊重学生、平等、自由的环境中培育儿童,教师要无条件接纳与关注每一个生命个体,帮助孩子成为内在和谐统一的有价值的生命个体。

二、皮亚杰认知发展理论

让·皮亚杰的认知发展理论为教育教学过程中正确认识学生发展的阶段性、不平衡性和差异性提供了参考,也为心教育实施过程中教师准确把握不同学段学生身心发展特点提供了依据。基于皮亚杰认知发展理论,结合学生发展的不同阶段采用不同的教学内容和教学方法,成为西工区心教育实践发展取得丰硕成果的理论保障。

皮亚杰从生物学的适应性和平衡化概念出发,论证了有机体和外部环境之间的双向互动关系,并据此提出了结构论的发生认识论。[①] 皮亚杰认为,知识不是源自有自我意识的主体,也不是源自已经形成的客体,而是源自主客体之间的相互作用。[②] 这种相互作用实质上产生于主体的动作,动作的本质是主体对客体的适应,而适应的本质是机体与环境的平衡。主体通过动作对客体的适应,是心理发展的真正原因。

在发生认识论的理论体系中,图式、同化、顺化(也被翻译成顺应)、平衡是四个非常重要的核心概念。图式是指个体动作的结构或组织,这些动作在同

① 蒋柯,李其维.论皮亚杰的方法论及其当代意义[J].心理学报,2020,32(8):1017-1030.
② 皮亚杰.发生认识论原理[M].王宪钿,译.北京:商务印书馆,1981.

样或类似的环境中由于重复而引起迁移或概括①,也就是主体对于某类活动的相对稳定的行为模式或认知结构②。同化是指当外部环境信息和头脑中已有的认知相一致时,有机体将外部信息纳入个体认知结构之中的过程。顺化是指当外部环境信息与头脑中已有的认知不一致时,有机体改变个体的认知结构的过程。最初儿童对外界的反应属于无条件反射,在与外部环境相互作用的过程中,儿童通过同化和顺化不断丰富和扩展自己的图式,心智就获得了发展,这就是一个平衡化的过程。

皮亚杰把儿童心理的发展分成四个阶段。

(一) 感知运动阶段(0—2 岁)

此阶段是儿童智力发展的萌芽阶段。这一阶段儿童的认知发展主要是感觉和动作的分化,认知活动主要是通过看、抓和嘴的吮吸等来探索周围世界从而获得动作经验。婴儿能用他们的感知和动作来探索和理解世界。刚开始,他们只有天生的反射,之后他们发展了更为"智力化"的动作,到了最后,具有了运用表象或者词汇进行符号思维的倾向,并因此能在心中计划解决问题。

此时,他们还不能运用符号(形象、表象或者词汇表征真实的物体或者事件)帮助他们在心中设计问题的解决方法。然而,他们通过其他感觉和动作经验从这个世界学到了很多,并获得了解决问题的工具。

(二) 前运算阶段(2—7 岁)

运算是指内部化的思维或操作,前运算阶段的儿童开始内化感知运动阶段获得的感知运动图式或形象图式,即形成心理表象,并运用心理表象进行思维。2—7 岁的儿童在认识事物的时候,更多地受觉知到的事物的表面特征影响,因此,思维具有不守恒的特点。

(三) 具体运算阶段(7—11 岁)

此阶段儿童正处于小学阶段,儿童获得大量的心理操作能力,如多重分类、逆向、序列以及守恒。通过这些动作,他们能够以不同的方式操作符号,对具体的事物或情境能够按照逻辑法则进行推理,但仍主要与具体事件而不是与抽象概念相联系。表现出去自我中心性(儿童社会性发展的重要标准),即儿童逐渐学会从他人的角度看问题,思维具有可逆性、守恒性等特点。守恒概

---

① 皮亚杰,英海尔德. 儿童心理学[M]. 北京:商务印书馆,1980.
② 石向实. 论皮亚杰的图式理论[J]. 内蒙古社会科学,1994(3):11-16.

念的出现是具体运算阶段儿童的主要特征。从数量的守恒到重量、体积的守恒,是一个逐步形成的过程。这个阶段的儿童能凭借具体事物或从具体事物中获得的表象进行逻辑思维,但仍需具体事物的支持。

（四）形式运算阶段（11岁以后）

这时儿童的思维能力已经超出了对具体事物的感知,能够进行抽象和逻辑推理在内的智力活动,能够设定和假设检验,能监控自己的思维活动。皮亚杰认为,进入形式运算阶段的儿童,其智力基本上可以算是成熟了。虽然抽象逻辑思维占有越来越重要的地位,但是思维中的具体形象成分仍然起着重要的作用。抽象逻辑思维的发展是存在关键期和成熟期的,初中二年级是中学阶段思维发展的关键期,到高中二年级,思维趋向成熟。

从皮亚杰的发生认识论中可以看出,知识和思维是发生在学习者内部的过程,因此对"知识"的理解,必须是认识论意义上的理解,即站在"主体人"立场来理解知识,才能实现对人的内在品质发展的准确把握。[①] 皮亚杰认为,教育的目的是找到最适宜儿童自身思维发展的环境和方法,为不同年龄、不同思维发展阶段的儿童提供差异性的适宜活动。儿童逐步达到成人的状态不是依靠对一套固有知识和道德体系的接受,而必须通过他个人的努力与亲身体验才能学习与理解。教育就是要促进个人使用周围的社会环境。皮亚杰非常重视活动教学法,他认为,教学中必须重视儿童的动作和活动,仅仅看和听而没有活动的学习,只不过是口头的学习。教师应布置情境,提供材料、工具和设备,让儿童自由操作、摆弄、实验、观察和思考,自己认识事物,发现问题,得出答案,而不能只是被动地听教师讲演,旁观演示。[②]

心教育通过对儿童心理发展特点的深入了解和认识,把握儿童学习和成长发展的特点,进而设计适宜的教学模式,如"实物配对教学"、构建"非笔试评估体系",采用游戏闯关、超市购物、城堡畅游、金牌导游等多种活动形式对学生学习情况进行评估,充分依据儿童认知发展的水平而进行教学设计。

三、班杜拉社会学习理论

阿尔伯特·班杜拉提出的社会学习理论是在对传统行为主义的继承与批

---

① 白倩,冯友梅,沈书生,等.重识与重估:皮亚杰发生建构论及其视野中的学习理论[J].华东师范大学学报(教育科学版),2020,38(3):106-116.

② 皮亚杰.皮亚杰教育论著选[M].北京:人民教育出版社,2015:2-10.

判中逐步形成的,影响波及实验心理学、社会心理学、临床心理治疗以及教育、管理、大众传播等社会生活领域。因此,班杜拉被评为"100 年来最具影响力的 10 位心理学家之一"。班杜拉于 20 世纪 60 年代提出了社会学习理论。他认为,人类的学习大多发生在社会情境中,因此,关注社会情境中人与人交互作用的学习,才能更好地理解人类的学习。班杜拉通过一系列的实验对人类的行为进行了研究,提出了观察学习理论、交互作用论等。社会学习理论对心教育起到了一定的指导作用。

（一）观察学习

班杜拉把人的学习行为分成两类:由行为结果所引起的学习和通过示范过程所引起的学习。他认为,在社会情境中,人的大多数行为(如语言、生活风格、文化习俗等)都是通过示范过程而观察学会的。凭借观察学习可以简化获得过程,使学习者迅速掌握大量的综合的行为模式,并且能够避免由于直接尝试的错误和失败带来的重大损失。因此,观察学习是人类学习的重要形式,对于生存和发展都是极其重要的。

观察学习是指人们通过观察他人的行为,获得示范行为的象征性表征,从而引导学习者做出与之相应的行为的过程。这一过程包含四个部分:注意过程、保持过程、运动再现过程、动机过程(如图 2-2 所示)。

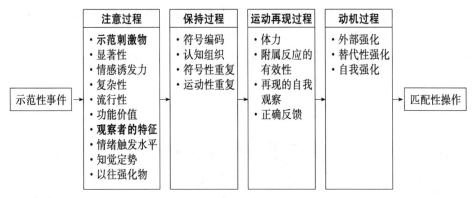

图 2-2　观察学习的过程①

在观察学习中,个体向所观察的个体或团体的行为进行学习的过程称为模仿,被模仿的对象称为榜样。班杜拉对最能引起儿童模仿的榜样的特点进

---

① 阿尔伯特·班杜拉. 社会学习理论[M]. 陈欣银,李伯黍,译. 北京:中国人民大学出版社,2015.

行研究,结果表明:儿童最喜欢模仿他心目中最重要的人物,家庭中的父母与学校的老师,往往被儿童视为模仿的榜样;儿童最喜欢模仿同性别的人;儿童最喜欢模仿曾获得荣誉、出身于高层社会及富有家庭的儿童的行为。观察学习对儿童良好行为的塑造、品德的培养等方面具有重要的指导意义。

（二）交互作用论

班杜拉在对遗传决定论和环境决定论进行批判的基础上,提出了交互决定论,即人、个体行为和环境三者之间是相互作用的,环境影响儿童,儿童也影响环境。在社会学习理论看来,人既不完全受内部力量的驱使,也不完全受环境刺激的支配,它是用人的因素与环境因素二者连续不断的交互作用来解释心理机能的。人的行为由内部力量和外部力量共同决定,但绝不是两种力量的简单相加,奖励、惩罚之类的外部因素与信念、期望、动机等内部因素是相互作用的,个体的行为、外因和内因共同构成了一个影响系统（如图2-3所示）。

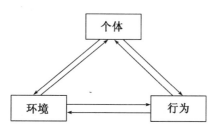

图 2-3　环境、个体与行为的交互模型

因此,个体的行为在不同的环境、不同的场合中,是各不相同的。有时候,环境的因素更大一些,甚至起决定性作用;有时候,个体的因素会起更重要的作用。班杜拉认为儿童社会行为的习得主要是通过观察、模仿现实生活中重要人物的行为来完成的。任何有机体观察学习的过程都是在个体、环境和行为三者相互作用下发生的,行为和环境是可以通过特定的组织而加以改变的,三者对于儿童行为塑造产生的影响取决于当时的环境和行为的性质。

班杜拉认为,只要安排好环境诱因,提供认知支柱,以及提示他们自己的行动结果,人们就能采取某种措施控制自己的行为。自我调节功能是由外界影响造成的,有时也为外界影响所激起。

因此,为儿童提供有准备的环境,营造和谐的氛围成为成功教学的必然要素,教师在教育教学过程中需要把握学生学习的整体社会环境,在自然的社会情境中促进学生知识技能的习得和良好道德品质的培养,心教育中关于"心环境"的打造以及"新课程"的设计均渗透了班杜拉相关的教学思想,其社会学习理论为隐性课程开发提供了理论依据和可行思路。① 另外,心教育重视教师的作用,强调在教育教学过程中教师的自我成长,通过培训、引导学习改善教师的生命状态,成为真实的自己,进而成为儿童学习中的榜样。

第三节　心教育的伦理学基础

一、诺丁斯关怀伦理思想

内尔·诺丁斯的关怀伦理思想受益于心理学家吉利根和海德格尔的启发。吉利根发现在道德判断上男性倾向于公正的原则和个人的权利,而女性则更多地考虑关怀和关系,这样就形成了两套伦理判断系统,即公正伦理和关怀伦理。公正伦理倡导的是个人权力的公平与公正,从理性出发做出利益最优化的选择;而关怀伦理的价值取向则是人与人之间的爱和关怀,强调人们的联结和相互联系。海德格尔认为,关怀是生活最终极的本质,我们无时无刻不需要他人的理解、接纳、尊重和认同。基于此,诺丁斯形成了系统的关怀伦理学说,独特的女性视角使得她更为关注关怀、关系、同情、情境等女性道德体验,这对于传统的伦理学来说无疑是一种突破。此外,诺丁斯的关怀伦理学说有利于修正过于强调自由意志的个人主义,认为伦理主体具有关系性、社会性和相互作用性,这种网络性的关系结构阐明了关怀关系中的主客体之间是相互转化的,维持关怀关系需要双方共同努力,因此这种互惠性的关怀为解决当下道德冷漠问题,缓解社会矛盾提供了新思路。

(一) 关怀

与传统意义上的"关怀"不同,诺丁斯关怀理论中的"关怀"是一种情感态度,更强调关怀者对被关怀者的开放性接受。诺丁斯在《关怀》一书中提出:"我将分析和计划的企图悬置一边。我不投射,我接受他人,将他人纳入自己,我与他人一起看和感觉。我变成了二元的。因此,我不是被激起去看和听——即呈现出某种可以被解释为看和听的行为——因为我专注于接受,这使我以那种方式去看和听。看和听是我的,但仅仅部分的和暂时的是我的,就

---

① 刘电芝,疏德明.基于班杜拉观察学习理论的隐性课程开发[J].教育探索,2009(3):36-37.

像是借给我的。"①这种论述不再强调他人与自我之间的对立,而是一种开放包容的统一(如图 2-4 所示)。此外,这种关怀行为更强调实践,注重关怀行为的发生。

图 2-4　"关怀"的开放包容

基于海德格尔对关怀的理解,诺丁斯把关怀定义为关系中的一种生命存在状态。人作为关系性的存在,所有人每时每刻无不处在关怀关系之中,关怀是人们的普遍渴望,它类似于怜悯、同情和担心,但又不同于它们。关怀也是对他人生命遇到危险时表现出的一种同情态度,虽有时需要人的深思熟虑,但不是说它是我们生命中的偶然存在,实则它是我们生命的一种真实存在状态。②

在关怀伦理学说中,诺丁斯认为关怀的特性存在互动性和关系性。关怀并非简单的主体对客体的施舍或赠与,而是双方之间的互动。关怀行为始于关怀方对被关怀方的关心和悦纳,进而走进被关怀方的现实生活,在了解被关怀者的基础上尽可能给予适当关怀。同时,被关怀者在互动过程中需要积极地回应,方便关怀者做出及时的调整,被关怀者也可在力所能及的范围内对关怀者进行关怀,因此,关怀关系中的主体和客体之间并非是一成不变的。诺丁斯说,"关怀的本质处在关怀者和被关怀者的关系中"③"关怀最重要的意义在于它的关系性。关怀是出于关系之中的一种生命状态,它最基本的表现形式是两个人之间的一种联结和接触。一方付出关怀,一方接受关怀"④。对于关怀特性的了解有助于全面认识亲子关系及师生关系,在某种情境下关怀者与被关怀者之间可以互相转化,因此师生关系及亲子关系也应该建立在关怀、平等、民主的基础之上。

值得一提的是,在诺丁斯关怀理论中,关怀的对象并不仅仅局限于身边的他人,诺丁斯的关怀对象涵盖了自我世界、他人世界、物质世界以及文化世界,这与孟子所论述的关怀对象"亲""民""物"有相似之处,但又与其不尽相同,关

① 内尔·诺丁斯.关心:伦理和道德教育的女性路径[M].武云斐,译.2版.北京:北京大学出版社,2014:19.

② 祁晓燕.诺丁斯关怀伦理思想研究[D].南京:南京师范大学,2019.

③ 内尔·诺丁斯.关心:伦理和道德教育的女性路径[M].武云斐,译.2版.北京:北京大学出版社,2014:3.

④ 内尔·诺丁斯.学会关心——教育的另一种模式[M].于天龙,译.北京:教育科学出版社,2003:23.

怀的主要对象如图2-5所示。关怀自我即关心自我的物质生活、精神生活、职业生活和休闲生活以及情感和智力生活等方面;关怀他人实际上是关怀自我的延续。自我并非一个孤立的个体,而是处于关系之中,自我的发展中时刻与他人发生关系,所以,我们也要关怀他人。诺丁斯用同心圆来描述自我与他人的关怀关系,自我处在关怀的同心圆中心,以此向外可分为内圈层和外圈层。内圈层就是和我们直接相关的人,是指与自己的生活、工作、学习等有直接联系的人,这种联系既可以指空间意义上的联系,也可以指亲缘关系上的联系,还可以指感情关系上的联系等,而外圈层的人则指的是那些和我们在关系上疏远的人。物质世界是人类赖以生存的,诺丁斯把物质世界分为两类:一类是自然界,另一类是人类创造的物质世界。对自然界的关怀必然也是对自然界价值的肯定,从本质上说就是对它手段价值的肯定,对人造物的关怀也不能仅仅着眼于狭隘的功利目的,应该从人类生存的整体性上把握对人造物的关怀。对文化世界的关怀,既包括对文化世界中某一特定对象的关怀,更包括对文化世界整体性的关怀;既包括工具性的关怀,也包括超越性的关怀。由此可见,诺丁斯的关怀属于一种广义的关怀,不仅有人与自我、人与人、人与物之间的联系,同样也有人与文化之间的关怀,这种泛在的关怀为心教育教育目标和教育理念的选择提供了伦理学参考。

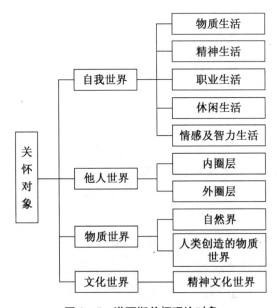

图2-5 诺丁斯关怀理论对象

诺丁斯认为,关怀的类型有两种:一种是源于感情的自然关怀,另一种是源于义务的伦理关怀。自然关怀是伦理关怀的基础,伦理关怀依赖于自然关怀。与理性主义推崇的理性不同,关怀理论认为情感本身才是实践道德的来源,而这种情感并非是自然产生的自然关怀,而是由义务产生的伦理关怀。"伦理关怀需要付出自然关怀中所不需要的努力,但并不意味着伦理关怀高于自然关怀。相反,伦理关怀要依赖于自然关怀……伦理行为来源于两种敏感——一是对他人的直接的感受,一是对最好的自我的感觉。"[①]区别于自然关怀,伦理关怀的产生需要付出一定的道德努力,它源于对关怀体验的回忆和对最好的自我理想的内驱力而产生的义务,属于"我应当"成为怎样的人和"我想要"进行怎样的活动的统一体。

（二）关怀性教育理论

诺丁斯将关怀理论运用到教育实践当中,并形成了完整的关怀性教育理论体系,该体系包括"榜样、对话、实践、认可"四部分,区别于传统以学习知识、掌握技能为最终目的的教育理论,诺丁斯强调教育的核心目的应该是帮助学生追求幸福,而追求幸福的途径便是学会关怀。关怀性教育的存在便是为了帮助学生学会关怀,进而能够追求自身的幸福,学校应该贯彻关怀性教育理念,帮助学生真正学会关怀,进而实现个人的自我实现和社会价值。该理论对心教育的具体实践极具启示,心教育强调从"心"出发,"心"既是出发点,也是落脚点,更是儿童实现发展的归宿。培养心灵健全的人,关怀学生,进而引导学生关怀自我世界、他人世界、物质世界和文化世界,这也是心教育致力于实现的教育目标。

在关怀性教育理论体系中,"榜样"的地位十分重要,其态度和行为会对学生产生深远影响,对应到关怀性教育理论的实践中,教师对学生的态度和行为会对学生关怀态度和习惯的养成产生影响,教师的一言一行会影响学生对于关怀的感知和认可。但过多地标榜教师的榜样效应同样会给学生发展带来不良影响,教师过于关注自身的榜样角色,强调自身的关怀行为会削弱对学生的关注和关怀,且不顾学生接纳程度的过度关怀很容易演变成以爱之名的压迫,造成适得其反的效果。因此,诺丁斯建议教师在教学过程中应当建立一种关怀的师生关系,时刻关注教师在关怀中的榜样作用,自然而然地流露关怀,为

---

①　内尔·诺丁斯.关心:伦理和道德教育的女性路径[M].武云斐,译.2版.北京:北京大学出版社,2014:57.

学生呈现出最佳的榜样。

对话是关怀性教育的实现途径和重要组成部分,诺丁斯针对当前教育中"教师提问—学生回答—教师反馈"的固定对话模式提出了批判,认为"对话是学会如何构建和维系与他人的关怀关系的基本方法","真正的对话是开放式的,参与者进行交互的讲述、倾听,探寻意义或某个问题的解决办法,对话不是简单的交谈,它提供了一个安全的背景来吐露心声,使关怀者能够适当地给予回应。"①关怀性的对话不设预先目的,也没有标准答案,有的应该是师生之间的关怀和思想的交流碰撞,在交流的过程中增进彼此的了解,达到自然和谐的关怀氛围。

关怀性教育理论体系的第三个重要组成部分是实践。生活实践是认识的来源,同时关怀的成效也可以通过实践加以检验。关怀实践不仅存在于课堂教学活动,也存在于日常生活的人际交往及生活实践,涵盖了个体所处的整个生态系统。布朗芬布伦纳提出的生态系统理论将人所处的社会环境看作一种生态系统,这种系统是嵌套式的,由微系统、中系统、外系统、宏系统和时间系统构成。微系统是直接围绕个体的场域,微系统中的人或事物能够直接影响个体,个体也直接参与该场域中的人际互动,如家庭、学校等;中系统是个体所积极参与的生活场域之间的互动关系,如家庭和学校之间的关系;外系统是中系统的扩展,包括其他的特殊的社会组织,通过影响中系统对个人施加影响,如父母职业情况;宏系统则是广泛的意识形态,不仅影响个体,同时影响着微系统、中系统和外系统,如政治、经济、文化等;而时间系统则是社会变迁及其他系统中的因素所造成的影响。② 生态系统理论强调个体行为与各系统间的互动作用,因此在进行关怀实践时应当做到如下几点:第一,重视学生在家庭、学校及朋友间的人际互动;第二,凝聚家校共识,加深家校合作,形成育人合力,学校和家庭的互动有利于提高家长对学生身心发展情况的认识和关注,为学生发展提供良好的氛围;第三,充分发挥教育行政部门、高校以及相关社区的资源及影响,教科研部门、高校、学校及社区的多方合作有利于在政策、制度、经费、专业知识、师资、场馆及服务等方面提供支持。

认可是关怀性教育理论体系中最后的要素,作为榜样的教师在教学过程

---

① 内尔·诺丁斯.学会关心——教育的另一种模式[M].于天龙,译.北京:教育科学出版社,2003:35.

② 姚进忠.农民工子女社会适应的社会工作介入探讨——基于生态系统理论的分析[J].北京科技大学学报(社会科学版),2010,26(1):22-27.

中对学生表现出的认可是一种关怀的自然表现,有利于提升学生自身的自我效能感,进而向着自我实现的目标不断迈进,在教师的言传身教下,学生也会自然习得对他人的认可,积极发现他人的优秀特质,进而构建和谐的人际关系,促进理想自我的形成。

随着工具理性的不断发展与侵袭,教育往往会陷入片面追求分数的误区当中,以量化的形式对个人能力及价值进行衡量的做法充满了功利性和工具性,关怀的缺失容易导致学生自身的异化和终极价值的迷失。其实,教育的工具性目的都服务于"幸福"这一更高层次的目的。帮助学生发现自我,探寻自身对于"幸福"的定义,才是当下教育应该达成的目的。正如诺丁斯所说,"幸福不是教育或生活的唯一目的,但它是核心的目的,并且它也可以用作判断我们所做的每一件事的标准。"①

二、麦金太尔德性伦理思想

当前,社会存在功利观念和道德失范等问题。阿拉斯代尔·麦金太尔认为以情感主义为代表的规范伦理思想导致了客观道德标准的缺失,情感主义"消除了操纵的和非操纵的社会关系之间的任何真正区别"②,无法解决道德实践出现的危机。此外,当代道德语言的使用也存在着诸多问题,各类道德语言所使用的概念之间无法进行通约,概念之间的分歧需要借由对于最终原则的认同,但在当时功利观念过度发展,使得人们对于信仰及道德存在质疑,启蒙运动道德合理性的论证也陷入了失败。因此,麦金太尔认为解决道德问题需要回归以亚里士多德为代表的德性传统,对德性伦理重新进行审视。

(一) 德性

亚里士多德认为个人的德性并不是由人所扮演的社会角色所决定,而是由作为类群的人自身的目的所决定,而这个目的是人的善生活。亚里士多德所认为的德性是"使个人能够接近实现人的特有目的品质"③,每个时期哲学家们都会提出关于"德性"的相关定义,如英雄社会中力量是居于中心的,力量被看作是勇敢的主要德性。此外,勇敢还被看作是维持家庭和共同体的必要

---

① 内尔·诺丁斯. 幸福与教育[M]. 龙宝新,译. 北京:教育科学出版社,2009:17.
② 阿拉斯代尔·麦金太尔. 德性之后[M]. 龚群,戴杨毅,等译. 北京:中国社会科学出版社,1995:31.
③ 阿拉斯代尔·麦金太尔. 德性之后[M]. 龚群,戴杨毅,等译. 北京:中国社会科学出版社,1995:234.

品质。① 雅典时期至少存在四种德性观,包括智者学派德性观、柏拉图的德性观、亚里士多德的德性观以及悲剧作家所代表的德性观。这几种德性观都认为德性实践需在城邦的背景下进行,城邦是德性界定的依据。② 亚里士多德时期的德性指的是能够做出合理正确的判断从而采取行动,德性实践实际上就是进行的正确的行动,人们通过对德性的践行从而达到人类的终极目的。③但麦金太尔认为这种观点混淆了目的和手段,目的和手段其实可以在完全独立的情况下得到充分描述。而中世纪以后英雄社会的德性观念以及早期社会的法律观念在一定程度上保留,麦金太尔认为中世纪基督教的德性观源于斯多亚主义,即所谓正当的行为必须符合宇宙秩序的法则,德性是内在品质和外在行为与宇宙法则的统一,好的生活是一种神明的生活。④

每个不同时期都会提出与时代发展相符的德性概念,然而正是由于时代的局限性,德性的相关概念并不能得到真正意义上的统一和广泛的遵从,在对上述几种德性概念进行分析后,麦金太尔发现每一种概念定义都是依托某个铺垫性质的背景概念进行建构的。麦金太尔从这个共性出发,采用历史主义研究方法,提出分别从实践、个人整体性等方面阐释自己的德性概念。

(二) 实践

"实践"是"通过任何一种连贯的、复杂的、有着社会稳定性的人类协作活动方式,在力图达到那些卓越的标准——这些标准既适合于某种特定的活动方式,也对这种活动方式具有部分决定性——的过程中,这种活动方式的内在利益就可获得,其结果是,与这种活动和追求不可分离的,为实现卓越的人的力量,以及人的目的和利益观念都系统地扩展了。"⑤麦金太尔使用"卓越的标准"和"内在利益"两个概念来区别以往的"实践",即"实践"不仅要获得"内在利益",还要依据"卓越的标准"来判定个人行为的正确与否。这里提到的"卓

---

① 阿拉斯代尔·麦金太尔. 德性之后[M]. 龚群,戴杨毅,等译. 北京:中国社会科学出版社,1995:154.
② 阿拉斯代尔·麦金太尔. 德性之后[M]. 龚群,戴杨毅,等译. 北京:中国社会科学出版社,1995:169-170.
③ 阿拉斯代尔·麦金太尔. 德性之后[M]. 龚群,戴杨毅,等译. 北京:中国社会科学出版社,1995:189.
④ 李万里. 麦金太尔德性伦理思想及其当代价值研究[D].郑州:郑州大学,2019.
⑤ 阿拉斯代尔·麦金太尔. 德性之后[M]. 龚群,戴杨毅,等译. 北京:中国社会科学出版社,1995:237.

越的标准"是指一种通用的、客观的、经过历史验证最好的标准。①

与"内在利益"相对应的观念是"外在利益",如权势、金钱和地位等利益,这些利益的获得并不局限于固定的某种具体的实践,这些利益是"外在利益";另一种利益只有具备特定实践经验的人才能够发现和鉴别,这种利益只有通过特定的社会实践才能获得,这种利益是"内在利益"。而主要的德性比如正义、诚实等就是个人获得实践的内在利益的必要条件,用来界定存在于实践中个体间的相互关系,缺乏德性的实践并非麦金太尔所指的"实践"。他认为,"德性是一种获得性人类品质,这种德性的拥有和践行,使我们能够获得实践的内在利益,缺乏这种德性,就无从获得这些利益。"②

（三）个人整体性

麦金太尔认为每个人的生活其实是作为一个整体而存在的,但由于社会分工的细化,个人的社会角色也出现了错位,因此德性也出现了片段化趋势。人发展的每一阶段都会有不同的道德判断,而每一阶段的道德判断都与相应的自我概念相伴出现,所以对自我概念进行诠释就十分必要。而"自我概念"具有整体性,"它的整体性在于这样一种叙述的整体中,这种叙述把诞生、生活和死亡联结起来作为叙述的开端、中间和结尾。"③因此,麦金太尔倡导从个人的行为、行为的意图和关联的背景三方面对自我概念进行论证。"我们能用多种多样的方式对个人行为的某一部分做出贴切地表达,但这种表达是建立在进行这项行为个人意图基础上,同时也要将个人的这项意图置于相应的背景之下才是能够被人理解的。"④同时,他将个人所处的社会整体环境、个人置身的制度和机构以及个人所从事的实践活动统称为"环境",并认为"一种环境有一个历史,而个人行为的历史不仅是,而且应当是置于这个历史之中,因为没有环境和环境在时间中的变化,个人行为者的历史和他在时间中的变化就是不可理解的。"⑤因此,对个人行为的理解必须将个人的意图和个人所处的环境相结合。

---

① 李万里. 麦金太尔德性伦理思想及其当代价值研究[D]. 郑州:郑州大学,2019.

② 阿拉斯代尔·麦金太尔. 德性之后[M]. 龚群,戴杨毅,等译. 北京:中国社会科学出版社,1995:241.

③ 阿拉斯代尔·麦金太尔. 德性之后[M]. 龚群,戴杨毅,等译. 北京:中国社会科学出版社,1995:260.

④ 李万里. 麦金太尔德性伦理思想及其当代价值研究[D]. 郑州:郑州大学,2019.

⑤ 阿拉斯代尔·麦金太尔. 德性之后[M]. 龚群,戴杨毅,等译. 北京:中国社会科学出版社,1995:260.

麦金太尔认为对行为意图的强调应该基于支配个人做出具体行为选择的决定性意图。此外,还需要明确个人行为的具体意图与个人长期规划之间的关系,因此需要从因果性和时间性两个角度对意图进行识别,区分短期目标与长期规划之间的关系。根据上述内容,麦金太尔认为,"一定类型的叙述史实际就是对人类行为的描述的基本的和实质部分。"[①]如果需要对个体的行为进行准确的理解,必须将具体的行为置于他人叙事性的历史中,还原真实的行为背景。这个关联的背景不仅包括个人自身的历史,还涉及具体行为发生的背景环境的历史,因此可以通过叙事的方式来理解个人的行为及生活。

三、哈贝马斯交往行为理论

20 世纪以来,西方哲学研究从意识哲学转向了语言哲学,尤尔根·哈贝马斯的交往行为理论受到了西方语言哲学和韦伯理论的影响。随着以美国为代表的资本主义工具理性的发展,韦伯认为目的—工具理性的扩张是西方经济飞速发展的重要原因,但也是道德、自由和意义迷失的源头,因此对资本主义文明的发展持悲观态度。而哈贝马斯则认为韦伯仅从工具理性的角度对西方文明的发展加以审视,这属于一种二元对立的思想,即人类作为主体去征服自然客体,依旧属于传统的意识哲学。因此,哈贝马斯提出应当超越意识哲学范畴,探讨主体之间的关系,以语言和对话的方式寻求沟通,进而达成理解。其交往行为理论涵盖了"生活世界""交往行为""对话"等诸多概念,虽然哈贝马斯对交往行为的作用存在一定的夸大和幻想,但对于我们认识交往行为的作用,抵制教育教学的功利性倾向,正视教育的作用有着重要的借鉴意义。

(一) 生活世界

"生活世界"这一词的概念最早源于胡塞尔,但不同学派对于"生活世界"的定义各有不同,比如功利主义认为"生活世界"的功能是巩固社会秩序,个性和文化只是社会交往职能的补充;现象学认为"生活世界"的功能是促进文化再生产、人类的相互交流沟通等。[②] 在哈贝马斯看来,"生活世界"包含社会、文化和个性三个结构层次,其定义和功能如表 2-1 所示。

---

① 阿拉斯代尔·麦金太尔. 德性之后[M]. 龚群,戴杨毅,等译. 北京:中国社会科学出版社,1995:262.

② 周文杰. 哈贝马斯交往行为理论与课堂师生互动重构研究[D]. 石家庄:河北师范大学,2012.

表 2 - 1　哈贝马斯"生活世界"层次定义功能表①

结构层次	定义	功能
社会	指合法秩序,包括制度化规范、法律规范等	促进群体团结和社会整合
文化	又称为"知识仓库",包括交往主体具有的文化传统、风俗、信仰、语言结构和交往过程中运用的知识库	促进文化的连续性和更新
个性	指交往主体语言和行为方面的特点	促进个性化人格的形成

哈贝马斯认为,"生活世界"是人们进行交往行为的行动场域,是社会空间、历史时间和文化传统的统一。正如胡塞尔所认为的那样,"生活世界"是原则上可以直观的事物的总体②,因而具有互动性和可感知性,会随着主体感觉的变化而变化。同时,"生活世界"也具有先验性和客观性,因其涵盖了社会层次和文化层次的相关内容,这些内容从一开始就与交往行为互相联系,也是交往主体开展交往行为的现实背景。因此,哈贝马斯"生活世界"的概念可被总结为社会个体通过交往行为,进而与他人顺利协商、和谐互动、维持社会关系所使用的知识、能力、文化知识和社会规范的储存库。

（二）交往行为

"交往行为"是哈贝马斯交往行为理论的核心内容,区别于简单无意识的躯体运动,交往行为是一种有目的、有计划的系列动作,且会与生活世界发生联结。目前,哈贝马斯的交往行为理论被广泛运用于课堂语言的使用及师生互动的相关研究当中,心教育提倡加强师生之间、生生之间、家校之间的互动和交往,因此认识和区分交往行为也是十分必要的。

哈贝马斯将人类的行为划分为四种:目的行为、规范调节行为、戏剧性行为和交往行为。目的行为侧重目的性,是一种致力于通过有效益的方法手段达到目的、介入客观世界的行为。规范调节行为属于一种集体行为,这种行为需要社会群体共同遵守已有的规范,进而实现共同的价值取向。戏剧性行为属于一种表演行为,这种行为是行为者有意在观众面前表现的行为,参与者之间相互构成观众,并将行为者的表演公布在大众之中,表演行为属于主观行为,侧重表现行为者的主观世界。交往行为则是一种侧重交往的行为,这种行为至少拥有两个及以上具有言语和行为能力的交互主体,并尝试通过语言媒

① 龚群.道德乌托邦的重构——哈贝马斯交往伦理思想研究[M].北京:商务印书馆,2003:87 - 96.
② 孟雷.胡塞尔与哈贝马斯"生活世界"理论比较研究[D].重庆:西南大学,2011.

介取得互相的理解,进而达成共识。

哈贝马斯认为,四种行为以不同方式与世界产生关联,且行为协调机制之间客观上也存在一定差异,其差异如表2-2所示。

表2-2 四种行为方式的不同行为协调机制

行为方式	世界关联	有效性要求	行为协调机制
目的行为	客观世界	真实性	影响
戏剧行为	主观世界	真诚性	
规范调节行为	社会世界	正当性	
交往行为	客观世界	真实性	统一
	主观世界	真诚性	
	社会世界	正当性	

(三) 对话

对话或者话语是交互主体存在的基础条件,是交往行为合理化的有效依据①。哈贝马斯曾说,"我们把言谈作为实践话语的有效性基础,而在实践话语中,我们把许多有效性要求之一主题化。"②在哈贝马斯看来,对话是交往的基础,语言是交往的媒介。话语具有三种功能,首先是陈述功能,话语能够陈述语言者所要陈述的内容和观点,并将其向受众共享;其次是表达意向功能,话语需要使得听众接受言语者的观点和意愿;最后是沟通功能,话语可以借由双方的沟通帮助双方建立和谐的人际关系。

理解是对话最终的目的,交往行为就是交互主体之间以语言和符号为媒介,最终达到理解和共识的活动。③哈贝马斯认为,"交往行为的目的是达成某些认同。其中认同即主体间互相理解、信任、共享,主观一致的相互依存。"④区别于狭义上的理解,这里的理解不仅指主体间以相似的方式去理解一种语言学的表达,也是一种主体间在共同规范性背景下的共识,这种共识是主体间对共同规范的遵循和认可,取决于主体之间的对话。理想的对话环境包含四个条件:一是所有话语参与者都有同等论证的权利,所有人随时都可以发表看法、质疑或反驳任何问题;二是所有话者的意见、质疑、反驳等任何形

① 傅永军.哈贝马斯交往行为合理化理论述评[J].山东大学学报:哲学社会科学版,2003,3.
② 哈贝马斯.交往行动理论(第1卷)[M].洪佩郁,蔺青,译.重庆:重庆出版社,1994:362.
③ 周文杰.哈贝马斯交往行为理论与课堂师生互动重构研究[D].石家庄:河北师范大学,2012.
④ 哈贝马斯.交往行动理论(第1卷)[M].洪佩郁,蔺青,译.重庆:重庆出版社,1994:362.

式的批判和论证都不能遭到镇压;三是所有话语者都有同等权利去论证自己的喜恶、情感,表达自己的真实性;四是所有话语者都有同等权利发出调节性话语,如承诺、禁止、拒绝、自我辩护等,逐步立足于一个独立于经验、行动的话语地域。哈贝马斯指出,"理想的话语环境可以理解为是脱离经验、不受行为限制的交往形式,只有符合话语有效性要求才可成为讨论对象;因为只有这样才能确保参与者、话题和意见绝对不被限制去共同寻求真理,而其他任何目的、动机都必须被摒弃。"①

上文中哈贝马斯提出的"符合话语有效性要求"涉及话语伦理学的相关内容,具有道德普遍主义色彩,正如其论述的那样,"旨在满足所有参与者利益的所有规范,一定能够被所有相关者接受。对于遵守普遍规范而产生的结果和附带效果,选择规范的人(知道规则)会是很喜欢的。""对所有参与者来说,只有这样的规范才算是有效的:参与者获得或能获得其他关联者的认同。"②即规范的有效性要遵循话语原则,这也成为指导心教育教学实践活动过程中交往互动的相关基础。

第四节　心教育的教育学基础

心教育探索实践过程是促进儿童自我发现的过程,同时也是对教育学相关理论进行实践检验的过程。心教育秉承"爱""自由""民主"等相关教育理念,以儿童为中心,以自由为原则,以生活为场域,关注儿童生命成长。教育学相关理论为心教育的探索提供了有效指导。

一、杜威儿童中心理论

胡适曾评价,"自从中国与西洋文化接触以来,没有一个外国学者在中国思想界的影响有杜威先生这样大的。"③约翰·杜威是一位极其关注教育问题的哲学家。在他看来,"哲学就是教育的最一般方面的理论"④,"教育乃是使哲学上的分歧具体化并受到检验的实验室"⑤。因此,杜威将哲学研究与教育

①　哈贝马斯. 后期资本主义的合法性问题[M]. 南京:译林出版社,2001:148.
②　哈贝马斯. Moral Consciousness and Communicative Action[M]. MIT Press,1991:65、66.
③　胡适. 杜威先生与中国[J]. 东方杂志,1921(13):121-122.
④　约翰·杜威. 民主主义与教育[M]. 王承绪,译. 北京:人民教育出版社,1990:347.
⑤　约翰·杜威. 民主主义与教育[M]. 王承绪,译. 北京:人民教育出版社,1990:346.

研究紧密地结合在一起,在讨论教育问题中展开其哲学思想,成为教育史上具有里程碑意义的人物。

1899年,杜威在作题为"学校与社会"的讲座时,重点论述了学校与在校儿童的生活和发展的关系。他对时下美国传统教学提出了严厉的批评,认为其"消极地对待儿童""机械地把他们集合在一起""课程和教学法的划一""重心是在儿童以外,重心在教师,在教科书以及在你所喜欢的任何一个地方和一切地方,唯独不在儿童自己的直接的本能和活动上",并宣告"现在我们的教育中正发生的一种变革是重心的转移。这是一种变革,一场革命,一场像哥白尼把天体的中心从地球转到太阳那样的革命。在这种情况下,儿童变成了太阳,教育的各种措施围绕着这个中心旋转,儿童是中心,教育的各种措施围绕着他们而组织起来。"[1]这些振聋发聩的口号宣告杜威"儿童中心论"的诞生。

（一）儿童与社会

值得注意的是,杜威的儿童中心论是在学校与社会的关系这一论题下提出的。在他看来,儿童所置身其中的社会不仅决定着学校的道德目的与责任,而且决定教育内容的基本性质。学校生活的内容要再现社会生活的基本精神,学校所采取的学与教的方法也要体现社会的一般精神。[2] 教育是儿童社会化的过程,杜威强调儿童是社会动物,他们不能孤单生活,脱离不开社会。虽然在一定程度上,杜威的儿童中心论是一种个人本位论,但这种个人本位论是建立在社会本位论的基础之上的。正如相关学者所说,"儿童中心"仅在教育过程及方法(手段)方面才具有一定意义,而且它始终服务于"社会中心"这一目的,即手段上的"儿童中心"与目的上的"社会中心"。[3] 在杜威看来,教育是一种社会进步和改革的基本方法,而当谈论教育本身时,杜威坚持教学活动及课程设计都需要遵从"儿童中心"。

虽然"儿童自己的本能和能力为一切教育提供了素材,并指出了起点"[4],但儿童绝非是教育的终点,更不是教育的目的。杜威的儿童中心论并非是把儿童发展与社会适应进行二元对立,而是一种处理教育内部活动中儿童与其他教育手段关系的主张,这种主张的目的依旧是为了实现学校的社会责任,进

① 约翰·杜威.学校与社会·明日之学校[M].北京:人民教育出版社,1994:43-44.
② 约翰·杜威.学校与社会·明日之学校[M].北京:人民教育出版社,1994:43-44.
③ 程天君.教育无目的? 儿童中心论? ——杜威两个重要教育命题献疑[J].学前教育研究,2010(6):3-7.
④ 约翰·杜威.学校与社会·明日之学校[M].北京:人民教育出版社,1994:4.

而通过教育改良社会。

（二）教师作用

在人们对杜威"儿童中心论"的批判中，除了片面对立地看待"儿童中心"与"社会发展"之间的关系外，师生之间关系的对立也是"儿童中心论"批判者的诟病之处，批判者认为杜威强调儿童中心地位的同时势必导致教师地位的边缘化，儿童会在没有教师约束的情况下毫无节制地进行自由活动，但这并非杜威的本意。随着学界对杜威学说的理解日渐深入，对杜威儿童中心论中教师的地位和作用也有了进一步的认识。"过去人们认为：在师生关系上，杜威否定了教师的主导作用，并将此作为他儿童中心主义者的重要证据之一……我认为，总的来看，杜威不仅没有否定教师的'主导'作用，按照现代教育的观点来看，也许他的教师观在某种意义上才真正体现了教师的'主导'作用。因为所谓'主导'者，'主要引导'之谓也，它既不同于传统教育的'越俎代庖'，又有别于新教育的'悉听尊便'。"[①]

其实杜威一直对部分实验学校过于放纵儿童、缺乏成人指导的危险倾向有所警惕。在其当选为美国心理协会主席时所做的演讲中提道，"当前的主要危险不是用恶劣、专断的方式来对人对事，而是如所谓新教育那样用一种过于机械的方式对待儿童，也就是认为儿童总是在寻找各种让他们目瞪口呆、心驰神往的刺激。简言之，把教学化简为愉悦、削弱儿童的个性、让他们沉迷于对兴奋和愉悦的追求当中不可自拔。"[②]这种批判对儿童中心指导下的教师提出了更高的要求，因为这不仅需要教师拥有关于儿童发展的相关知识，了解社会的需要和目的，还需要对人类的知识和经验进行筛选，在尊重儿童主体地位的前提下传授给学生。因此，在杜威儿童中心语境下的教师无疑是一种理想型的教师，激励着教师不断成长和发展。

（三）学校价值

作为一种社会机构，学校的发展不仅关乎儿童的发展，更关乎社会的进步。杜威倡导"学校即社会"的相关理念，认为学校从根本上说就是社会为完成某种特殊工作而建立起来的一种机构，是一种在维持生活和增进社会福利

---

① 杨汉麟.试论杜威的教育观与儿童中心主义的原则区别[J].教育研究与实验，1985(1)：102 - 108.

② DEWEY J. Psychologyand Social Practice(1900)[A]//BOYDSTON J. A. The Middle Works of John Dewey, 1899—1924, Volume 1. Carbondale and Edwardsville：Southern Illinois University Press, 1976：131 - 150.

上执行某种特殊职能的机构。因此,需要时刻根据学校的社会地位和社会职能,来考虑学校整体结构,以及学校具体工作方式。① 公立学校的存在是为了满足社会共同体的发展需求,为了帮助社会培养良好的公民。将异质的人融入共同体中便是学校所要承担的社会工作。

在杜威看来,学校生活是共同体生活的一种形式。② 对学校的评价需要放置在社会这一大环境当中。"学校唯有在其内部再现社会生活的典型环境,才能成为生机勃勃的社会机构。可是,许多学校一方面在努力培养学生的习惯以备社会生活之用,另一方面又小心翼翼,把这种社会生活排除在学校之外,不让正在接受训练的儿童接触它们。如此脱离直接的社会需要和社会动机,脱离现存的社会情境,去培养对社会有益和经用的习惯,不折不扣地就是在岸上做动作教儿童游泳。"③

杜威认为,作为一种社会环境的学校应具备如下特征。首先,学校是一种简化的社会环境。学校应当提供简易的环境,选择基本的并且能够为青少年所理解的社会特征,然后循序渐进,逐渐呈现给他们那些复杂的社会因素。其次,学校是一种净化的社会环境。经过筛选,学校能够摒弃文化和经验中的糟粕,排除环境中阻碍社会进步的因素,选择有助于实现未来更美好社会的部分,将其保存和传递,以便为自己所用,并努力强化它们的力量,使得文化日益发展,社会日益进步。再次,学校是一种同质而平衡的社会环境。学校环境的职责在于平衡社会环境中的各种成分,保证每个人有机会避免他所在社会群体的限制,并同更为广阔的环境建立充满生气的联系。不同种族、不同宗教和具有不同风俗习惯的青少年混合在一所学校里,形成一个新的和更为广阔的环境,来自不同群体的儿童有机会参与共同活动,从而使他们摆脱所在群体的限制而看到更为广阔的群体的存在。最后,学校是一种发挥稳定和整合作用的社会环境。每个人都置身于各种社会环境,每个人的倾向都受到各种不同势力的影响,但学校能够构建一种起到稳定和一体化作用的环境。

杜威强调,学校在促进社会进步、社会改革、社会整合以及个体社会化这四方面负有重要责任。学校教育是社会进步的基本方法,在承担社会进步方面具有不可推卸的责任。社会改革若仅仅依赖法规的制定、惩罚的威胁,或仅

① 约翰·杜威.学校与社会·明日之学校[M].北京:人民教育出版社,1994:144.
② 约翰·杜威.学校与社会·明日之学校[M].北京:人民教育出版社,1994:146-147.
③ 约翰·杜威.学校与社会·明日之学校[M].北京:人民教育出版社,1994:146-147.

仅依赖机械的、外在的措施，那只是权宜之计，终究无效。教育有助于人们分享社会意识，而以这种社会意识为基础的个人活动的适应，是社会改造唯一可靠的方法。教育还能帮助儿童做好预备以使其承担相应的社会责任。因此，学校具有社会整合和个体社会化的重要使命。

二、尼尔自由主义教育观

心教育以生命为教育的中心，注重学生完善人格的养成，谨慎使用学校和教师的规训作用，其教育实践活动在某些程度上借鉴了英国著名思想家和教育家——亚历山大·萨瑟兰·尼尔的教育思想。1889 年，英国阿伯茨霍姆乡村寄宿制学校的兴办标志着欧洲新教育运动的兴起，各地纷纷响应，尼尔将自己对教育的理解运用于实践当中，创办了实验学校——夏山学校，并与蒙台梭利、罗素共同成为自由主义思想的主要代表人物。值得一提的是，三人的自由教育思想并非完全一致，蒙台梭利的主张深受卢梭自然主义思想影响，但她在强调儿童个性自由发展的同时也强调纪律的重要性，认为"自由和纪律是同一事物不可分离的部分——就像一枚铜币的两面一样。"[①]罗素认为教育必然带有纪律和权威的色彩，要想充分给予儿童生长的自由必须尽量减少教育上的权威；而尼尔则对蒙台梭利的理论提出了批评，认为蒙台梭利的教学主张缺乏感情色彩，过度地强调了教学，主张应当最大程度上给予儿童自由，完全摒弃权威在教育中的作用，用环境来引导儿童获得自主发展，但同样强调自由并非放任，而是与责任相伴。虽然罗素在其《教育与社会秩序》一书中认为尼尔的想法过于天真，但并不妨碍二者的教育思想在其办学活动中相互影响。

（一）教育目的

受卢梭、弗洛伊德以及杜威等人的影响，尼尔认为，教育的目的也是生命、生活的目的，教育应当指向生命，并为未来做准备，即帮助儿童在未来能够幸福生活与工作做好准备。作为性善论的支持者，尼尔认为生活的幸福、生命的自我觉醒和愉悦是教育的最终目的，养成完整的人格是教育目的之一；作为具有浪漫主义倾向的自由论者，且受弗洛伊德学说的影响，尼尔将情意教育作为教育目的之二；受杜威影响，尼尔又是一个实用主义经验论者，他认为培养儿童解决实际问题以及创新能力是教育目的之三。

随着工业文明的不断发展，传统学校教授的知识过于枯燥，教学方法也较

---

① 单忠惠.西方教育思想史[M].太原:山西人民出版社,1996:551.

为单调死板,而家庭教育也压制了儿童自我发现和探索的乐趣,使他们丧失了自主发展的天性,儿童长期生活在压抑和被权威支配的环境中,催生了不健全的人格。尼尔致力于改变这一状况,因此倡导教育最大的目的就是尊重儿童的生命与善良之本性,把儿童身上失落的东西——自由还给儿童,使之在不受压抑、恐惧、管制、规训、惩罚的自由环境中自主地生活、学习与成长,这样才有助于其健全、完整人格的发展与养成,只有自由才能使儿童本性中的善得以发展,才是符合生命的法则。①

尼尔对传统教育进行了尖锐的批评,他认为"所有的奖品、分数和考试都会妨碍正常性格的发展,只有书呆子才会认为从书本上学习也算是教育",甚至认为"书本是学校中最不重要的一部分,学生需要的只是读、写、算,其余是工具、泥巴、运动、戏剧、画图和自由。对大多数青少年而言,学校课程不过是在浪费时间、精力和耐心,它剥夺了儿童们最重要的玩耍的权利,造就的不过是一批小老头而已"。② 为建立一个真正意义上自由的教育环境,尼尔的夏山学校放弃了"所有管训、指导、约束,以及一切道德训练和宗教教育"③,另外学校采取灵活的课程与教学方法,使学生尽可能地自由发展其潜能,为将来快乐地工作与幸福地生活做好准备。"在夏山,凡有做学者的天分和志向的人,都会成为学者,而适合做清洁工的则会发展为清洁工,但至今我们尚未教出一个清洁工来。我说这话并无势利之意,因为我情愿看到学校教出个快乐的清洁工,也不愿看到它培养出一个神经不正常的学者。"④由此可见尼尔对于实现儿童完整人格的重视态度。

传统教育只重视知识的灌输,忽视了儿童情感的发展,这也是尼尔诟病传统教育的原因之一,尼尔认为,"一般教科书很少提及人性、爱、自由或自由意志,这种教育制度如果继续下去,只会让人继续分离知识与感情","教室的墙壁像是牢狱一样的建筑,它们限制了教师的视野,而使他们不能看清教育的真谛。教师只教育了儿童的头脑,却忽视了极其重要的情感领域"。⑤ 值得强调的是,虽然尼尔重视儿童情感的发展,却非完全无视学生智力的发展,虽然尼尔宣称"书本与知识是学校中最为不重要的东西",但夏山学校儿童所学习的

---

① 吕康清. 生命与自由之维[D]. 西安:陕西师范大学,2012.
② A. S. 尼尔. 夏山学校[M]. 王克难,译. 台北:远流出版公司,1994:33.
③ A. S. 尼尔. 夏山学校[M]. 王克难,译. 台北:远流出版公司,1994:14.
④ A. S. 尼尔. 夏山学校[M]. 王克难,译. 台北:远流出版公司,1994:14.
⑤ A. S. 尼尔. 夏山学校[M]. 王克难,译. 台北:远流出版公司,1994:33 - 36.

知识足以在相关测试中达到较高水准。虽然夏山学校对儿童的学习不做强制性要求,但知识的传授、才智及学术的基本训练与情感的教育同样重要,尼尔认为"如果情感得到自由发展,那么心智自然也会成熟发展"①。从中可看出,情感与心智教育之间并非绝对的对立,二者之间是可以和谐共存的,尼尔认为情感教育为心智教育之基,情感教育的自由发展会促进心智教育的成熟发展。

既然教育是为未来生活做准备,那么解决问题的创新能力理所当然也是夏山学校培养的重点内容。但传统教育的灌输法对于儿童创新能力的发展无疑是一种扼杀,尼尔曾感慨道,"有创造才能的人之所以学习,是因为他们的才能和天分需要表现的媒介。不知道有多少创造才能,在以读死书为重的教育制度下牺牲掉了"②。因此,尼尔倡导学生在教师引导下根据自己的兴趣探寻新奇事物和知识,逐步从外在"权威"与"压迫者"的压制下走向自我的肯定,并主张"我们理想中的学校是要启发并诱导儿童们的创造力;儿童应该有他自己的学习而不只是阅读、模仿别人已写好的书本内容;引导儿童创作一首诗篇要比教他背诵《失乐园》有意义得多"③。

(二)教育内容

基于培养儿童完整人格的考量,夏山学校的教育内容极为丰富,涵盖了德智体美劳五个方面,真正实现了五育并举的教育构想。

尼尔认为在传统的德育中,"绝大多数父母相信,如果他们不教给儿童道德观念,或者不随时告诉他们什么是错,什么是对,他们就没有尽到责任。每个家长都相信,除了照顾好儿童的身体以外,更重要的是给他们灌输道德观念。假如儿童不接受这种训练,长大以后他就会变成一个没有教养,只顾照顾自己不顾别人的野人。"④但这种做法在尼尔看来非常愚昧,"强迫儿童学习许多他不能遵守的道德标准,不但会使他永远不能接受道德标准,同时还会使他变成精神病。"⑤传统教育中的理想主义往往使学生忽略了内心的直接感受,进一步造成知识运用与情感之间的分离,为避免这种现象的出现,尼尔竭尽所能将知识与情感联系起来进行教学。

夏山学校并未忽视知识的传授,开设了传统教育中的学科课程,涵盖了语

① A. S. 尼尔. 夏山学校[M]. 王克难,译. 台北:远流出版公司,1994:36.
② A. S. 尼尔. 夏山学校[M]. 王克难,译. 台北:远流出版公司,1994:34.
③ A. S. 尼尔. 夏小学校[M]. 王克难,译. 台北:远流出版公司,1994:116.
④ A. S. 尼尔. 夏山学校[M]. 王克难,译. 台北:远流出版公司,1994:205.
⑤ A. S. 尼尔. 夏山学校[M]. 王克难,译. 台北:远流出版公司,1994:210.

言学科、自然学科、社会学科和艺术学科等,但与传统学校不同的是,尼尔认为学科训练主要是为了培养儿童学习的兴趣与方法,学生内心深处的发展动力才是个体生命力的具体体现,也是学生成长的重要动力。他要求夏山学校的教师们尊重学生内在的兴趣,"一个教师的工作很简单,那就是发现儿童的兴趣所在,然后去满足那个兴趣"①。

体育运动的开展同样遵循学生的兴趣和自愿原则,夏山学校中的运动等同于游戏,尼尔认为,"儿童时代是游戏的时代,任何在教育上忽略这一点的集体制度都是不对的""承认儿童时代是游戏的时代,乃天经地义之事",而"现代文明的罪恶,可以说是不给儿童足够的游戏时间"。② 因此,夏山学校以游戏的方式组织了多种多样的体育活动,使学生体育素养得到发展。

美育的落实分为显性的途径和隐性的途径,显性途径主要是通过开设生动有趣的戏剧、音乐、舞蹈、美术等课程实现,夏山学校开放、自由、优美的自然环境则是隐性的美育途径,对美育的实施有着天然的优势,这也充分反映了尼尔自然主义的人文关怀。同时,戏剧、舞蹈、音乐、美术自身所具备的学科育人价值也得到了充分的挖掘,这些课程不仅是美育的载体,也成为了尼尔实现教育理想的重要手段。

夏山学校的劳动教育历经了一些波折。夏山学校曾有一条规定:凡十二岁以上的儿童和教职员,每个星期必须在校内做工一两个小时,工资仅是象征性的一个小时五便士,假如不做的话,罚款一先令。这个规定没有产生相应的效果,反而使情况更加糟糕:有些人(包括教职工在内),宁愿交罚款也不去做工,而那些去做工的都眼巴巴地看望着表,希望快点结束。后来这条糟糕的规定经全体讨论并表决通过予以废止。③ 尼尔在教学实践中发现,儿童们即便是工作劳动,也必须建立在兴趣与工作态度之上。例如,学校因需要一个医务室,便决定自造一个砖房,刚开始,学生们挖地基、搬砖,热情高涨,可是后来,他们发现,医务室离他们过于遥远,丝毫不能引起他们的兴趣,最后医务室是由教职工和客人建造而成。但是不久,儿童们需要一个车棚,在没有任何人的帮助下,他们却把它造好了。④

---

① A. S. 尼尔. 夏山学校[M]. 王克难,译. 台北:远流出版公司,1994:40.
② A. S. 尼尔. 夏山学校[M]. 王克难,译. 台北:远流出版公司,1994:66.
③ 吕康清. 生命与自由之维[D]. 西安:陕西师范大学,2012.
④ 吕康清. 生命与自由之维[D]. 西安:陕西师范大学,2012.

（三）教育方法

在尼尔的教育哲学中，管训、指导与约束等包含着替儿童做出决定与选择的含义，这种做法剥夺了儿童自身的自由，真正的自由教育应"一方面要把对儿童的控制减少到最低的程度，另一方面对儿童的发展提供最积极的影响。"①因此自由教育首先应该体现出环境自由，在此基础上为学生提供个性化的服务。在这种观念的影响下，夏山学校儿童在学习与生活中都拥有着高度的自由选择权利。"上课完全自由，儿童们可以上课，也可以不上课，只要他们喜欢，他们可以一年到头不上课。"②当然，这种自由教育也成为反对者攻击夏山学校的主要理由。为此，尼尔解释道，"通常反对儿童自由发展的理由是：人生是艰难的，我们一定要训练儿童，为了让他们将来能适应生活，必须教给他们规矩，不赞成赋予儿童自由而讲这种话的人，不了解他们自己有一个没有根据的、未经证实的假设：如果不加以监督，儿童就不会成长与发展，然而四十年来，夏山的教育经验已经推翻了这个假设。"③应该强调的是，尼尔赋予儿童们的自由并非是绝对意义上的自由，而是在"生命的安全保障"之上与"没有侵犯他们权利"的自由。

为满足个体独特的发展需要，更好地兼顾每个学生的特性，尼尔采用了个别辅导的教学方法。个别辅导又叫个别谈话或是个别课，是以注重精神分析的心理疗法为主，以个别谈话的形式对问题儿童加以心理干预，从而使"问题儿童"能够尽快地融入夏山自然、自由的学习生活环境之中。个别辅导有较为明确的对象。一般而言，需要个别辅导的儿童主要有以下几种情况：刚进入夏山不久的；与其他儿童吵架、生气的；嫉妒、自卑等情结严重的；在家中没有得到父母的爱与赞许的等等。针对不同情况的儿童，采取个别辅导的方法不一，视具体情况而定，其主要目的都是为了化解这类儿童的问题症结，使之能尽快地融入夏山。④ 但这种方法并非必要，尼尔认为"个别谈话实际上就是再教育，目的在于解除所有由道德和恐惧造成的情结。一个像夏山这样自由的学校也可以没有个别谈话，个别谈话不过是用来加速我们的再教育而已，一如盛夏来临之前的春季大扫除。"⑤

① 单中惠. 西方教育思想史[M]. 太原：山西人民出版社,1996:567-578.
② A. S. 尼尔. 夏山学校[M]. 王克难,译. 台北：远流出版公司,1994:15.
③ A. S. 尼尔. 夏山学校[M]. 王克难,译. 台北：远流出版公司,1994:100.
④ 吕康清. 生命与自由之维[D]. 西安：陕西师范大学,2012.
⑤ A. S. 尼尔. 夏山学校[M]. 王克难,译. 台北：远流出版公司,1994:41-42.

三、陶行知生活教育思想

心教育不是无根之木,无水之萍,其产生和发展离不开现实生活的土壤。在中国,谈起生活教育理念,就不得不提及陶行知。陶行知被毛泽东主席称赞为"伟大的人民教育家",其生活教育思想对近现代影响深远。在陶行知看来,活的教育"一定会尽其所能,前进不已。活的教育,正像鱼到水里鸟到树林里一样。……活的教育,好像在春光之下,受了滋养料似的,也就能一天进步似一天。换言之,就是一天新似一天"①。活的教育其实就是立足生活延展生命的教育。陶行知认为"生活"是教育的重要载体,在生活中接受教育,在教育中践行真实的生活是至关重要的。

(一) 生活即教育

陶行知接受杜威实用主义教育主张,将其提出的"教育即生活"思想改造为"生活即教育"。"生活即教育"是结合中国国情对杜威教育理论的本土化探索,是对于生活和教育关系的重新审视。"生活即教育"强调教育要在"生活"中进行,即给生活以教育,用生活来教育,为生活而教育,其目的是培养有创造力的真人。② 陶行知认为教育唯有在生活中进行,通过更加自觉的行动才能提升其境界,自觉的集体生活的教育使人能够发挥更强的主动性和创造力。

西工区心教育的可贵之处在于,站在"生活即教育"的角度重新认识和发现儿童。例如,节点课程就是教育生活化的典型代表,端午、中秋等传统文化节日被赋予了更重要的价值。在这样一些关键的生活节点,组织开展丰富多彩的活动,在传统生活体验中乐享文化,在盛大仪式中感受生命的宝贵。儿童们生活在大千世界中,但这万事万物只是一个存在,不见得是儿童成长的基因,真正促使他们成长的是亲身的体验与感觉。

(二) 社会即学校

从主题上来看,"社会即学校"扩展了教育场所的范围。陶行知认为,学校里的东西太少,而在社会中教育的材料、方法、工具、环境都将大大增加,校内外有价值的东西还可以实现互通。以社会为校,在他看来是"以青天为顶,大地为地,二十八宿为围墙,人人都是先生、都是学生、都是同学"③。这样一来,

---

① 陶行知.陶行知全集:第1卷[M].成都:四川教育出版社,1991:404.
② 雷月荣,侯怀银."生活即教育"述评[J].南京晓庄学院学报,2021(1):8-12+122.
③ 陶行知.陶行知全集:第3卷[M].成都:四川教育出版社,1991:504.

学生失去的是樊笼,获得的则是整片森林。同时教育的受众面也扩大了,真正成为大众的教育。值得注意的是,陶行知提倡的"活到老,做到老,学到老"等观念与学习型社会的概念高度吻合,而哈钦斯直到1968年才提出此概念。

把社会当作大学校一直是心教育贯彻的理念,高度自由和灵活性是促进儿童天性发展的隐藏密码。儿童的生活和发展不仅存在于学校,也在家庭和社会中。从2012年起,西工区尝试用各种形式拓宽学生体验的途径,如社团、社会实践体验、讨论课、规则课程等。学生们不仅可以在校内,还可以在家中、社区、文化场所等地充分感知,通过讨论、参观、考察、游览、体验、探索和分享,培养品德、品格、文化、学习、生活、阅读、审美、身心、信息、国际、创新等核心素养,形成健康完整的人格,为一生的发展与幸福奠基。

（三）教学做合一

杜威基于对传统"从听中学"的批判提出"从做中学",而陶行知则融合"教学合一"思想进一步提出"教学做合一"。陶行知认为教学做不是片段,而是一个整体,教学做需要手脑的结合,呈现一个完整的过程。其实质是教育主体的教与学活动结合,最终统一于做,在劳力上劳心,以现实生活中的各项事务为中心。陶行知认为"做"是核心,教育就是在做中不断发展,要"一面做,一面学,一面教"。

教学做合一的核心内涵是重视儿童的主体性和教师的指导功能,儿童负起学习的责任,教师负起指导的责任,充分发挥师生的主观能动性。在具体教学活动中提出活动、观察、读书、谈论、思考,合称"五路探讨"。心教育在教学过程中重视教师的引导作用,强调在分享交流中让儿童探寻自我存在的价值感。讨论课就是一个非常重要的途径,在明晰人与人、观点与观点之间产生矛盾时,通过寻找解决思路,制定可行计划,展开观点辨析,从而构建精神性的价值观,在交流中教师秉持尊重的态度,不过多评判,在总结过程中对论题加以升华。

四、叶澜生命教育观

生命是人类社会进步发展的原始动力,马克思指出:全部人类历史的第一个前提无疑是有生命的个体存在[①]。生命的价值实现和发展需要教育进行启迪,然而现代教育陷入了工具性和功利性的迷障之中,对于生命的关切逐渐迷

---

① 马克思恩格斯选集:第一卷[M]. 中共中央马克思恩格斯列宁斯大林著作编译局译. 北京:人民出版社,1995:67.

失,生命教育的提出就是对该种情况的反思。从生命教育这一概念引入我国以来,许多学者结合自身的理解对其进行了不同的解读。钱巨波认为生命教育有三重内涵:一是教育要关切生命的整体性和主体作用;二是教育要遵从人生命成长、发展的规律和社会的需求;三是教育最终要培养人尊重生命、热爱生命、促进生命的品格。① 刘济良认为,对生命教育的探索应从我国教育的实况切入,强调教育中存在的问题和忽视的方面,提倡生命的个体性、完整性、过程性和人文性。② 郑晓江认为,对我们民族来说,生命意识已经觉醒,故生命教育不能只停留在珍惜生命的本能层次,应该从教育学生珍爱自然生命入手,到达精神层面的生命,并最终追求价值层面的生命。③ 在对生命教育进行探讨的过程中,以叶澜教授为代表的“生命·实践”教育学派为我国教育实践做出了杰出的贡献,叶澜教授从人的生命高度提出的一系列新思想以及她的新基础教育实验在理论界和实践界引发强烈的共鸣。

(一) 具体个人

叶澜对于教育的理解首先从对“人”的定义开始,她认为教育学科的核心问题是对“人”的认识,“教育学基本理论的突破,需要从对‘人’的认识的反思开始”④。当时的教育学关注知识传授、关注政治倾向,唯独缺少对“人”的关注,“严重的问题是教育学中没有真实的‘人’,或者说只有‘片面’的人而没有‘完整’的人,只研究如何教人认识外部世界,而忘记了最重要的另一半,就是如何使人认识自己、发展自己”⑤。因此,我国教育学对于人的研究应当从生物学意义上的研究提升到人学的研究水平,“只有提升到人学水平上,才有超越。超越的内在机制是自我意识和自我追求”⑥。教育学的人性假设应该是“具体个人”,学科的发展需要实现从“抽象的人”向“具体个人”的转换。所谓具体个人,就是在环境中与环境相互构成的人,是自然、社会和精神文化三个层面特质相互渗透的人,是既有唯一性又有普遍性的人,是在生命过程中不断展开的人。⑦ “具体个人”是相对于“抽象的人”而言的,即把“人”当作与客体

---

① 钱巨波. 生命教育论纲[J]. 江苏教育研究,2004(2):42-45.
② 刘济良. 生命教育论[M]. 北京:中国社会科学出版社,2004:7.
③ 郑晓江. 生命与死亡[M]. 北京:北京大学出版社,2011:142-149.
④ 叶澜. 教育创新呼唤“具体个人”意识[J]. 中国社会科学,2003(1):91-93.
⑤ 杨小微. 行走于天地之间——访华东师范大学叶澜教授[J]. 基础教育,2004(1):10-14.
⑥ 叶澜. 反思学习重建——十五年学术探索的回顾[J]. 天津市教科院学报,2000(4):4-13.
⑦ 刘德华,李勋亮. 叶澜基于生命立场的教育思想解读[J]. 教育科学研究,2011(11):28-31.

相对独立的主体,把"人"的发展看作是由遗传与环境这些不能由发展主体控制的因素相互作用的结果,强调教育对人的塑造作用,突出教育目标的划一性、教育内容的统一性和教育过程的操作性。但这种认识与意识各异的个体特殊性是相悖的,叶澜认为"教师怎样使教育对象认识自己、发展自己,这才是教育学为人、教师为人创造幸福人生的重要问题"①,这种观点认可了个体的独特性,因此,对于"具体的人"的讨论成为叶澜生命教育观的重要内容。

叶澜认为,在教育学视域中重新认识人的生命及其发展,会产生一系列教育观念的变化:教育场域中的具体个人都是不可分割的有机整体;个体生命是以整体的方式存在于教育场域中,并在与教育场域的相互作用和相互构成中生存和发展;个体生命只有在多种生命经历中,通过自觉的努力、学习、反思和不断超越自我才能实现;离开了对个体生命经历的关注和提升,就很难明晰个体的成长与发展;教育者要承认和尊重人的生命是在具体个人中存活、成长和发展的。② "我们不会只关注教育的社会价值,忽视教育对每个人在社会中生存、发展和实现人生价值和幸福的意义;不会把个体成长只作为起点去研究,而是作为教育中个体重要的内在需求与动力去研究;不会把教育只看作知识、技能的传递过程,而是看作必须提升人的自我超越意识和能力,提升人的生命质量和创造力的过程;不会把个体之间的差异看作问题,而是当作教育的资源和财富去开发;不会只根据人的今天去判断、决定他的明天,而会把发现人的发展的可能并使这种可能转化为现实,作为教育学研究重要的课题。"③

为实现"具体个人"生命的发展,必须要以整体的观点来看待个体生命。保尔·朗格朗指出,"现代的人是抽象化的牺牲品,各种因素都可以分割人,破坏人的统一性。"④现代社会分工的细化和环境的变化使得人被分割为不同的角色,但生命的发展却需要克服这一挑战,因此需要关注个体生命发展各方面的需求,如生理的、心理的、社会的,物质的、精神的、行为的,认知的、价值的、信仰的等,人的自觉意识和能动作用是实现人发展的内部动力,以整体的方式看待"人",才是发展生命自觉,进而实现个人价值和社会价值的前提。

(二) 生命自觉

人的自我意识是人区别于其他生物的重要特征,康德认为人具有的自我

①　叶澜. 反思学习重建——十五年学术探索的回顾[J]. 天津市教科院学报,2000(4):4-13.
②　刘德华,李勋亮,叶澜基于生命立场的教育思想解读[J]. 教育科学研究,2011(11):28-31.
③　叶澜. 教育创新呼唤"具体个人"意识[J]. 中国社会科学,2003(1):91-93.
④　保尔·朗格朗. 终身教育引论[M]. 周南照,陈树清,译. 北京:中国翻译出版公司,1985:87-88.

观念是人超越其他生命存在物的原因，马克思认为人把自己的生命活动变成自己的意志和意识的对象，而叶澜认为"人在意识中理智地复现自己、筹划未来的自我、控制今日的行为的'自塑'能力，把个体发展的过去、现在、未来在意识中联结起来，不仅使人的已有发展水平影响今后的发展方向和程度，而且使自觉意识到的未来发展目标支配今日的行为"①。个体的过去形塑了个体的现在，而现在的规划又影响了将来的发展，个体的自觉自动形成了个体发展的内在动力，人不仅是先天因素与环境相互作用的产物，也是自我选择的产物。只有达到这一水平，人才在完全意义上成为自己发展的主体。这意味着在教育领域对人的生命存在与发展的认识走出了形而上的"抽象的人"的模式，同时也走出了把人简化为物的"物化"模式，最后也走出了把人的发展等同于其他生命发展的"动物化"模式。② 叶澜将人的发展置于终身的长期过程中，扩展了教育的意义和价值。

促进人的自我教育能力的形成是教育的重要目标之一，增进人的生命的主体意识被视为时代对教育功能的重要规定，自我发展能力的强弱成为判断教育真实成效的重要指标之一。③ 此外，叶澜的生命教育对象不仅是学生，"新基础教育研究项目的追求可以概括为：把课堂还给学生，让课堂焕发生命活力；把班级还给学生，让班级充满成长气息；把创造还给教师，让教育充满智慧的挑战；把个体精神生命发展的主动权还给师生，让学校充满勃勃生机。"④当生命与生命真正相遇，"我们将会看到真正的人的教育，充满着生命活力的人的教育；我们不再把教育简单当作现存知识直接传递的过程，而是看作生命与生命的交往与沟通的过程，只有有了这种生命的沟通，才能深刻地实现对生命发展的影响。"⑤可以说，叶澜及其所代表的"生命·实践"学派为我国基础教育阶段生命教育的发展做出了卓越的探索，"我们虽然渺小，却因深爱与执着而将一直行进在路上。"这不仅是叶澜教授长期以来对生命教育实践探索的自我勉励，更是广大教育实践者们践行教育信念及使命的真实写照。

---

① 叶澜.教育概论[M].北京：人民教育出版社，1991：182.
② 刘德华，李勋亮，叶澜基于生命立场的教育思想解读[J].教育科学研究，2011(11)：28-31.
③ 刘德华，李勋亮，叶澜基于生命立场的教育思想解读[J].教育科学研究，2011(11)：28-31.
④ 刘德华，李勋亮，叶澜基于生命立场的教育思想解读[J].教育科学研究，2011(11)：28-31.
⑤ 叶澜.时代精神与新教育理想的构建——关于我国基础教育改革的跨世纪思考[J].教育研究，1994(10)：3-8.

第三章　心教育的基本构架

第一节　心教育的五大基石

一、心环境

心环境,是适合人身心成长的物质环境与人文环境。它主要包括三个方面:一是校园班级环境的营造,利用经典名曲、名画建设生态、经典、生活化育人文化性环境;二是人际关系的和谐,构建安全育人过程性环境;三是个体内在环境的优化,实现身心合一的育人精神性环境。

儿童的成长不是被教出来的,而是自我体验、发现、创造完成的。儿童自带生命密码,只要在合适的土壤中,自会不断成长。成人所能做的是从物质、心理、精神上给儿童提供有准备的环境,提供最大限度的支持与帮助,让他们得以发展自我,营造"点燃心"的环境,实现真正意义上的成长。

(一) 为儿童提供有准备的学校文化环境

学校文化归根到底是一种环境文化,它必须为儿童而建设才有意义,必须对师生的心灵有所触动才能发挥作用。基于"心教育"的校园文化创设理念是:每个儿童都是天生的哲学家和艺术家。只要给儿童感觉,他就能创造自己。儿童天然地生活在精神中,对美好自然有着天然的感受力、吸收力和连接力。学校教育应"给儿童提供有准备的环境"。"有准备的环境"的核心元素包括以下三个方面:一是"真实与自然",要求给儿童尽可能地提供真实而非虚假的东西、自然而非人工的东西;二是"结构与秩序",物品的整理与归类都遵循一定的结构,彰显出一定的秩序;三是"美与氛围",把真实、自然的东西,按照合适的结构与秩序排列组合,再按照美的原则创造出美的氛围。

(二) 为儿童提供有准备的课程与课堂环境

课程是学校最重要的产品,也是最能满足儿童成长需要的营养品。学校利用校园环境进行学科课程开发。语文教师带领学生观察植物,写观察日记;数学教师带领学生在绿园中认识图形,学习测量和计算;英语教师带领学生学习各种植物的英文发音;美术教师带领学生到绿园中写生;科学教师带领学生探寻动植物生长的奥秘……有了宽泛的知识基础,儿童就容易发现自己的兴趣,并决定将来在哪一个领域内进行深度探索。把课堂还给学生,让学生做学习的主人,让学生自己选择学习的方式,是心教育的核心理念。具体包括打造三个技术因子和两个文化因子,尝试"概念为本,实物配对"的实体化教学,推行课堂教学的"去评价"。

(三) 为儿童提供有准备的成人环境

儿童在关系中照见自我并获得成长。教师作为儿童象征意义上的父母,在儿童的生命成长中起着不可估量的作用,教师需要形成自己的育人思想,配合儿童的生命成长,使其发现自己的兴趣,产生人生的理想。因此,儿童成人环境塑造的核心是教师的专业成长与精神成长。其一,帮助教师提升和进化意识。其二,对教师进行大规模的心理辅导,让教师打开心灵,对生命产生感觉。其三,让教师了解并懂得 0—18 岁儿童成长的基本规律,特别是 0—6 岁、6—9 岁、9—12 岁、12—15 岁不同时期儿童的心理特点和认知规律。经由这样的成长,教师基本上都具备了自我内观、觉知、发展的能力,能够给儿童提供一个抱持性的环境,以及发展成长的支持,呈现出教育者的真正素养,活出人的价值与意义。同时,也应重视对家长的培养,营造良好的家庭环境。

二、心课程

心课程,是用心策划的师生共同参与的学习活动,是心文化、心教育的重要载体。课程贴近儿童的心理需求和心灵成长轨迹,尽可能给儿童提供机会,让儿童接触到各种学科、各个领域、各种文化。在"心教育"理念的引领下,为了实现人的自由而全面的发展,西工区坚持以"培养有民族根基的现代人"为育人目标,依据 0—18 岁儿童生命成长的阶段性需求,积极为儿童提供爱和自由的课程环境,大力推进语文、数学、英语、音乐、美术、体育等课程开发。此外,西工区将大阅读、阳光游艺大课间、学校特色特长项目做成区域课程。各校深入研究,各显其能,分别从国家课程的二次开发、校本课程、班本课程、生本课程、家本课程、心理健康教育课程及微课程方面进行开发探索。

(一) 语文学科课程

语文学科在低学段推进语文主题学科融合课程,在中高学段则执行心课堂标准,并细分为识字教学、精读课教学、略读课教学、作文教学、大阅读课程等。按照儿童生命成长的需求、认知发展的规律以及语文学习的特点,以儿童生活为主题,以活动体验为主导,以选文(儿歌、童谣、古诗词、绘本童话、美文等)为落点进行单元组织,融合数学、体育、音乐、美术科学、讨论课等多个学科活动,以及班级文化、影片欣赏、社会实践等多种元素建构课程体系。根据学生的年龄层次设定学期主题,在基本框架下设有不同的月主题,月主题之间有相应的逻辑联系或承接,主题与学生的心智发展、精神成长有关,然后按照主题设置单元,选取、整合教材中相同主题、不同类型、不同风格的文章,选择重要篇目,补充课外资源,融合音乐、美术、体育等学科,从多角度、多媒介建构和完善主题。

（二）数学学科课程

数学概念具有抽象性,小学低年级学生由于年龄、知识和生活的局限,其思维处在具体形象思维为主的阶段,理解抽象的概念有一定的困难。数学概念的实体化课程,就是顺应小学生的心理特征、行为习惯和学习特点,在实物操作中,获取丰富的感性认识,经过"感知—表象—概括—概念系统"这一发展过程,直观形象地引入概念,在动手操作中形成概念,逐步加深对概念的理解。数学课程始终以概念为本,强化课程内容整合,依据课程目标帮助儿童进行事物与概念配对,从而让孩子产生探索兴趣,在学习过程中形成正确的概念和适宜的情感。

（三）英语学科课程

心教育学校课程体系中,英语课程主要分为两大类:自然拼读与阅读教学。让儿童在玩中学发音,在故事梳理中理解文本。学校开设了以国外经典原声英语为教学材料的视听课,每月两节,主题为歌谣律动、角色对话、电影配音、绘本阅读,课堂形式以学生的参与度和投入度为依据进行,强调兴趣的培养和过程的参与。英语剧的实施以一个学年为周期,面向全体学生,由学生自行组建剧组,自由选择剧目,在一学年的时间内自行排练、展演。在展演时,师生共同欣赏,及时给予肯定和表扬,并针对不足给予适当指导,进而提高展演水平,促进学生发展。

（四）音乐学科课程

心教育音乐课程以"爱与自由"为核心理念,开发和利用各种音乐资源,培养儿童对音乐的兴趣,发展他们对音乐的感知力、鉴赏力、表现力和创造力,提高音乐文化素养。音乐学科课程包含：爱与自由音乐课堂、形体、合唱、乐团，其中形体、合唱、乐团可以以非学科课程即社团的形式进行。

（五）美术学科课程

"爱与自由"的美术课堂是以概念教学为主，尊重儿童的兴趣和选择，给予他们充分的自由，鼓励儿童用各种方式创作。建立一种通过引导学生多元体验美术文化，实现个性化学习、审美化生活、人文化关怀为价值取向的审美教学体系，其多元体验为核心，面向全体学生进行人文化的美育为主要特征。课程内容包含：体验课、写生课、欣赏课、曼陀罗绘画、手工课（含陶艺）。

（六）活动课程

活动课程涵盖节点教育、社会实践体验、讨论课、规则意识课四大门类。节点教育课程让儿童拥有仪式感，传承民族文化，以重大节日、纪念日为契机，组织开展丰富多彩、形式多样的系列主题教育，包含春节、清明、端午、国庆、中秋、冬至以及入学礼和毕业节等，让节点教育成为儿童成长关键期的及时雨，培养能够担当民族复兴大任的时代新人。社会实践课涵盖生活、手工等多种门类，旨在丰富儿童的学习生活，开阔视野、锻炼意志品质，增加地域文化知识，为培养有民族根基的时代新人奠基。讨论课依据儿童的认知及心理发展规律，让儿童在爱、自由、美等不同主题的引领下，在交流、分享的活动过程中，学会尊重和接纳。规则意识课基于爱与自由、规则与平等为核心的教育理念，帮助儿童建构规则意识，使其拥有心理的力量、安全感，有序地和环境及他人相处。

三、心课堂

心课堂，即有心文化、心教育因子植入的课堂。四个内在价值旨在让儿童在爱、自由和规则下，通过自主探究、合作学习的方式，培养学生良好的学习习惯和学习能力，为学生的终身发展奠基。

（一）1—2年级语文主题学科融合教学

语文主题学科融合教学是按照儿童生命成长的需求、认知发展的规律以及语文学习的特点，以儿童生活为主题，以活动体验为主导，以儿歌、古诗词等为落点进行单元组合，融合数学、体育等多个学科活动，以及影片欣赏、社会实践等多种元素建构的课程体系如每年11月，学校开启"拼音王国历险记"。每个班级把班门装扮成拼音王国历险城堡，班级墙体加入花体拼音字母元素。

学生借助拼音砂纸卡,通过看、摸、拓印等活动,用眼看、手摸等感受拼音的字形。

（二）1—3年级数学实体化教学

数学概念的实体化教学,就是顺从小学生的心理特征、行为习惯和学习特点,在实物操作中,获取丰富的感性认识,经过"感知—表象—概括—概念系统"发展过程,直观形象地引入概念,在动手操作中形成概念,逐步加深对概念的理解,建立科学完整的内在逻辑,培养数学思维能力。其实质是帮助儿童还原完整、有序的逻辑思维过程。例如学习《认识钟表》,课堂上教师拿着真实的钟表用三段式教学法,让学生认识时针和分针,即"这是时针""哪个是时针?""这是什么针?",帮助学生建立清晰的概念。教师会指着钟表让学生观察表盘,并用清晰简洁的语言表述。还会请同学们观察并体验当下的时刻:外界环境如何、太阳的位置、老师在做什么等。

（三）4—6年级的语数PACE教学

PACE教学基于儿童个性差异明显的心理特点,将学期的教学内容按照不同单元主题分成若干个步骤,制定学期计划,依序进行;每个步骤再分成若干日进行;每日设定"日教学目标",清晰地罗列出概念、参考资料、学习内容、今日目标及挑战题。教师借助实物讲解重点概念和内容,将学生可以自学的部分以PACE作业形式清晰呈现,教师全程陪伴解答。

在实施PACE教学过程中,教师需清晰了解儿童在每个年龄阶段的思维特征,了解每个儿童的认知状况。在课上能够用精神引领学生,引导学生建立科学、清晰、准确的学科概念;帮助学生将知识进行更为完善的纵向链接以及横向填充;引导学生形成良好的学习品质及学习方法。同时,通过家长会的形式使学生、家长彼此明晰自己的职责与权限,三方共同合作,为达成目标而努力。

（四）爱与自由音乐、美术课堂

音乐、美术作为感觉教育最基础的课程,以最本真的面貌、规范的流程、充分的感官体验和参与,唤醒儿童天生的艺术细胞,滋养儿童心灵。比如,音乐教学以"连接—问候—律动—主题教学—结束"为基本流程,呵护儿童对音乐的敏感。三年级美术课《画蔬菜》,每个儿童都从家里带来了自己喜欢的两三样蔬菜,课堂上,孩子们通过"看一看,听一听,摸一摸,闻一闻,尝一尝"充分感觉自己带来的蔬菜。在创作环节,儿童选择自己喜欢的工具,从不同的角度画蔬菜,老师和儿童们一起愉悦地创作。个人展示中,一句"这是我的作品"充满了满满的自信和自豪。在这样的美术课堂上,每一个人都是独一无二的,每个人的作品都是独一无二的,每个生命都在这里像宝石一样闪闪发光!

四、心成长

心成长,是人的完整成长,是心智开启、心性提升、个性化自我的建构以及独立精神疆界的形成,能够使人与自己、与他人、与自然和谐相处。要做到这一点,就必须关照儿童的身心:让学生在活动中体验生活,在规则下享受自由,在爱的陪伴中完整成长。在此理念的引领下,西工区各校开展了丰富多彩的活动,从传统文化课程的开设,到学生行为文化、规则意识的培养,扎实、深入、细致,为培养"能够担当民族复兴大任的时代新人"做出了最好的阐释。在这里,教师和家长能够自觉地为了儿童的身心成长付诸行动,成长为真正的教育者的过程被称为"心成长"。

(一) 教师"心成长"

教师是学校教育中最重要的成员,担负着自我发展和促进儿童发展的双重使命。如何促进教师的心成长?一是通过阅读来提升教师的精神海拔。采取集体阅读、读书论坛、交流分享等形式提高阅读的质量与品质。二是读懂自己,读懂人生,把自己的内在建设好。三是读懂儿童的身心成长规律与认知发展规律,进而读懂与之相匹配的教育、教学与管理。四是帮助教师建立共同的教育信仰。五是加强教师的心理健康五项修炼——自我成长,内在和谐的修炼;接纳他人,人际融洽的修炼;有效适应,内外平衡的修炼;张弛有度,身心合一的修炼;自我调控,提升幸福的修炼。

(二) 家长"心成长"

一个人的健康成长,家庭教育、学校教育、社会教育三者缺一不可。作为家长,要教育好儿童,必先调整自己对待儿童的态度与行为方式。首先是科学评估,打稳基础。逐渐让家长认识到自己在家庭教育中的主体责任,有自己的教育观与教育方法,注重为儿童创设健康成长的家庭环境。其次是唤醒主体,读懂儿童。以"读懂儿童"为中心,西工区教体局号召全区教师与家长共读三本书:《爱和自由》《捕捉儿童敏感期》《完整的成长》。全区所有学校开展家校同步培训,研读与认知儿童有关的文章。第三是分解课程,家长参与。近年来,西工区各学校研发出一系列学科拓展类课程与非学科活动类课程,都由家长参与课程编写、教学活动及课堂评价。第四是搭建平台,家校同心。西工区坚持做好以下几个"一":每学期各个年级至少开一次家校沟通会;每个月举办一次"家长同步培训";每个学校开通一个校信通;每个班级建立一个微信群;每周轮流一个班级走进社区、服务社会;每学期举行一次优秀家长、书香家庭表彰会,有力地促进了家校同心,协力育人。最后是家长培训,持续成长。全区所有学校开展家长同步培训。培训内容包括与儿童认知相关的文章、视频、讲座等。

五、心管理

心管理是管理者与师生肝胆相照、用心沟通的管理。心管理的宗旨在于让管理者修炼人格魅力,让每位教工和学生觉得自己是学校的主人,最终让师生学会自我管理。

(一)心理奠定基础

西工区专业教师团队的顶层设计为金字塔形,如图3-1所示。底层由"心育活动师"支撑,"心育活动师"由全区400名中队辅导员构成,主要负责心育活动课的实施;中间是沙盘游戏师,共70—85人,由我区分四批遴选并经过培训的专兼职心理教师组成,主要负责各学校心理健康个案咨询、团体辅导、心育课程实施、心理活动执行等;顶层是心理督导师,共15—30名,由沙盘游戏师中最专业的教师担任,主要负责为沙盘游戏师和班主任心育活动师提供专业支持、案例督导,以及心育课程研发和心理活动策划等。

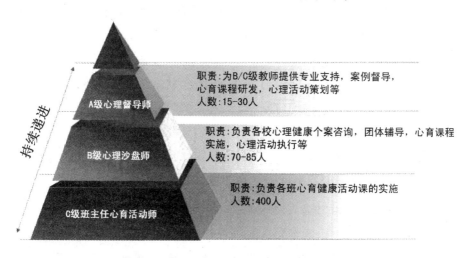

图3-1 西工区心理健康教师队伍培养体系

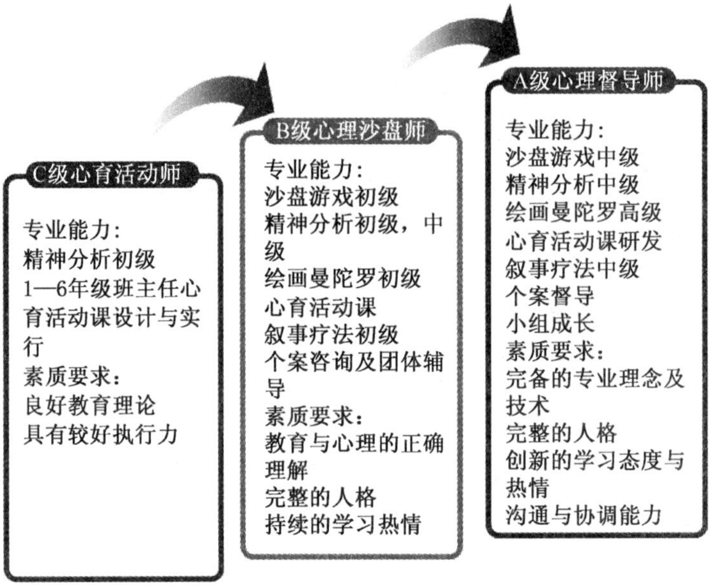

C级心育活动师

专业能力：
精神分析初级
1—6年级班主任心
育活动课设计与实
行
素质要求：
良好教育理论
具有较好执行力

B级心理沙盘师

专业能力：
沙盘游戏初级
精神分析初级，中
级
绘画曼陀罗初级
心育活动课
叙事疗法初级
个案咨询及团体辅
导
素质要求：
教育与心理的正确
理解
完整的人格
持续的学习热情

A级心理督导师

专业能力：
沙盘游戏中级
精神分析中级
绘画曼陀罗高级
心育活动课研发
叙事疗法中级
个案督导
小组成长
素质要求：
完备的专业理念及
技术
完整的人格
创新的学习态度与
热情
沟通与协调能力

图 3-2　各级教师成长要求

（二）制度保障落实

西工区教体局出台了《西工区环境卫生、文化建设实施方案》和《校园文化评价标准》，由区少先总队和督导室负责督导落实。在此方案基础上各学校分别结合本校实际制定了《××学校环境卫生推进方案》《××学校环境卫生实施细则》。各学校的相关部门负责落实，区少先总队和督导室依据方案和标准定期及不定期到各学校进行检查、督促，切实将环境卫生、文化建设落在实处。教体局又先后制定了《西工区家长学校工作安排》《西工区家长学校工作制度》《2015—2016学年西工区教体局关于印发强化家长学校领导推进家长学校课程建设的意见》《西工区教体局关于做好2016年秋季学期家长培训的若干要求的通知》《西工区教体局关于加强家校一体、共同育人工作方案》《西工区教体局关于做好2017年秋季学期家长培训的若干要求的通知》《西工区教体局2018年家长培训工作要求》《构建西工家校教育教育共同体，实现共同成长》等，进一步完善了对辖区学校家教工作的规范指导。

（三）督导促进提升

在"心环境"建设中，区督导室的职责是服务学校、引领学校打造育人环境。此项工作采用分层定标、统一要求、过程督导、效果普查、验收反馈的方式,扎实推进。为了有效推进我区的"心环境"建设,区督导室每月都会到学校负责跟踪、督导、落实。督导的过程中与学校共同探讨修改方案,与学校共同制定整改时间,写好指导意见留给学校,使学校清楚整改方向。如果学校整改不到位会继续跟踪检查,直到全部整改到位。每个月督导室将所有调研信息向学校做陈述性反馈,只做检查结果的呈现,不做主观评价。每年春季开学前要求各学校上报绿化方案,提升学校校园绿化建设。通过不断督导,持续改进,各学校校园文化的品质和品位不断得到提升。

(四) 活动推进发展

西工区教体局成功组织校园文化巡展活动,在巡展中,全区 80 余名副校级以上干部、局机关及二级机构负责人先后参观了全区城乡 24 所学校校园文化建设,零距离感受教室文化、办公室文化、走廊文化、校园文化、功能室文化等。校长的精彩解读、疑问解答博得参观人员阵阵喝彩,校园环境的提升得到区委区政府领导同志的高度认同。随后,安排全区 47 个委局、2 乡 7 办的党员干部,以及各校副校级以上领导参观了校园文化,对区域校园环境建设有了更进一步的了解。

此外还召开了全区校园环境文化提升现场会,提出举办校园文化巡展的活动要求是:要举办校园文化创意论证会,由校长主讲,宣传区内校园文化建设的优秀成果。同时要开展"班级文化巡展""我说校园文化""图解校园文化"等活动,让师生都参与到校园文化建设中来。在巡展的基础上,依据校园文化评定标准进行达标评级,优中选优,最终推出精品中的亮点,将每一所学校建成精神的家园、生活的乐园、生态的学园。此举有效提升了学校的文化品位,有力推动了学校之间的均衡发展。

(五) 培训提升质量

"一个好校长就是一所好学校"。校级领导的人格和素养,决定着学校的管理水平和发展方向,也决定着教师队伍建设的高度。为提高校级领导的素质和能力,西工区开展了系统的校级领导培训,造就了一批有教育情怀、有思想、懂教育、懂学生、懂教研、会管理的优秀教育专家团队。全区管理层通过系列培训,不仅使全区各学校的课堂改革、课程开发、校园文化建设有了很大提升,还使各项学科教研、读书沙龙、集体研修、学生社团、教师社团活动在学校如火如荼地进行,丰富了师生的校园生活,提升了师生的学习能力和水平。

第二节　心教育的三十九项行动

一、心环境育人建设行动

(一) 项目一:保洁与卫生

1. 项目要点

保持环境干净整洁,让环境具备精神能量。

2. 项目标准与要求

(1) 教室:教室和走廊地面,每天至少拖 2 遍地;桌凳摆放整齐、干净整洁、无损坏;讲桌、黑板槽、门窗、开关、储物柜、展台等无灰尘;绿植无枯叶、花盆干净美观。

(2) 清洁区:早上中午各打扫 1 次,地面无垃圾、落叶;课间、中午放学、下午放学保洁,保持全天整洁。

(3) 办公室:地面、桌椅、书柜、电脑桌、开关插座干净整洁;墙壁无蛛网灰尘;卫生工具摆放整齐有序,垃圾无外溢;绿植精心养护,有生机、无枯叶,花盆干净。

(4) 功能室:地面、窗台、功能柜设备等干净、无灰尘;墙壁无蛛网灰尘;卫生工具摆放整齐有序,垃圾无外溢;绿植精心养护,有生机、无枯叶,花盆干净;物品摆放整齐、有序。

(5) 厕所:每天确保干净、整洁、无异味、点熏香;洗手台无积水、镜面整洁;每周彻底清洁冲洗地面瓷砖;每天清倒垃圾桶、全天保证桶内垃圾无外溢;绿植精心养护,有生机、无枯叶,花盆干净。

(6) 校园内植物:有生机、无枯叶,不缺水;摆放整洁、美观;定期修剪、打理。

3. 项目责任人

行政副校长,后勤主任,少先队辅导员。

4. 团队职责与要求

(1) 行政副校长:检查全校卫生,对卫生工作情况进行督导。

(2) 后勤主任、少先队辅导员:发现问题及时反馈,督促将不合格的地方及时改进。

5．工作流程

（1）每天早晨、中午、下午定时巡查、监督；

（2）每周不定时抽查；

（3）巡查抽查过程中拍照，及时反馈；

（4）对存在问题的地方再次检查，落实整改。

（二）项目二：文化与提升

1．项目要点

站在儿童立场，建设适合儿童成长的生态文化。

2．项目标准与要求

（1）校园环境文化

校园文化与办学理念相结合；

按照不同季节种植乔木、灌木、盆栽、花草等植物，让儿童感受自然生态的变化；

植物种类丰富，有层次，全覆盖；

环境布置让儿童有感觉，有兴趣。

（2）教室文化

教室环境整洁、美观，物品归位、有秩序；

物品柜的功能分区清楚；

书籍数量与质量和学生年龄、认知特点相匹配；

每个月更换学生的展示作品；

每个学期初和学期末进行班级特色文化巡展。

3．项目责任人

校长，行政副校长，校长助理，少先队辅导员。

4．团队职责与要求

（1）校长：对校园环境进行整体规划。

（2）行政副校长：提出教室环境建设的整体要求，落实、抽查、督导。

（3）校长助理：分层次、分阶段落实校园环境整体规划；检查、督促整改。

（4）少先队辅导员：日常检查、反馈、督促整改。

5. 工作流程

（1）暑假期间，校长带领团队，提出校园文化提升的整体方向和思路，对主管领导在环境建设方面的工作进行指导。

（2）结合办学理念，分阶段落实学校环境建设方案，对校园环境建设做出具体提升规划。

（3）每日巡视校园环境，督导行政、后勤及保洁人员及时整改和维护。

（4）行政副校长提出教室文化环境整体规划意见，分阶段落实、抽查、督导。

（5）少先队辅导员每天检查反馈教室文化环境维护情况。

二、心课堂教学实施行动

（一）项目三：晨诵

1. 项目要点

注意环境陶冶，将音乐、文本与学生连接。

2. 项目标准及要求

（1）环境要求

物质环境：通风、绿植、物品归位、内容展示。

人文环境：文本准备、教师的精神状态准备。

（2）音乐要求

根据文本需要选择合适的音乐。

（3）文本要求

符合学生的年龄特点；经典有精神能量；符合本班学生的实际情况。

（4）连接要求

教师要与文本内容有连接；教师要与学生有连接；教师要与自己有连接。

（5）分工

一人读一本书，同一本书两个人读传递的能量不同，会影响这本书带给学生的感受。

（6）晨诵

教师层面人人过关。

3. 项目责任人

业务副校长，教导处主任。

4. 团队职责与要求

（1）业务副校长：对晨诵进行全面把控、跟进督导。

（2）教导处主任：配合落实、跟进督导。

5. 项目工作流程

（1）假期中每班两位班主任老师商定整个学期的晨诵书目和背景音乐，制定本班晨诵方案。开学初，学生层面审定班级晨诵方案。审定要求如下：书的选择应符合学生的年龄特点；教师晨诵的书，学生手中应有；教师分工应依据两人不同的能量和状态；晨诵方案的详细安排，包括开场语、晨诵内容、时间安排、分工、音乐。

（2）开学初，业务副校长亲自进行实体化培训示范，教师一一过关。

（3）每天早上，业务副校长、教导主任负责重点跟听，进行全面巡视督导，及时反馈。

（4）校本培训中进行"晨诵攻读精神生活"的活动。

（5）每周例会整体反馈本周晨诵情况。

（6）期末整体反馈学期晨诵情况。

（二）项目四：主题学科融合课程

1. 项目要点

注重学科间的融合、学科内整合、注重仪式感体验。

2. 项目标准及要求

符合儿童生命成长的需求、认知发展的规律以及学习的特点，主要以学生的生活为主题，以活动体验为主导，以儿歌、童谣、古诗词、绘本、童话等为落脚点，结合部编本教材进行单元组合，融合体育、音乐、美术、科学、讨论课等多个学科活动，以及班级文化、影片欣赏、社会实践等多元素建构主题课程体系。

3. 项目责任人

业务副校长，教导处主任，主题学科教研组长。

4. 团队职责与要求

（1）业务副校长：对主题学科进行整体把握、跟踪督导。

（2）教导处主任：配合落实工作，对主题学科教学工作进行督导。

（3）主题学科教研组长：对主题学科教学工作进行督导，与业务副校长汇报沟通，对存在问题跟进指导，督促整改。

5. 项目工作流程

(1) 学期初

主题学科教师修订教材、学校进行审定,教材修订后熟知教材;

对一、二年级主题课程老师进行通识培训;

一、二年级主题课程教师分级进行主题教材研讨;

对新一年级家长进行培训。

(2) 学期中

每周一次教研;

拟定主题开始仪式和结束仪式;

主题课程活动融入日常教学,让儿童在真实的环境中体验、感受、成长;

教师整理展示每个月的主题活动,并向家长展示当月课程。

(3) 学期末

① 师生一起整合本学期主题课程经历,分享收获、感受等;

② 教师和家长一起整合本学期主题课程活动经历,分享收获、感受等;

③ 教师之间交流整合,探讨实施过程中的得失。

(三) 项目五:语文心课堂

1. 项目要点

"以概念为本的实物教学"的实施原则。

2. 项目标准及要求

(1)三个技术因子:学习目标;学习流程;小组建设。

(2)两个文化因子:师生关系;规则意识。

(3)四个内在价值:课程观;实体化;安全感;秩序感。

(4)具体实施要求:教学内容当堂完成,小组活动可灵活运用;倾听与反馈要科学。

3. 项目责任人

业务副校长,教导处主任。

4. 团队职责与要求

(1) 业务副校长:对语文心课堂整体把握,跟进督导。

(2) 教导处主任:跟进、督导、落实语文心课堂教学工作,对存在问题进行跟进,督促整改,落实情况,与业务副校长及时沟通交流。

5. 项目工作流程

(1) 前期准备

语文学科教师学习心课堂实施方案要点,明确本学科目标及任务;以教研组为单位对语文心课堂要点进行学习、研讨。

(2) 确定教学梯队,落实队伍建设。

(3) 依据教研计划,扎实推进教研工作,以课例开展教研,学习如何确定具体目标、开展小组活动、倾听与回应等。

(4) 扎实做好过程性督导,及时反馈整改。

(5) 以教研组为单位回顾学期教研内容,分享学习教研、课堂教学的得失。

(四) 项目六:语文 PACE 教学

1. 项目要点

坚持"以概念为本的实物教学"的实施原则,实现儿童的自我管理、自主学习、个性化学习,培养契约意识。

2. 项目标准及要求

(1) 从四到六年级开始实施。

(2) 语文学科中,教师讲重点概念和内容,学生自学的部分以 PACE 形式清晰呈现。学生自学时教师全程陪伴答疑。

(3) 根据学习目标和学生的个体状态安排合适的 PACE 练习内容。

(4) 每日明确清晰的 PACE 概念。

(5) 当天的 PACE 当天完成,每天一测试。

(6) 学期结束进行学习总结。

3. 项目责任人

业务副校长,教导处主任,学科主任

4. 团队职责与要求

(1) 业务副校长:对 PACE 教学进行整体把握,跟进督导。

(2) 教导处主任、学科主任:跟进、督导、落实 PACE 课堂教学工作,对存在问题进行跟进,督促整改,落实情况,与业务副校长及时沟通交流。

5. 项目工作流程

(1) 教师层面:学期初,教师学习 PACE 教学通识性知识,确定开学一个月的 PACE 主题;定期参加专题教研。

(2)学生层面:建立清晰的 PACE 概念,明确规则,厘清界限,做好学习的物理和心理准备;学习过程中,根据出现的问题,能够与组内成员和老师沟通,讨论出解决的方法与策略。

(3)家长层面:学期初,家长参与通识培训,签订目标合同书;实施过程中,针对学生学习中出现的问题,每月家长会与教师沟通、交流、解决。

(4)学校层面:业务副校长、教导处主任随时巡课、听课,发现问题,反馈、解决问题;教研组定期进行 PACE 专题教研,研讨教学中的问题及解决策略。

(五)项目七:大阅读活动

1.项目要点

感受非功利、享受型阅读,建立阅读秩序。

2.项目标准及要求

(1)分级式阅读:符合儿童年龄特质,让儿童享受无功利阅读的乐趣。

(2)读书课:阅读、讨论分享。

(3)读书节:让学生展示阅读成果,稳固阅读兴趣。

(4)童话剧展演:与读书节结合,人人参与,创作剧本和角色,感受表达阅读感受的乐趣。

(5)亲子阅读:让父母和儿童一起成长,促进全民阅读。

2.项目责任人

业务副校长,教导处主任。

3.团队职责与要求

(1)业务副校长:对大阅读进行整体把握,跟进督导、落实。

(2)教导处主任:跟进、督导、落实大阅读各项工作,与业务副校长汇报沟通,对存在问题跟进指导,督促整改。

4.项目工作流程

(1)分级式阅读

开学前配置图书,每个班级不少于 20 本;图书种类尽可能丰富,有意识采取适当方式推动儿童分级式阅读,让儿童享受无功利阅读的乐趣;学校依据情况,及时补给图书;业务副校长、教导处主任对每班读书情况进行抽测,抽测结果纳入月常规教学工作检查中。

（2）读书课

班级共读一本书,以四周为周期。

第一周——经典导读课,教师做好推荐、引领,激发阅读兴趣;

第二周——读书推进课,学生分享阅读进度、感受;

第三周——主题讨论课,针对共读的书,教师设置有效问题,学生讨论分享,将阅读引向深入;

第四周——好书推荐,分享本月除了共读书目,你还读了哪些书。

（3）读书节

第一阶段:创设读书氛围,启动"读书节开幕式"。

第二阶段:开展丰富多样的读书活动,稳固学生阅读兴趣,以兴趣拉动阅读量提升。阅读量统计结果呈现在班级门口,在班级内分享一个月的读书内容。

第三阶段:总结评比。

（4）童话剧表演

第一阶段:制定班级童话剧方案,选定书目,利用晨诵、阅读课时间共读,业务副校长、教导处主任负责审定,并进行过程性督导;

第二阶段:商讨、创作童话剧剧本,修改并确定剧本;

第三阶段:选定角色演员,开始熟悉剧本内容;

第四阶段:集体或分幕排练,并准备服装、道具、音乐;

第五阶段:学校审验节目,班级做整体排练,精益求精;

第六阶段:正式演出;

第七阶段:总结活动得失,为下次演出做铺垫。

（5）亲子阅读

一二年级每周2—3次亲子阅读,填写亲子阅读记录单,每月2次依据主题课程内容推荐的亲子阅读书目,家长与儿童共同读书,一起动手制作亲子阅读绘本;中高年级每周不低于2次亲子阅读,每周完成1次读书报告单。

（六）项目八:数学实体化教学

1. 项目要点

贯彻"以概念为本的实物教学"的实施原则。

2. 项目标准及要求

（1）教师须具备精准的语言、示范性的操作,语言、动作、板书三位一体。

（2）实物准备必须充分且有实用价值。

（3）教师的实物要和儿童们准备的实物匹配。

3．项目责任人

业务副校长，学科主任。

4．团队职责与要求

（1）业务副校长：能进行实体化示范性的操作，提出可整改性的建议。

（2）学科主任：清晰每个班级能进行实体化的核心课时，知道进行实体化操作所需实物，确保实体化操作时语言、动作、板书三位一体。

5．项目工作流程

（1）梳理教材，做好实物准备

假期中，全体数学教师不仅要对本教材进行分析，而且要归纳整理出能进行实体化操作的核心课时（一到三年级可以依据区本教材，四到六年级根据实际情况进行），做好所需实物的统计，列出清单，并将所需实物拍照发至班级群里，提前告知家长。

（2）开学初全体数学教师对教材一、二单元进行实体化操作。

（3）新学期第一个月进行三、四单元的实体化操作。

（4）第二个月进行第五、六、七单元实体化操作。

（5）学期末，全体数学教师对本学期的实操情况进行回顾，分享本学期实操的得与失。

（七）项目九：数学心课堂

1．项目要点

贯彻"以概念为本的实物教学"的实施原则。

2．项目标准及要求

（1）三个技术因子：学习目标；学习流程；小组建设。

（2）两个文化因子：师生关系；规则意识。

（3）四个内在价值：课程观；实体化；安全感；秩序感。

3．项目责任人

业务副校长，学科主任。

4．团队职责与要求

（1）业务副校长：清晰心课堂标准及要求，必要时提出可整改的建议，参与心课堂的小组建设。

（2）学科主任：清晰心课堂标准及要求，协助教师做好小组建设，督促教师遵守心课堂的规则——少说多倾听。

5. 项目工作流程

（1）学习数学心课堂要点

假期中，全体数学教师学习心课堂实施方案要点，明确本学科目标及任务；开学初全体数学教师对数学心课堂要点进行学习、研讨。

（2）确定梯队，落实梯队建设。

（3）依据教研计划，扎实推进教研工作。

（4）扎实做好过程性督导，及时反馈，整改落实。

（5）学期末，全体数学教师对本学期的教研情况进行回顾，分享本学期教研、课堂的得与失。

（八）项目十：数学 PACE 教学

1. 项目要点

坚持"以概念为本的实物教学"的实施原则，实现儿童的自我管理、自主学习、个性化学习，培养契约意识。

2. 项目标准及要求

（1）从四到六年级开始实施。

（2）数学学科中，教师讲重点概念和内容，学生自学的部分以 PACE 形式清晰呈现。学生自学时教师全程陪伴答疑。

（3）根据学习目标和学生的个体状态安排合适的 PACE 练习内容。

（4）每日明确清晰的 PACE 概念。

（5）当天的 PACE 当天完成，每天一测试。

（6）学期结束进行学习总结。

3. 项目责任人

业务副校长，教导处主任，学科主任。

4. 团队职责与要求

（1）业务副校长：对 PACE 教学进行整体把握，跟进督导。

（2）教导处主任、学科主任：跟进、督导、落实 PACE 课堂教学工作，对存在问题进行跟进，督促整改，落实情况，与业务副校长及时沟通交流。

5．项目工作流程

（1）教师层面：学期初，教师学习 PACE 教学通识性知识，确定开学后一个月的 PACE 主题；定期参加专题教研。

（2）学生层面：建立清晰的 PACE 概念，明确规则，厘清界限，做好学习的物理和心理准备；学习过程中，根据出现的问题，能够与组内成员和老师沟通，讨论出解决的方法与策略。

（3）家长层面：学期初，家长参与通识培训，签订目标合同书；实施过程中，针对学生学习中出现的问题，每月家长会与教师沟通交流、解决。

（4）学校层面：业务副校长、教导处主任随时巡课、听课，发现问题，反馈、解决问题；教研组定期进行 PACE 专题教研，研讨教学中出现的问题及解决策略。

（九）项目十一：英语心课堂

1．项目要点

贯彻"以概念为本的实物教学"的实施原则。

2．项目标准及要求

（1）三个技术因子：学习目标；学习流程；小组建设。

（2）两个文化因子：师生关系；规则意识。

（3）四个内在价值：课程观；实体化；安全感；秩序感。

3．项目责任人

业务副校长，学科主任。

4．团队职责与要求

（1）业务副校长：清晰心课堂标准及要求，必要时提出可整改的建议，参与心课堂的小组建设。

（2）学科主任：清晰心课堂标准及要求，协助教师做好小组建设，督促教师遵守心课堂的规则——少说多倾听。

5．项目工作流程

（1）学习英语心课堂要点，布置本学期教研任务

假期中，英语学科教师学习心课堂实施方案要点，明确本学科目标及任务。开学初以教研组为单位，布置以下教研任务：

集体学习、研讨英语心课堂要点、听音操作要点；

三年级教师需和家长沟通,提前准备和制作英语字母卡片;

确定本学期英语作业(书写标准、次数、题型、批改)、教案(实体化、每课时一反思)、反思(目录、次数、书写、内容)等要求;

确定本学期英语教师每日口语训练的内容(诗歌、语篇、配音、歌曲等)及要求;

梳理本学期的视听课推进方案;

布置有关英语剧巡展周的任务。

(2)确定英语第一梯队人选,进行重点跟听、磨课。

(3)由教研组长制定教研计划,学期初由业务副校长审定。

(4)扎实做好过程性督导,及时反馈,整改落实。

(5)学期末,以教研组为单位对整学期的教研内容、情况进行回顾,分享本学期教研、课堂的得与失。

(十)项目十二:原声英语课堂

1. 项目要点

有趣味性,享受英语,提升学生对英语的兴趣。

2. 项目标准及要求

(1)以视听课为依托,保证学生接触到原汁原味的英语,营造良好的英语氛围。

(2)视听课型:配音课、角色扮演课、歌曲/律动课、绘本课。

(3)保证每个月两次视听课的开展。

3. 项目责任人

业务副校长,教导处主任。

4. 团队职责与要求

(1)业务副校长:清晰心课堂标准及要求,提出可整改的建议,参与心课堂的小组建设。

(2)教导处主任:落实心课堂标准及要求,对存在问题进行跟进,督促整改,落实情况,与业务副校长及时沟通交流。

5. 项目工作流程

(1)依据视听教研计划,扎实推进视听工作。

(2)教研组长根据各个年级所上交的实施方案,跟听每位英语教师的视听课,做好过程性督导,及时反馈,整改落实,保证活动的顺利进行。

(3) 组织全体英语教师针对不同课型进行分工准备,每月一次针对不同课型进行听课,周四下午教研时进行评课、磨课,形成学校的视听课流程。

(4) 学期末,以教研组为单位对整学期的视听内容、课堂开展情况进行回顾,分享本学期视听课堂的得与失。

(十一) 项目十三:英语课本剧

1. 项目要点

有趣味性,享受英语,提升学生对英语的兴趣。

2. 项目标准及要求

(1) 学期初建立每班的班级剧社。

(2) 在学期初的两周内,学生在教师指导下确定剧目名称并完成分组,要求每人参与。

(3) 内容可以是课本、资源库内或其他课外内容,在开学第三周集体教研时上交本班的班级剧推进方案。

3. 项目责任人

业务副校长,教导处主任,学科主任。

4. 团队职责与要求

(1) 业务副校长:清晰心课堂标准及要求,必要时提出可整改的建议,参与心课堂的小组建设。

(2) 教导处主任:落实心课堂标准及要求,对存在问题进行跟进,督促整改、落实情况,与业务副校长及时沟通交流。

(3) 学科主任:清晰心课堂标准及要求,协助教师做好小组建设,督促教师遵守心课堂的规则——少说多倾听。

5. 项目工作流程

(1) 9月第一周,教师向学生解读班级剧社的目的、要求、标准。

(2) 9月第二周,学生自由分组,利用课余、课下选定和创作演出剧本。

(3) 9月第三、四周,教师和演出学生审定、修改并敲定剧本。教师上交英语剧社推进方案,由业务副校长负责审定。

(4) 10月,学生分配角色并开始熟悉剧本内容。

(5) 11月,进行集体或分幕排练,并准备服装、道具、音乐。

（6）12月第一周起教师审验节目，要求服装、道具、音乐到位做整体排练，精益求精。

（7）12月最后一周确定为英语课本剧巡展周，以年级组为单位在二楼功能厅演出，同级学生与全体英语教师参加。

（8）教研组长依据各个年级上交的班级剧社计划，做好过程性督导，及时反馈，扎实推进工作。

（9）组织全体英语教师对各个年级的课本剧进行观摩、研讨。

（10）学期末，以教研组为单位对整学期的课本剧开展情况进行回顾，分享课本剧的得与失。

（十二）项目十四：爱与自由体育课堂

1. 项目要点

实施自由、身心合一的实体化教学。

2. 项目标准及要求

（1）运动参与：参与体育学习和锻炼；体验运动乐趣和成功。

（2）运动技能：学习体育知识；掌握运动技能和方法；增强安全意识和防范能力。

（3）身体健康：掌握基本保健知识和方法；塑造良好体型和身体姿态；全面发展体能与健身能力；提高适应自然环境的能力。

（4）身体健康和社会适应：培养坚强的意志品质；学会调控情绪的方法；形成合作意识和能力；具有良好的体育道德。

3. 项目责任人

业务副校长、综合组组长。

4. 团队职责与要求

（1）业务副校长：负责体育教学工作的推进、督导、落实、反馈。

（2）综合组组长：配合落实体育教学工作，对存在的问题进行跟进，督促整改，落实情况，与业务副校长汇报沟通。

5. 项目工作流程

（1）学习"爱与自由"体育课堂要点。

（2）依据教研计划，扎实推进教研工作。

（3）扎实做好过程性督导，及时反馈，整改落实。

（4）学期末，以教研组为单位对整学期的教研内容、情况进行回顾，分享本学期教研、课堂的得与失。

（十三）项目十五：阳光游艺大课间

1. 项目要点

让学生在活动中体验生命，身心合一，完整成长。

2. 项目标准及要求

（1）参与体育锻炼，体验运动乐趣和成功。

（2）保证学生每天的运动量，拉动和发展学生的体能。

（3）大课间体育活动区域的划分：

学校西院和东院——扔沙包、跳皮筋、拍皮球；

学校操场跑道——滚铁环、呼啦圈、跳绳；

学校西操场——踢足球

学校东操场——打篮球。

（体育老师按照区域的划分摆放丰富的小器材供学生活动）

（4）做好大课间安全值班工作：

观察学生活动时的状态，并做好安全提醒。

提醒学生活动结束时将器材归位。

调整好自己的状态，并时刻保持警觉。

注意：各个值班教师需要戴好安全值班牌，按时到岗，如有安全问题及时上报。

3. 项目责任人

项目督导，体育课教师，值班教师。

4. 团队职责与要求

（1）项目督导：观察活动，对存在问题进行跟进，督促整改，及时与校长汇报沟通。

（2）体育课教师：准备器械，带领学生活动。

（3）值班教师：观察学生活动情况，保证安全，引导学生归还器械。

5. 项目工作流程

（1）学期初制定大课间值班表，梳理和强调值班期间的注意事项。

（2）每天大课间开始之前到操场检查体育课教师是否将小器材准备

到位。

（3）每天大课间开始时督导值班教师及时到位，并观察值班教师状态；及时提醒和反馈。

（4）每周一下午教师例会反馈之前一周大课间的值班情况。

(十四) 项目十六：体育特色项目

1. 项目要点

让学生在活动中体验生命，身心合一，完整成长。

2. 项目标准及要求

（1）学生参与体育锻炼；体验运动乐趣和成功。

（2）篮球队和足球队各 25 人，保证每周三次训练。

3. 项目责任人

体育组组长，外聘足球教师。

4. 团队职责与要求

体育组组长和足球教师：项目课程和体育器材准备。

5. 项目工作流程

（1）学期初，授课教师需向学校上交本学期的训练计划（包括每次的课程安排）、参加训练的学生名单（包括学生的班级、姓名），进行审定；

（2）每周训练开始前，授课老师提前将训练器材摆放到位，供学生训练；

（3）每周训练前授课教师先点名，确保学生按时、按要求参加训练；

（4）每次训练时项目负责领导及时到位，观察教师和学生的训练状态，及时提醒和反馈，并做详细记录；

（5）每次训练结束后，授课教师需提醒学生活动结束时器材归位，项目负责领导需要督导归位情况。

(十五) 项目十七："爱与自由"音乐课堂

1. 项目要点

热爱音乐，提升审美能力。

2. 项目标准及要求

（1）教师要用满含爱意的目光注视每一位儿童，引导并鼓励儿童的目光与同伴对视产生连接。

（2）小组连接时每位组员要用目光注视正在做连接传递的伙伴,保持爱的能量的流动。

（3）教师要关注每一个儿童。

（4）语言:教师在示范时指令性语言要简练、清晰、标准。

（5）关照情绪:及时安排落单的儿童,保证全员参与。

（6）主题探索

说、唱、奏、演——有节奏、有韵律的表现音乐特质,用身体表现音乐的感觉;

拓展环节——建立在歌曲、乐曲已掌握的基础上进行,拓展难度要适合儿童,对儿童的作品要充分肯定,并在第一时间采纳。

（7）结束:师生共同演唱或欣赏充满爱的能量的歌曲。

（8）下课礼仪。

3. 项目责任人

业务副校长、教导处主任。

4. 团队职责与要求

（1）业务副校长:负责音乐教学全面工作。

（2）教导处主任:配合落实音乐教学工作,对存在问题进行跟进,督促整改,落实情况,与业务副校长汇报沟通。

5. 项目工作流程

（1）学习"爱与自由"音乐课堂要点。

（2）依据教研计划,扎实推进教研工作。

对音乐教师的要求:利用前两节课进行基本功练习,练习项目——键盘、形体、唱歌;制定计划、学校督导、落实;加强音乐老师对学生的连接。

（3）扎实做好过程性督导,及时反馈,整改落实。

（4）学期末,以教研组为单位对整学期的教研内容、情况进行回顾,分享本学期教研、课堂的得与失。

（十六）项目十八:器乐(管弦乐团、学校乐团)

1. 项目要点

培植艺术细胞,感受音乐乐趣。

2. 项目标准及要求

（1）1—5年级学生在每周五下午学习两节乐器课。

（2）根据不同年级儿童的年龄和认知特点,挑选不同的乐器进行学习,激发学生学习音乐的兴趣。

（3）让喜欢音乐的每一个学生在小学阶段初步掌握一门乐器。

3. 项目责任人

学科主任,学科教师。

4. 团队职责与要求

（1）学科主任:清晰课堂评定标准,协助任课教师进行小组建设督促教师遵守心课堂的规则——少说多倾听。

（2）学科教师:落实推进课程。

5. 项目工作流程

（1）学期初动员家长,主动配合学校工作,让每一个儿童参与到器乐学习中;

（2）每周上课前,班主任配合授课教师提醒和检查学生是否将乐器准备到位;

（3）每周上课时督导授课教师及时到位,并观察教师和学生状态,及时提醒和反馈;

（4）学期末对各班开展的"乐器进课堂"课程成果进行反馈和总结。

表3－1　乐器进课堂成果反馈总结表

年级	乐器	课时	学期共计课次
一年级	陶笛（6孔）	90分钟	15次
	葫芦丝	90分钟	15次
二年级	尤克里里	90分钟	15次
	非洲鼓	90分钟	15次
三年级	长笛	90分钟	15次
	小提琴	90分钟	15次
四年级	小号	90分钟	15次
	单簧管	90分钟	15次
五年级	吉他	90分钟	15次

（十七）项目十九：形体

1. 项目要点

展示良好的形体感觉，形成审美意识。

2. 项目标准及要求

（1）1—2年级以社团为依托每周进行一次芭蕾课。

（2）3—6年级每周一次舞蹈课，根据不同的年级选择不同的舞蹈类型。

（3）3—6年级的每位学生自备一双舞蹈鞋，舞蹈课时需要穿。

（4）3—6年级以社团为依托每周一次街舞课。

3. 项目责任人

校长，业务副校长。

4. 团队职责与要求

校长，业务副校长：全面负责芭蕾课和舞蹈课，并做好过程督导，跟进落实，及时反馈。

5. 项目工作流程

（1）假期时街舞社团、芭蕾社团制定新学期社团规划；开学初学校对街舞社团、芭蕾社团从招募年级、招募人数、每周的课时计划、成果展示、社团教材设置方面进行一对一的审定。

（2）每周三对芭蕾、街舞社团进行过程性督导，及时反馈。

（3）对3—6年级每周一节的舞蹈课可进行常规听课，也可进行推门听课。

（4）学期末总结学期过程中的得与失，并进行完型。

（十八）项目二十：合唱团

1. 项目要点

以歌唱方式表达情感。

2. 项目标准及要求

每周两次合唱课，一次聘请专业合唱教师进行辅导，一次由音乐教师带领合唱班的同学进行练习。

3. 项目责任人

校长，业务副校长。

4. 团队职责及要求

校长、业务副校长：审定合唱课程计划，并进行过程性督导，及时反馈。

5. 项目工作流程

（1）假期中聘请专业合唱教师，开学初审定合唱课程计划。
（2）理清外聘教师与音乐教师每周两次课的具体分工与职责。
（3）依据课程安排进行过程性督导。
（4）学期末，进行合唱课程展示及完型。

（十九）项目二十一：爱与自由美术课堂

1. 项目要点

感受艺术和生活，在艺术体验中发挥创作才能。

2. 项目标准及要求

（1）体验课、写生课、欣赏课、曼陀罗绘画每月一次。
（2）手工课连续做一个月，把手工课做扎实。

3. 项目责任人

业务副校长。

4. 团队职责与要求

业务副校长：全面负责美术教学工作，做好过程督导，跟进落实、反馈。

5. 项目工作流程

（1）学习"爱与自由"美术课堂要点。
（2）依据教研计划，扎实推进教研工作，学期中要针对高年级美术技法的引入做专项研讨。
（3）扎实做好过程性督导，及时反馈，整改落实。
（4）学期末，以教研组为单位对整学期的教研内容、情况进行回顾，分享本学期教研、课堂的得与失。

（二十）项目二十二：曼陀罗

1. 项目要点

基于内心感受直观表达，疗愈心理。

2. 项目标准及要求

（1）每月一次曼陀罗课。

（2）曼陀罗课上的冥想不超过 5 分钟，时间在 3—5 分钟。

（3）曼陀罗课型：填色曼陀罗、自由曼陀罗（自我曼陀罗、我的心情、四季曼陀罗、我的身体）。

3. 项目责任人

业务副校长、美术教师。

4. 团队职责与要求

（1）业务副校长：全面负责美术教学工作，做好过程督导，跟进落实、反馈。

（2）美术教师：配合落实工作，实施中发现问题及时反馈。

5. 项目工作流程

（1）学习"曼陀罗"教学要点：美术学科教师要清晰曼陀罗课的课型、要点及要求。开学初以教研组为单位对"曼陀罗"教学要点进行学习、研讨。

（2）依据教研计划，扎实推进曼陀罗课型的研讨及实施。

（3）扎实做好过程性督导，及时反馈，整改落实。

（4）学期末，对整学期的曼陀罗的教研内容、情况进行回顾，分享本学期曼陀罗课的教研、课堂的得与失。

（二十一）项目二十三：讨论课

1. 项目要点

表达观点、展示自我、建构价值观、开启解决问题的思路，尊重和接纳他人的观点及想法。

2. 项目要求及标准

（1）每周一次讨论课。

（2）讨论课课型。

1—3 年级：价值观、真理启示语、学生遇到的具体问题、分享日；

4—6 年级：价值观、学生遇到的具体问题、讨论语文的单元主题与辩论、分享日。

（3）课堂流程：能量朗读（真理启示语的巩固）、引入讨论主题、讨论问题、教师总结、呈现经典观点。

（4）选取绘本、音频、电影片段、实物、情景演示、图片、绘画、游戏、活动、亲身经历等可以让学生产生体验的内容，作为引入的材料。

（5）讨论阶段：

① 呈现讨论问题（需做的课前准备有查阅概念，设置层层递进、符合学生年龄特质的讨论问题 2—3 个）。

② 学生讨论环节。

③ 教师针对学生的分享进行总结、提升（有精神性的）。

（6）呈现经典观点：观点需要与主题密切相关；观点需要呈现到黑板或 PPT 上。

3. 项目责任人

讨论课任课教师。

4. 团队职责与要求

讨论课任课教师：负责课程落实，引导学生正确对主题进行讨论。

5. 项目工作流程

（1）学习讨论课课堂要点。

（2）依据教研计划，扎实推进教研工作。

（3）少先队扎实做好过程性督导，及时反馈，整改落实。

（4）学期末，将本学期活动记录定稿上报少先队，形成学校讨论课的课本教材和资源共享。

（二十二）项目二十四：编程课

1. 项目要点

提升逻辑思维能力和创造力。

2. 项目标准及要求

3—6 年级每周一节编程课。

3. 项目责任人

行政副校长、电教主任、编程课任课教师。

4. 团队职责及要求

行政副校长及电教主任：学期初审定编程课课程计划，过程中进行督导及反馈。

编程课任课教师：负责课程落实。

5. 项目工作流程

（1）假期中由负责编程课的教师依据周次制定每节编程课的课时任务，

学期初由行政副校长及电教主任负责审定。

(2) 每周进行编程课的巡课、听课活动,发现问题及时反馈。

(3) 期末进行编程 PK 赛或展示赛,进行完型及总结。

(二十三) 项目二十五:实验课程

1. 项目要点

探究式学习、保护好奇心和求知欲、体验。

2. 项目标准及要求

(1) 每个月每个班至少一次实验课。

(2) 实验课需提前准备好实验材料、实验报告单,到实验室上课,上课时做到每个学生都参与体验。

(3) 课堂上要出示课题、实验时间、实验名称、实验材料等内容。

(4) 课堂上教师要做到精准的示范,大胆让学生猜想、验证,并及时回应学生,验证学生的猜想。

(5) 实验课堂上应做到及时记录实验报告单。

3. 项目责任人

实验课任课教师。

4. 团队职责与要求

实验课任课教师:负责课程落实。

5. 项目工作流程

(1) 假期中,实验课教师需要提升自己的专业素养,观看纪录片或自然科学视频等,为下学期积累课堂素材。

(2) 教师要制定出本学期所教年级的概念、配对的方法以及所能做到的实验清单,明确本学科目标及任务。

(3) 开学初以教研组为单位对假期所准备的有关内容,进行学习、研讨。

(4) 制定教研计划并依据教研计划,扎实推进教研工作

(5) 扎实做好过程性督导,多听推门课,及时反馈,整改落实

(6) 学期末,整合本学期的教研内容,并总结出得与失,依据得与失制定下学期的工作计划。

(二十四)项目二十六:创客空间和教室

1. 项目要点

创意驱动,行动体验,厚植兴趣,重在操作体验,培养兴趣和创造力。

2. 项目标准及要求

(1) 确保(机器人、3D 打印、木工坊、小牛顿)上课的空间及材料的配备。

(2) 每天对创客空间进行打扫,确保干净整洁。

(3) 定期对创客空间设备进行检查,确保正常使用。

3. 项目责任人

业务副校长,负责教师。

4. 团队职责与要求

业务副校长:做好过程督导,跟进落实、反馈。

负责教师:负责活动落实。

5. 项目工作流程

(1) 开学前将木工坊建成,开学以后投入使用。

(2) 每周对创客课程进行督导,发现问题及时反馈。

(3) 每天对创客空间进行卫生督导,确保干净整洁。

(二十五)项目二十七:创客课堂及课程

1. 项目要点

重在操作体验,培养兴趣和创造力。

2. 项目标准及要求

(1) 创客课堂

小牛顿课(1—4 年级每学期一共 10 节课,分不同时段进行);

Scratch 编程课(3—6 年级每周一节课,以电脑课为依托开展)。

(2) 创客课程

机器人;3D 打印;木工小创客

要求学期初上报本学期课程计划、安排,进行社团招募;每周三下午,按照社团课程计划保证一个半小时的社团活动;学期末进行社团成果展示,并以小教材的形式形成文字资料。

3. 项目责任人

创客教师。

4. 团队职责与要求

创客教师:负责课程落实。

5. 项目工作流程

(1)前期准备

假期中,完成"木工小创客"的工程建设以及课程对接;

开学初,由行政副校长牵头,与相关人员对本学期创客课程进行研讨、分工,并与相关人员共同商定创客嘉年华、科技节等相关活动的方案和具体安排。

(2)确定创客梯队,落实梯队建设。

(3)依据学期课堂、课程计划,扎实推进创客工作。

(4)扎实做好过程性督导,及时反馈,整改落实。

(5)学期末,对整学期的课程内容、开展情况进行回顾,分享本学期课堂、课程的得与失,形成校本创客课程。

三、心课程方案设计行动

(一) 项目二十八:节点课程

1. 项目要点

以文化人,以文育人,突出仪式感和规则意识。

2. 项目标准及要求

借助传统文化节日习俗进行人文熏陶,增强文化自信。

表3-2 节点课程推进安排表

时间	项目内容	参加人员	项目责任人
9月初	开学典礼暨新生入学典礼	全体师生	少先队辅导员
9月下旬	中秋感恩孝亲周	全体师生	少先队辅导员
10月—11月	班服券	全体师生	少先队辅导员
12月22日	冬至·包饺子	全体师生	少先队辅导员

3. 项目责任人

业务副校长、少先队辅导员。

4. 团队职责与要求

(1) 业务副校长：做好过程督导，跟进落实、反馈。

(2) 少先队辅导员：负责活动落实。

5. 项目工作流程

(1) 在每一项活动开展之前需要制定详细的实施方案，领导班子要先对方案进行审核；需要向全体教师从活动目的、活动思路、活动标准作梳理和说明；再由教师向学生作详细的解读，保证每一项活动开展之前上下通透。

(2) 活动过程中把各项工作的细节想到位、做到位。

(3) 活动结束后要及时做好收尾和完型工作(包括收尾时各项工作的分工，责任划分到个人)，班子成员依据本次活动总结本次活动的得与失。先由少先队辅导员反馈整体开展情况，其他班子成员针对得与失进行反思、总结。

(二) 项目二十九：校外研学课程

1. 项目要点

体验社会生活，享受研学乐趣。

2. 项目标准及要求

(1) 丰富学生的课余生活，拓宽学生视野。

(2) 扩大学生对外界的接触及认识社会的活动空间。

3. 项目责任人

业务副校长、少先队辅导员。

4. 团队职责与要求

(1) 业务副校长：做好过程督导，跟进落实、反馈。

(2) 少先队辅导员：负责活动落实，保证学生安全。

5. 项目工作流程

(1) 提前与承接单位对接，沟通活动的具体时间和活动安排。

(2) 对于远足的路线、路况等提前踩点，保证活动安全。

(3) 向参加的学生解读活动目的和要求，强调活动安全，时刻保持警觉，如有安全问题及时上报。

（4）活动结束时物品和垃圾归位。

（5）每项活动结束后，参加的教师带领学生对活动进行完型，分享感受，并以照片、读写绘、手抄报、文字等形式展示，学校以美篇形式对活动效果进行分享。

（三）项目三十：社团课程

1. 项目要点

营造社团环境，倡导自由选择。

2. 项目标准及要求

（1）环境要求

物质环境：社团活动地点干净整洁，材料准备充分，展示镜框及时摆放，课程内容板书美观，课程结束后，及时对所在环境进行整理、清洁。

人文环境：教师与学生有连接，学生在活动中专注、愉悦。

（2）课程要求

按照学期周次，制定每周课程计划（9.19—12.26，共十四周）；

学校进行一一审定；

每周课程按照计划依次推进；

环境准备：教室布置整洁、美观；黑板上书写：社团名称、社团内容、社团材料；

学生在课程中专注、愉悦、兴趣度高；

教师与学生有连接，能把握好课堂节奏；

每周社团结束后，以图片形式分享本次课程内容。

3. 项目责任人

课程室主任，少先队辅导员。

4. 团队职责与要求

（1）课程室主任：项目督导与课程计划安排。

（2）少先队辅导员：计划制定与活动落实。

5. 项目工作流程

（1）假期中每位教师进行社团课程方案的制定；

（2）开学前，由学校进行一对一的社团审定，围绕社团招募人数、社团每周课程安排、氛围营造、材料准备及需要学校提供的帮助、成果展示如何进行；

(3) 器乐类(小提琴、琵琶、二胡、古筝)及舞蹈类(大小班芭蕾、街舞)在开学第一周进行提前招募,第二周周三下午进行 3—6 年级的社团招募;

(4) 开学第三周开始进行社团课程;

(5) 每周由课程室主任负责全程督导,及时反馈;

(6) 每周一例会进行社团的集体反馈;

(7) 假期进行完型,并形成社团的小教材。

四、心成长的全方位行动

(一) 项目三十一:教师个人成长规划

1. 项目要点

对自我有清晰的认知,自我觉知度高。

2. 项目标准及要求

假期中,从课堂教学、认知儿童、自我探索等情况对自我进行评估,并针对现状选择下学期所读的书目、追随的名师、选书的理由,并按照月份制定切实可行的读书计划;开学初学校审定,通过成长规划,教师对儿童的认知、自我的认知、学科专业的认知进行梳理,对自己有一个客观地评估和评价。

3. 项目责任人

教导处主任。

4. 团队职责要求

教导处主任:对教师的个人成长有基本评估,对每位老师的人格状态有清晰的把握,能够对每位教师的个人成长进行审定并提出合理化建议。

5. 工作项目流程

(1) 假期中,每位教师填写个人成长规划表,制定个人成长规划。

(2) 开学初,对每位教师的个人成长规划进行一一审定。

(3) 依据个人成长规划对本学期每位教师的读书、课堂、认知儿童方面进行过程性督导,及时反馈、调整。

(二) 项目三十二:教师读书

1. 项目要点

让读书成为教师的生活方式,爱上读书,不断成长。

2. 项目标准及要求

根据对自己的评估,选择适合自己读的书,认真落实读书计划,形成读书秩序感。每人选报四本书:专业、认知儿童、认知自我、班级管理。

3. 项目项目责任人

业务副校长

4. 团队职责要求

业务副校长:对教师的读书情况进行客观评价,对教师的读书书目进行审定,并对教师的每次读书进行合理评价。

5. 项目工作流程

(1) 学期初审定每位教师的读书书目。

(2) 每周与3—4名教师依据读书计划谈读书。

(3) 依据教师的不同情况分阶段谈读书:开学第一个月,重点谈读书计划、选书理由及假期读书的感悟。督导重点是新教师、年轻教师及读书秩序感不强的教师,督促其按时读书、按计划读书,保证一学期与他们谈两遍。对那些很会读书的教师,一学期至少谈一遍,通过交谈,了解他们的读书方向,并及时把好的方法和好书推荐给别人。

(三) 项目三十三:校本培训

1. 项目要点

进行深入的自我对照,提高教师的自我觉知力和敏感度,活出真实的自己。

2. 项目标准及要求

专注地观看视频,讨论时做自我对照,积极分享。

3. 项目责任人

教导处主任。

4. 团队职责及要求

教导处主任:组织教师按时参加培训,积极参与讨论分享,并对每一个分享给出积极的回应。对每次培训进行总结提升。

5. 项目工作流程

(1) 创设温馨的培训环境。每周五下午,布置好环境——鲜花、音乐,为教师们创设一个温馨舒适的学习氛围。

（2）明确讨论、分享规则。观看视频后，明确讨论、分享规则，或两人一组进行讨论，或以组为单位进行讨论，让教师体验对学或群学的感觉。随机抽签分享，每人不超过五分钟，分享时做自我对照，不必面面俱到，重点分享自己有感觉的部分。分享没有好坏，真实就好。

（3）如有导读文章，需提前准备好资料，做到人手一份，保证学习效果。

（四）项目三十四：观察案例

1. 项目要点

观察反思，内视与自己、他人的关系。

2. 项目标准及要求

案例有主题，事件描述简要、清晰，分析有深度、有高度。

3. 项目责任人

教导处主任。

4. 团队职责及要求

教导处主任：认真审阅每篇案例，及时进行反馈总结。对不合格的案例进行个别指导并修正。

5. 项目工作流程

（1）案例书写要求：每周一篇观察案例，案例的内容要根据所观看的视频来写，要有事件描述、事件分析两部分。事件描述要简洁明了，分析要结合自己与工作、与学生的关系进行，不写家庭及他人。

（2）合理划分档次：根据每周案例书写情况，分优秀、合格和不合格三挡（+1，0，−1）计入每月量化。对那些书写不合格的，进行个别指导。

（五）项目三十五：新教师成长

1. 项目要点

积极参与读书、培训、教学教研活动，快速成长。

2. 项目标准及要求

举行新教师入职仪式，增强新教师的归属感；加强对新教师读书、教学教研活动的指导；落实青蓝工程，明确师徒结对要求；明确新教师基本功练习要求，加快成长步伐。

3. 项目责任人

教导处主任。

4. 团队职责要求

教导处主任:期初为新教师举行师徒结对仪式,每月督导师徒帮带情况。教导处参与教学教研活动的督导跟进。

5. 项目工作流程

(1) 举行新教师入职仪式:新教师自我介绍,教师自由提问,赠书,师徒结对。

(2) 做好青蓝工程:明确新教师的帮带师傅,明确帮带要求,每月检查帮带记录,即每周徒弟必须听师傅两节课,每周师傅听并指导新教师一节课,提升新教师的教育教学能力。

(3) 书记每月必须与新教师举行一次读书谈话活动,要求新教师写读书笔记。开学一月内听完所有新教师的课,了解新教师的课堂教学、管理情况。

(4) 基本功培训:每天写六个毛笔字、写一首诗练习钢笔字,每天按时收缴批阅。

(5) 读书培训:学校领导班子成员每天带领新教师读书,一天一章,快速读完《完整的成长》和《捕捉儿童的敏感期》。

(六) 项目三十六:家长学校

1. 项目要点

新生家长集中培训和2—6年级家长培训。

2. 项目内容

(1) 区域教育理念及学校核心办学理念解读。

(2) 在儿童入学前,家长和儿童应该做好哪些准备(物质和精神)? 如何帮助儿童建立安全感?

(3) 一年级新生如何适应新学校生活培训。

(4) 什么是智力的专题讨论。

(5) 儿童的敏感期理论培训。

(6) 主题课程和实体化培训。

(7) 各班根据学生家长的情况,制定合适的培训计划,选择合适的通读、导读文章和视频,每月按计划对家长培训一次。导读文章电子稿要提前发给家长,培训时家长带上纸质稿,要求人手一份。

3. 项目责任人

教导处主任,负责教师。

4. 团队职责要求

(1) 教导处主任:期初审定并按时上报各班培训计划。

(2) 相关负责教师:每月认真督导家长培训,观察家长的到会情况、讨论分享情况及教师的准备情况等;认真审阅家长培训观察报告。

5. 项目工作流程

(1) 学期初各班制定好家长培训计划及培训主题,选好导读文章和视频。

(2) 学校每月进行督导,观察家长到会情况、学习情况、分享情况和教师的回应情况,并综合各方面对教师进行量化考核。

(3) 培训结束后主持人要写出观察报告。观察报告内容:教师与家长的关系——教师如何看待家长,家长如何看待教师;家长与家长的关系;培训的主题是否合适,如何调整等。

五、心管理机制变革行动

(一) 项目三十七:教师行为规范

1. 项目要点

教师秉持"爱与自由"的教育原则,规范个人教学与班级管理行为。

2. 项目内容

(1) 语言规范;

(2) 教学规范;

(3) 班级管理规范。

3. 项目工作流程

(1) 在与学生的语言沟通中,传递师爱,帮助学生发展道德观、价值观;

(2) 与家长语言沟通,和家长共同实现对学生的尊重与接纳;

(3) 晨诵时间:室内,教师在教室内组织学生进行晨诵;室外,班主任对值日的学生进行劳动指导;

(4) 小课间时间:值班教师防止学生喧闹、追逐、打闹以及其他不良行为的发生,确保学生课间活动安全、有序。

（5）大课间时间：班主任老师提醒学生物品归位，带领学生按时到达操场进行大课间活动。

（6）课堂时间：教师认真做好课前准备，按时上下课，预备铃响任课教师即应到位，并检查学生上课准备情况和缺课人数。

（7）上午放学：班主任组织学生安静有序站队，并送出学校。值班教师在放学铃响前五分钟到值班岗位，保证放学时安全有序。配班教师在学生离开后检查教室的断电情况以及物品归位情况。

（8）下午放学：班主任组织学生放学，护送学生安全走出校门；值班教师管理好学生路队纪律，配班教师管理好学生值日情况，检查教室的门窗关闭、断电情况。

（二）项目三十八：管理人员规程创新

1. 项目要点

管理人员明确分工，密切协作，提高工作效率。

2. 项目内容

（1）校委会分工及流程；

（2）校长工作职责及流程；

（3）党建副书记工作职责及流程；

（4）行政副校长工作职责及流程；

（5）业务副校长工作职责及流程；

（6）教导主任工作职责及流程；

（7）后勤主任工作职责及流程。

3. 团队职责要求

（1）校长负责学校全面工作，把握学校办学理念，负责校园文化建设、课程开发、教师成长、学生成长。

（2）党建书记分管人事工作、校本培训工作、继续教育、督学、工会、少先队工作。

（3）副校长协助校长开展教学工作、招生工作、课堂改革、教师培训、安保工作等。

（4）教导主任协助业务副校长做好教学工作、教学常规、读书节、各类文化艺术节等。

（5）后勤主任协助副校长做好总务后勤工作、基建维修、校园绿化保洁等工作。

(三) 项目三十九: 规章制度保障

1. 项目要点

建设健全管理制度, 让"爱与自由"的教育教学改革各项工作有依据、有保障。

2. 项目内容

(1) 教育教学管理制度;

(2) 安全管理制度;

(3) 功能室管理制度;

(4) 环境卫生管理制度;

(5) 职能部门管理制度。

3. 项目负责人

分管领导, 任课教师。

4. 团队职责要求

(1) 保证各项日常教学工作有序高效开展;

(2) 为学生的成长提供"爱与自由"的环境;

(3) 为教师、家长和管理人员的成长提供有力保障。

5. 项目工作流程

(1) 制定各项规章制度;

(2) 执行各项规章制度, 在执行过程中持续反馈制度优势与完善建议;

(3) 根据阶段执行结果, 不断完善各项规章制度。

第四章　心教育之环境

第一节　心教育之环境的内涵

一、心教育环境的核心理念:有准备的环境

"有准备的环境"一词由意大利教育家玛利亚·蒙台梭利提出,她认为教育并不只有教师和学生两个因素,还有环境这一重要因素。在她看来,环境能够刺激儿童的内在潜能发展,对儿童的身心发展起关键作用,"只要准备一个自由的环境来配合儿童生命的发展阶段,儿童们的精神与秘密便会自发地显现出来。"在认识"有准备的环境"这一概念之前,首先需要厘清:儿童的成长是被教出来的结果,还是自我体验的结果?抑或是说,教育是一个单向传输知识技能个体被动学习的过程,还是在外部环境的滋养下个体主动生成发展的过程?随着教育内涵的拓展,这一点已经在学界和大众中产生共识——儿童的成长不是被教出来的,而是自我体验、发现、创造的过程。正如教育家朱永新所言:"人的完整性的最高境界就是让人成为他(她)自己——一个完整的自己,这也是教育的最高境界。"①因此,我们得出一个结论:成人所能做的,是从物质、心理、精神上给儿童提供有准备的环境,提供最大限度的支持,让他们得以发展自我,实现真正意义上的成长。

"有准备的环境"反映出多种理论的影响,首先是瑞士儿童心理学家让·皮亚杰的认知发展理论。皮亚杰认为,发展是一种在个体与环境的相互作用过程中实现的意义建构,这一观点摆脱了遗传和环境的争论和纠葛,从内外因相互作用的角度看待主客体关系。正如他所说:"从出生到成年,智力结构和图式是随着儿童自发地作用于环境,对环境中日益增多的刺激物进行同

---

① 朱永新. 新教育实验:为中国教育探路[M]. 北京:中国人民大学出版社,2017:16.

化和顺应而不断发展的。"①儿童在成长的过程中作为自主选择者,在积极环境的刺激下,能动地形成关于世界的一系列认知图式,继而通过同化、顺应、平衡实现发展。儿童心智的成长源自个体的感知和运动,在不断感知外部环境和获取主客体的交互经验的过程中促进心智发展和成长。依据儿童认知发展的特点,开发设计并提供给他们"有准备的环境",才是真正以儿童为中心,为儿童的生命成长服务。

其次是美国心理学家亚伯拉罕·马斯洛的需求层次理论。马斯洛将人的需要分解为生理的需要、安全的需要、归属与爱的需要、尊重的需要、自我实现的需要。他认为:"成长是生命历程中无时无刻不在进行的现象。"②从物质和精神方面开展自然、人文环境建设,统合教师、学生和家长,从不同层面满足儿童内部缺失和生长的需要,从而实现对于"健康人"的定义。

此外,还有英国精神分析学家唐纳德·温尼科特的客体关系理论。温尼科特强调环境在自体形成中的作用,所谓自体是指个体在主观上是怎样感觉的。在此基础上,他提出"促进性环境"("抱持性环境")这一概念。在心教育中,当儿童在情感上需要帮助的时候,如果能在周围环境中汲取情感的支持和包容,即周围人的宽容和关爱能够让他直接抒发情绪,那么儿童就能在自我调整中,从抑郁、愤怒的情绪中走出来,心灵得到净化和成长。正如温尼科特所说:"对于儿童来说,就是提供给他们一种连续感,以伴随他们经历到所有的变化。"③

最后是生态学理论的影响。"教育所在的环境可以称作是教育的生态环境,它其实是由环境的多种因素构成的对教育起多重作用的环境体系。"④教育的生态环境包括教育的自然环境、社会环境、规范环境,及教育对象的生理、心理环境。从群体动力学的角度来讲,通过环境的协调和整合,使儿童群体能够适应教育的目标和生态环境发展的需要。

马克思指出"人创造环境,同样,环境也创造人。"心教育所倡导的精心准备的环境都是基于儿童,所做的一切都是为了尊重在西工校园的每一个儿童,

　　①　B.J.瓦兹沃斯.皮亚杰的认知和情感发展理论[M].徐梦秋,沈明明,译.厦门:厦门大学出版社,1984:33.

　　②　亚伯拉罕·马斯洛.马斯洛谈自我超越[M].石磊,译.天津:天津社会科学院出版社,2014:52.

　　③　郗浩丽.客体关系理论的转向:温尼科特研究[M].福州:福建教育出版社,2007:49.

　　④　吴鼎福,褚文蔚.教育生态学[M].杭州:浙江教育出版社,2001:10.

这里面教师起到非常关键的作用。正如蒙台梭利指出的:"(环境)必须由理解儿童和了解儿童内在需要的教师来准备。"唯有教师真正懂得儿童的身心发展规律,才能为儿童创设出良好的外部环境。而陶行知也说过:"要解放儿童的头脑、双手、脚、空间、时间,使他们充分得到自由的生活,从自由的生活中得到真正的教育。"自由的环境是解开儿童成长密码的关键要素。

二、心教育环境的组成部分

心教育从整体上看共有两大组成部分,一是自然环境,二是人文环境。二者紧密相连并互相支撑,共同营造出友爱、和谐、平等、高尚、自由、尊重的氛围。同时,从校园文化、走廊文化、班级文化、办公室文化,乃至厕所文化中都能看到环境育人的表现。

(一) 自然环境

自然环境的核心是自然,通过景观的搭建,将儿童置于大自然的怀抱中,时刻与之共呼吸,体悟生命的美好。所谓自然教育,正是与宇宙万物建立连接,在发展中共同探讨未来,在交互中促进共同成长。当儿童看到生机勃勃的绿植,他会去看、去嗅、去触摸,然后发散思维产生联想。比如西工区大路口小学的教师在撰写儿童观察案例的时候描述了这样的情景:

> 小欣指着绿叶丛中璀璨绽放的火红的石榴花说:"原来石榴花是5月开花呀,我之前从来没见过,真好看!"小蒙拉着一枝低垂的枝条,瞪大眼睛,从上看到下,再从下看到上,若有所思地说:"小欣,你过来看呀,石榴花像不像一个小花瓶?"小欣走近后,也学着小蒙的样子,仔细看了后笑着大声说:"就是,就是,太像了!"小蒙伸出食指轻轻地触碰石榴花那娇嫩的红色花瓣,仿佛在抚摸一个新生的婴儿,脸上满是欣喜。她又轻轻踮起脚尖,把鼻子凑近花朵,闭上眼睛深深地吸了一口气,继而带着满满的满足笑着说:"哇,还有淡淡的清香啊!"她沉醉在这美妙的瞬间,过了一会儿,她忽然兴奋地说:"哎,小欣,我感觉这朵花枯萎后,留下的小花瓶长大后就变成了大石榴。秋天,我见过街上卖的石榴果,像一个圆肚子的大花瓶。"小欣听了也兴奋地说:"我也觉得是这样的。"她们看到我,就跑过来向我求证。我微笑着说:"是这样的,苹果树、梨树、桃树等都是这样的,它们的果实都是由花的子房发育膨胀而成的。"听了这些,两个孩子满意地笑了。

在整个过程中,小欣和小蒙对石榴花充满了好奇心和求知欲,她们在仔细观察后把石榴花比作花瓶,并轻轻地触碰娇嫩的花瓣,这种轻抚的动作展现了儿童对于自然生命的呵护。凑近一嗅,阵阵芳香袭来,表现出儿童对于美的热爱。令人惊叹的是,儿童能够充分联系现实生活,构建起石榴花和石榴的联系,并向教师求证,从而得到科学的解释。这种自我生成的历程体现出儿童与环境的联结,身体在自然中得以舒展,精神在自然中得以生发,儿童在持续的滋养中成长。

儿童对环境有天然敏锐的觉察力,这种觉察力基于他们对自然环境与生命无限的爱。美国学者生态心理学家罗杰克提出"生态潜意识"一词,认为由于自然进化、童年经验、工业文明、城市文明、政治等因素,导致人忠于地球、热爱生命的天性被压抑,因此成人不容易察觉环境所蕴含的丰富内涵。生态潜意识发展的关键阶段是儿童的生命期。[①]儿童泛灵论的特质更容易建立适应生态的自我目标,从懵懂接受环境逐渐到悦纳环境,在人与环境的对话中实现自我与环境的和谐。

心教育在自然环境的营造中重视"青"和"净"。明人张邦奇有诗言:"青草池边绿树枝,晴空白日飏游丝。"绿意盎然的自然环境可以使人在感受到勃勃生机的同时享受心灵的宁静。除此之外,"净"也是优美环境的必备要素。明人高攀龙有诗言:"心同流水净,身与白云轻。"置身于洁净优美的环境中,人可以真正敞开心扉,这就是我们常说的情景交融。值得注意的是,自然景观传递的美是一种永恒的价值,一个人只有感受美、体验美,才有鉴别和欣赏美的能力,因此自然环境对于师生而言就有了美育的价值。在西工区第二外国语小学的教师看来,花草和水系最能体现出这两个特征。只有花草没有水,就少了一份灵动;只有水而没有花草,就缺了一份生机,二者共同构成清新怡人的环境。静态的植物生命在流水的映衬下,愈显灵动与蓬勃。因此,第二外国语小学在校园里栽植出近30米长的"花墙",种植了不同品种和科目的植物,花开风起,氤氲着的甜美花香霎时间弥散到整个校园。而在繁密的花草与攀爬的藤蔓中,涓涓细流从仿古墙中缓缓流出,潺潺的水声绵延于耳,滋润和点缀着这些绿色的生命。

在西下池小学,除了遍布校园的树木花草,还可以看到多种庄稼、瓜果和蔬菜。玉米、大豆、花生、南瓜、西红柿、辣椒、向日葵……按班级划区分片种

---

①　朱建军,吴建平.生态环境心理研究[M].北京:中央编译出版社,2009:9.

植,这就是西下池小学的生态园。生态园里洋溢着生命气息,理所当然地成了"露天教室"。而校园里基于"沙盘游戏疗法"的沙池建设,就是将室内沙盘建到室外,进行了更具实效性的改造。孩子在沙池中自由挖掘、堆砌、塑形,有的挖地道,有的垒城堡,有的修公路,有的挖池塘……孩子们在玩沙的过程中建构着自己的内心世界,其内在的情绪得以宣泄、抒发。

(二) 人文环境

人文环境的核心是文化,通过营造富含人文性的氛围或是注入人文性的元素,使儿童接受文化濡染和人文关怀。文化是民族的血脉,是人民的精神家园。习近平总书记特别强调:"要更加注重以文化人,以文育人。"文化育人在新时代中彰显出独特的价值,成为立德树人的重要途径。文化的外在表现既可以是校园景观,也可以是走廊装饰,还可以是师生关系、同伴友谊,它无处不在,无时不体现出育人的功能。

校园景观因为有了文化内涵,才能真正发挥出应有的效果。以西工区实验小学的泮池、棂星门和西下池小学的石榴树为例。《礼记·王制》云:"大学在郊,天子曰辟雍,诸侯曰泮宫。""泮宫"是古代国家的高等学府,后来泛指学宫。而"泮池"则是指学校前的水池,古代士子在太学,可摘采泮池中的水芹,插在帽檐上,以示文才。因而古语有云:"入泮宫,出府学,上青云路。"古代入泮礼包括正衣冠、拜先师、洗净手、开笔礼诸多环节,严格的要求体现出学校对求学之路的极度重视。"棂星门"作为学宫的外门,是文庙中轴线上的牌楼式木质或石质建筑。传说棂星为天上的文星,以此命名意味着孔子为天上星宿下凡。这些传统的建筑蕴含着丰富的历史人文元素,它的作用在于能够唤醒儿童对传统文化的兴趣,继而愿意去接触和了解传统文化。试想上学的时候,儿童们结伴入泮时,都会情不自禁地放慢脚步、压低声音,因为他们察觉到自己已经进入了知识的殿堂,要全身心地投入学习。尤其对一年级的儿童们来说,他们可能有的一脸严肃,有的充满好奇,但入泮代表着进入到新的阶段——已经是小学生了。而到了毕业节,六年级的学生穿过棂星门就意味着要告别童年、告别浸润他们六年的校园,即将步入新的殿堂——中学。重视仪式是中华民族的传统,由仪式场合衍生出的仪式感是主体在仪式过程中内在的感性活动。有学者指出:"主体的内在情感自寻其与仪式的沟通点,从而将仪式中所预期达到的精神气韵导入人的情感体验系统,形成审美意义上的共情效应与认知意义上的共识效应的融合。"①

　　相比于实验小学的传统建筑,西下池小学的石榴树则被学校师生赋予了独特的价值意蕴。一棵石榴树,在师生的共同培育下成了校树,成了学校的精神支柱,下面是他们对于校树的解读:

　　　　(1)石榴树外表朴素,内在籽粒饱满,成熟之后,香甜可口,可以说有一颗"漂亮的心",这正是对学校的办学理念——"只有拥有一颗漂亮的心,才会拥有一个漂亮的人生"的形象诠释;

　　　　(2)在石榴树下的石碑上,记载着关于石榴树的传说:"石榴"原名"拾留",因一个姓石的老人把一个外来的孤儿留下来养育的传说而得名……,教育学生要有一颗善良的心;

　　　　(3)每年秋冬,石榴树上的果子都被风干了,但没有一个儿童去摘,他们说要留给小鸟过冬吃,这正是学校规则教育的成果。

　　在西小人的眼中,石榴树被整合成三个层次的意义:第一个层次是表层解读,针对石榴的自然特征,结合学校办学理念提出心灵美才是真的美;第二个层次是中层解读,针对石榴的历史传说赋予其精神特质——善;第三个层次是深层解读,针对石榴的现实状况,结合儿童们的行为语言,引出规则教育的内涵。

　　苏联教育家瓦西里·亚历山德罗维奇·苏霍姆林斯基指出:"儿童在他周围、在走廊的墙壁上、教室里、活动室里经常看到的一切,对他精神面貌的形成有重大意义。这里的任何东西,都不应是随便安排的,儿童周围的环境对他应有所诱导,有所启示。"人文环境不仅存在于校园景观中,还在教学楼内。走廊是师生的汇聚地,是个性化的教育场所。走廊文化包括经典音乐、经典名画、学生作品等,突出经典、生活、文化等元素。匈牙利作曲家弗朗茨·李斯特说过:"音乐是不假任何外力,直接沁入人心脾的最纯的感情的火焰;它是从口吸入的空气,它是生命的血管中流通着的血液。"音乐作为一门艺术,能够展现出人们内心深处的情感世界。优秀的音乐文化具有重要的德育价值和美育价值,对于塑成人格具有重要的作用。《小夜曲》《鳟鱼五重奏》《第二小提琴协奏曲》

_____

　　① 屈利明,梅小青.仪式感在当代高校思想政治教育中的意义、困境与重建[J].黑龙江高教研究,2019(10):129－132.

《匈牙利舞曲 5 号》等经典音乐使得儿童徜徉在艺术的海洋中,在不知不觉中感受到生命的律动,体验到生命的活力。在教学楼的每层走廊上随处可见经典绘画,如马蒂斯的《红色的和谐》、凡·高的《向日葵》、莫奈的《睡莲》、李可染的《斗牛图》,儿童在经典的滋养中成长,在大师的陪伴下创作出对于美具有独特解读的作品。在这些作品中,可以感受到儿童是天然的精神贵族,每一幅作品无不呈现出他们对艺术和美的理解。此外,经典电影同样是不可或缺的。教育部在 2008 年颁布的《关于进一步开展中小学影视教育的通知》中指出:"将影视教育纳入中小学教学计划,充分发挥优秀影片的育人功能。"[①]儿童细腻的感知在电影的世界中得到发挥,同剧中人物一起探索世界的奥秘,他们的精神世界在高品质的电影中得到扩展。

教室和办公室同样是孕育文化的场所。在教室中,用柔和的麦芽黄或象牙白为墙壁的主色调,有助于稳定人的情绪。学生的作业、照片、种植物、手工作品等贴近学生生活的内容,呈现在教室的每个角落。在教室环境布置上给儿童创设一个自由、美好的环境来配合其生命、个性的自主发展,尽可能给儿童提供一个经典的、人文的生态环境,让儿童生命和精神的秘密自发地显现。而办公室文化包括团队名称、口号、团训,目的在于弘扬团队精神。以目标、信念,公约、承诺,心语、心愿等为主题,因"地"制宜,因"时"而异,因"人"而异,因"境"而美。为每个办公室配备全套的学科专业书籍和认知自我认知儿童的人文、心理专业书籍,使教师在精神氛围中愉快学习、生活,提升教师的生命状态。

除此之外,可在人文环境中突出地域文化特色。西下池小学将"河洛文化"引入校园,致力于传承洛阳本土文化,给儿童们带来了解洛阳发展历史的机会。《洛阳日报》曾经报道西下池小学的河洛文化墙,墙面分为五大板块:洛阳形胜甲天下、洛阳帝都甲天下、洛阳牡丹甲天下、丝绸之路——东方起点、洛阳梦正香。师生们通过一面墙能够了解很多有关河洛文化的故事。五年级的学生朱××对"河图洛书"非常熟悉,他满怀自信地讲:"相传,上古伏羲氏时,洛阳东北孟津县境内的黄河中浮出龙马,背负'河图'。伏羲依此而演成八卦。大禹时,洛阳西洛宁县洛河中浮出神龟,背驮'洛书',献给大禹。'河图洛书'

---

① 教育部,国家发展和改革委员会,财政部,文化部,国家广播电影电视总局.关于进一步开展中小学影视教育的通知[EB/OL].(2008 - 07 - 01).http://old. moe. gov. cn//publicfiles/business/htmlfiles/moe/moe_1492/201001/xxgk_77654. html.

在数学上叫九宫格。《易·系辞上》说'河出图,洛出书,圣人则之.'"[①]让河洛文化的基因留存于儿童的血脉当中,由爱一人,到爱一城,再到爱一国,这是重要的升华,是人文环境育人最真切的体现。

值得注意的是,人文环境还存在于心与心的联结中,包括人际关系环境和个体内在环境两个部分。儿童在关系中照见自我,在关系中成长。在所有的关系中,与人的关系最重要。而教师和家长,在关系中具有更重要的作用。因此,教师的自我成长和家长的自我提升对于孩子来说,都是在提供有准备的成人环境,促进孩子更好地成长。前者主要通过三个途径:一是促进教师生命成长,使教师能够认识到教育的终极意义在于激发个体生命潜能,提升个体幸福感,师生之间是平等且相互尊重的关系;二是促进儿童自我生成,让他们在爱与自由、规则与平等的原则下成为受人欢迎的人;三是促进家长自我觉察,认识到家庭教育并不是简单的说教,而应像照料花草一样,给予适应生长的阳光和水分,同时保持一定的距离感,不控制儿童的意志。总体来看,在这些基础条件得到满足之后,心与心之间便能够搭建起桥梁,在平等且温馨的氛围中建设相互接纳、认同、理解、赏识、信任、友善的人际关系。后者主要指的是儿童能在环境的濡染中得到精神的满足和成长,最终实现内心的平和、宁静、愉悦、幸福。西小石榴树下的铜雕展现了这一点:一只母鸡带着一群小鸡散步,小鸡姿态各不相同,或相互争食打架、或原处发呆、或独自玩耍,各得其乐,但没有任何一只走出母鸡的视线。这样一组有趣的铜雕,将西下池小学的办学理念诠释得生动鲜活。儿童们如同一只只小鸡,有着自己独特的个性和行为,在母鸡创造的自由环境下,可以做自己的主人、支配自己的行为,同样,学校允许儿童们以各自的形式呈现最真实的自己,在不出"圈"的规则下得到自由的发展。[②]

三、心教育环境的基本特征

李艳丽指出,"如果儿童是喜欢的,那这个地方就做对了……如果儿童对这个地方完全没有感觉,这就需要调整,调整到儿童喜欢为止,这是我们做环境文化的一个基本要求。"基于儿童的兴趣喜好,西工区心教育在环境建设中

---

① 杨寒冰,张学争. 根在河洛,做根植于生命本源的"心教育"[N]. 洛阳日报,2017-01-05(1).
② 弯继伟. 洛阳市西工区西下池小学:原生态环境,让学生"随心"成长[N]. 东方今报,2014-04-03(1).

有三个非常突出的特质,即生态化、生活化、经典化,在此指导下,环境不再只是一道供人欣赏的风光,而是可以影响儿童成长的关键点。

(一)生态化

梭罗在《种子的信仰》里有这样一段描述:"如果你在地里挖一方池塘,很快就会有水鸟、两栖动物及各种鱼,还有常见的水生植物,如百合等,你一旦挖好池塘,自然就开始往里面填东西。"心教育经过十余年的发展,在校园里形成了一个系统的生态环境。从表层上看,环境的生态化指的是自然、人文生态的平衡与和谐;从深层上看,环境的生态化指的是物我合一的精神协调与生长。两者立足于不同的层面,最终实现由身体向精神灵性的发展。

前者最典型的便是西下池小学由 24 道景观建构的"儿童世界"。西小的老师认为,让校园成为学生最留恋的地方,是改造校园环境的理想。如何才能够让学生留恋呢? 营造一种完整的自然生态成为了解锁心教育基因的密码。从 2005 年开始,以校树、秋千、沙池为代表的自然、生活、人文等 24 道景观,成为配合儿童的成长、让他们生命和精神的秘密自发显现的心环境。当前社会,经过工业化的洗礼后,人类与自然越来越疏离,而心教育所做的正是纠正这样的错误。李艳丽指出:"这样的生态环境拉近了儿童与自然的距离,让学校回归到生态教育的起点。"

后者最典型的是生态教室。生态教室,顾名思义,就是突出学习环境的生态性。西小在建设生态教室的过程中始终秉持色彩、环境、引入经典这三个要点,突出教室布置过程中的学生主动性,即由学生自己构思、自己动手,打造符合儿童审美的环境。一方面,各班教室里都摆有花草,这些花草很多是由学生自己带到教室中,每天专人呵护,不仅让教室充满生机和情趣,同时也传递着人与自然的和谐,表达儿童们对自然、对生命的热爱。西工区凯旋路小学的老师在环境观察案例中这样写道:

> 有了花的牵挂,儿童们在课间不再追逐打闹,而是对各种花的关心与管理。
>
> 绿萝需要换水了,儿童们两人配合,一人端起花盆,一人护着绿萝垂下的藤蔓,像护花使者似的护送绿萝到水池边,用剪刀剪去黄叶,扔到垃圾斗中;洗干净花盆和绿萝青翠的枝叶;接入半盆干净的自来水,护送绿萝回教室。
>
> 金色的阳光洒满校园的时候,儿童们把班里的花搬到教室外面

的走廊上,让鲜花、绿植享受阳光的照耀;下雨的时候,儿童们也会把班里的花搬到教室外面的走廊上,让鲜花、绿植享受雨露的滋润;刮大风的时候,儿童们把走廊里的花搬到教室里,让鲜花、绿植免受大风的侵袭;打扫卫生的时候,儿童们会小心翼翼地挪动鲜花、绿植,打扫干净地面的灰尘和水渍,给鲜花与师生一个干净舒适的环境。

鲜花装点了教室,也净化了儿童们的心灵。擦黑板,清清爽爽;擦桌子、窗台,一尘不染;扫地,干干净净;拖地,拖得能照见人影。

三三班的鲜花、绿植在儿童们的呵护下长势喜人!三三班的教室内外环境在儿童们的努力下令人赏心悦目!

此外,学生们的作品、制作和作业都成为教室文化的主要内容。"我是小画家""心灵手巧""秀秀我自己"等板块,从不同方面展示了学生的个性与才艺。学校还着力打造"阅读微空间",空间虽小却包罗万千,成为一个富有凝聚力的学习共同体。一个个教室成为开放式的小型图书馆,学生在任何时间、任何地点都能看到喜欢的书籍,可以选择绘本、漫画、名著、传记各类读物,领略自然、科技、地理、人文、历史各类书籍,儿童的内在阅读秩序感在这一过程中被培育,通过轻松自由地阅读,享受精神的愉悦,积淀文化素养与品格。

(二) 生活化

20世纪美国著名的教育家约翰·杜威提出"教育即生活"这一伟大的观点。杜威认为,传统教育将学校与生活人为割裂开,这种现象不符合社会发展对教育的要求,也不利于儿童的身心成长。儿童的本能生长总是在一定的环境下进行的,教育的过程就是生活的过程,所以教育必须与生活相结合,教育要融入儿童的生活中。在此基础上,杜威进一步提出学校应当成为儿童生活、活动的场所,使人人在生活过程中学习,通过精心组织一定的条件使儿童获得丰富而有意义的生活经验。心教育对于环境的营造就是一个让儿童在生活化的环境中成长的过程。生活化的重点有二,一是体验了解,一是融入思考。

首先儿童要将环境纳入自己的视野中,本着一颗生活的心去感知,与生活建立连接。例如,我们可以通过白马小学教师的观察来看儿童们是如何认识向日葵的。

同学们各自举手:"花瓣是鲜艳的黄色,中间有个盘子是棕色的,有密密的花蕊。""有的个子高,有的个子矮,它们的茎很粗,很直,上面有很多毛茸茸的刺。""它们的叶片都很大,像个芭蕉扇!""有的花盘大,有的花盘小,看起来就像冲着我笑。"

儿童们的观察都很生动、细致。我又问:"它们像不像我们的朋友呢? 当你看到它们站在一起,你有什么感觉呢?"坐在身边的小辰抢先发言:"我看它们就像一队士兵哥哥,站得笔直,姿势挺拔,很让我敬佩。"小卉闪着一双萌动的眼睛:"老师,这向日葵我从很早就注意看它们了,那个栽花叔叔一直在细心地照护它,刚开始从泥土里长出两片绿油油的嫩芽儿,慢慢长高,长出叶子、花盘来。比我长得快多了,我想像它那样长得高高的,快快的!"说时手臂上伸,做了一个拔高的动作,小伙伴们都笑了起来。

向日葵是一种常见的植物,教师在写生课上积极引导儿童观察向日葵的颜色和形状,非常重视儿童的感官体验。儿童天生对世界带有好奇与善意,他们不带任何功利性地感知事物的整体,其与生俱来的感知力是学习能力的源泉。在感知力的基础上,儿童联系生活中的成长话题,实现了环境内化的第一步。

接下来,在初步联想的基础上,引导儿童继续对环境事物进行思考,自然而然地得出生活的真谛。正如这位教师在总结中说的:"凡·高通过创作向日葵向世人表达了他对生命的理解——怀着感激之心对待家人,怀着善良之心对待他人,怀着坦诚之心对待朋友,怀着感恩之心对待生活。同学们,原来向日葵有这么多美好的寓意,它像我们人一样具有坚定的品质,我们应不应该向它学习呢?"万事万物皆有韵律,一草一木皆为道理。要培养学生"面对一丛野菊花而怦然心动的情怀",这种情怀包含着对生命的尊重。当一个人充满了对小草、小动物生命的关怀,那么他对人的生命才能真正尊重。正是源于这种尊重,师生从没有去随意摘过一朵花、一个果,都是让生命自由成长至自然坠落。而这种尊重正是在生活化的环境中实现,生命的活力也是在生活化的情境下生发。正如李艳丽一直认为的,一所学校内的一草一木,不能纯粹做成用于观赏的园林景观,要让其与儿童的学习和生活产生联系,作为一门课程的延伸,成为伸手可及、能够近距离接触的课程景观,这样将有助于激发、增长儿童的个性。

(三) 经典化

什么是经典? 它既可以是权威的、具有深远影响力的专业典范,又可以是广为流传的、经久不衰的万世之作。2017年央视曾有一档栏目——《朗读者》,通过朗读一篇散文、一首诗或者一封家信、一段电影剧本,把观众带入历史情景之中,感受文化的魅力。

心教育所倡导的经典化环境是通过名画、名曲、名著营造出经典的氛围。主要做法包括挑选一大批世界经典名画,悬挂在教学楼的墙上,并且定期更换。这样的做法一度引起了教师们的非议,有教师质疑凡·高的作品学生们是否能够读懂。李艳丽的理解是:校园里呈现的并不一定都要学生理解,正如教师需要蹲下来与儿童对话,但有时候也要让儿童们踮起脚尖与成人世界对话。为了方便儿童更好地观赏与学习,每一幅名画的下面都标注着主要信息,包括画家的背景简介以及个人的绘画风格。除此之外,她还要求学校每周都要放一部经典电影,每一节音乐课都要有名曲欣赏的时间,早上、中午、下午课间是音乐名曲的播放时间,在频繁的活动中儿童逐渐实现对经典资源的整合和转化。通过经典的引入,学生在日常生活中能够随时随地近距离接触经典绘画、音乐、影视、文学作品,这对于丰富儿童们的精神生活,激发灵感和创造力有极大的帮助。

经典化相对于生态化和生活化,本身带有独特的取向,它自世界文化瑰宝的汇聚之地走来,带着对人类最深的关切,将人文主义的种子洒向人间。儿童在经典化的氛围中,并不是懵懂无知的,伴随着自我理解和成人引导,他们能够逐渐在内心深处平地拔起一座人文大厦。有一位四年级的小学生写道:"走廊上的世界名画将这个家园装饰得别有情趣。站在这些画前,我的心仿佛在飞,飞向那令人神往的美丽世界,去探寻我们生命中的真善美;站在这些画前,我的心又仿佛是静止不动的,那画中人仿佛就是我,在专注地读书,在深深地静思,在无限地陶醉。"经典的意义正在于欣赏,而欣赏真正的意义在于通过感知和想象营造出高级的艺术氛围。儿童融入经典中发现美、感受美并学会追求美、创造美,在自己精神胚胎的引领下找到自我,在积淀文化品格中满足对宇宙万物的好奇心。

第二节　心教育之环境的原则

走进西工的任何一所学校,你都会忍不住放慢脚步去静静欣赏,细细感受:独特的校园景观,柔和的灯光色彩,窗明几净的教室,令人心动的功能区,触手可及的书籍,散发着魅力的名画,生机盎然的绿植,彰显个性的作品,温馨可爱的布置,悦耳动听的名曲,彬彬有礼充满活力的儿童……一切都是那么自由真实、自然和谐、经典美好。凡是到西工区学校参观过的人,都纷纷称赞这里的校园是儿童愉快生活的乐园,是充满生机的学园,是师生共享精神生活的家园。这便是西工区倾力打造的"心环境"的立体呈现。为什么能产生出这样的效果? 其中蕴含三个关键原则。

一、真实与自然

蒙台梭利认为,在儿童的成长过程中环境必不可缺,而儿童需要的环境应该是富有生机、自然、真实的,这样的环境能让儿童在其中获得更加真实的体验。在她看来,真实体验分为两个方面:一方面,活动室里为儿童提供的教具应该是真实的、可操作的;另一方面,户外环境应是真实自然的。

(一) 真实

心教育在课堂环境中强调"概念为本、实物教学"的理念,实体化的价值取向使教具的使用在教学过程中非常重要。在语文、数学等课程中,学校准备了丰富、真实的教具,实物配对方便儿童建立清晰、准确的概念并形成学科逻辑思维,逐步学习分类概念,再整合概念,进而形成整合的思维能力。比如在学习《认识钟表》的课堂上,教师会拿着真实的钟表用三段式教学的方法,让儿童认识时针和分针,即这是时针——哪个是时针——这是什么针,帮助学生建立清晰的概念。而每逢整时教师会指着钟表让学生观察表盘,并用清晰简洁的语言表述。如时针指向 8,分针指向 12,现在时间为 8 时。请同学们观察并体验当下的时刻:外界环境如何、太阳的位置、其他学生做些什么、老师做些什么、我的感受是什么等。实体化教学使得数学学习更加简单高效,富有趣味,儿童通过亲身体验和动手操作,不断探索数学王国的奥秘。

除此之外,心教育还突破传统教具的限制,在非学科课程上借助各种形式和事物努力营造真实情境。苏霍姆林斯基说:"儿童所处的环境,应该召唤他向往某种事物,教给他某种东西""学校所做的一切,都应当包含深刻的教育意义"。传统节日中所蕴含的民族文化的优秀传统,是对青少年进行思想道德教育的宝贵资源。[①] 自党的十七大明确提出"弘扬中华文化,建设中华民族共有

① 中宣部,中央文明办,教育部,民政部,文化部. 关于运用传统节日弘扬民族文化的优秀传统的意见[EB/OL]. (2005-06-17). http://wap.moe.gov.cn/jyb_xxgk/gk_gbgg/moe_0/moe_495/moe_1079/tnull_12331.html.

精神家园"的要求之后,教育领域掀起复兴传统文化,弘扬民族精神的浪潮,心教育中的节点课程正符合这一要求。所谓节点课程是以重大节日、纪念日为契机,组织开展丰富多彩、形式多样的系列主题教育,让节点教育成为儿童成长关键期的及时雨,培养有民族根基的现代人。比如在感恩孝亲周的策划上,让儿童穿汉服、读祭月文、焚香拜月,营造庄重、深情、热烈的节日气氛,重温古人对月亮的尊崇与敬重,表达人们美好的心情和对未来的憧憬。活动中,儿童和家长一起赏月、包饺子、吃月饼、唱歌跳舞、吟诗作画,开展"一日护宝""角色互换""每日一抱"等活动,激发儿童的善性,使其了解、感受父母之爱,增强情感体验。

（二）自然

蒙台梭利指出,"人总还是属于自然,特别是当他在孩童时期,更必须从自然中获取力量以发展其身心。社会生活必须符合人的自然活动的表现。"因此,让儿童在大自然中成长是教育的一个重要命题。环境的真实是儿童认知的条件。心教育不遗余力地打造真实自然的环境,西下池小学的星光长廊就是一个非常典型的例子。长廊主体是用俄罗斯红松木和云杉木建成的,当初建造这个长廊时,许多人不理解,为什么一定要用实木,而不用成本低、更牢固、更美观的材料?理由很简单,实木材料具有生命的质感,能够让儿童获得更加真实的体验感。

法国教育家卢梭认为教育的最高目的在于培养自由的人。儿童是"自然之子",唯有创造出整体的自然,才能让儿童亲近自然,贴近自然生态、和谐地融入自然。东下池小学"生态型校园、绿色校园、园林式校园"的校园文化理念正是自此而来。学校北面有一座被称为"圆梦阁"的花园,百日红、红叶李、紫藤、葡萄、竹子、小叶女桢、月季、麦冬草……园里四季花草树木郁郁葱葱,儿童与自然植物为伴,与自然界生命一起成长。而"景观水池"中的假山旁种植着几株睡莲、荷花,金鱼在水里游来游去,动静结合,相衬相映。养鱼、清洁水池都是儿童们感兴趣的事情,他们在实践中体验真实的生活,感受自然的美好。

二、结构与秩序

社会中不能缺少结构与秩序,教育中亦是如此。心教育所倡导的环境建设并不是一个简单的叠加,而是具有一定的结构。从宏观层面上看,结构与秩序指的是环境建设的内容满足人的整体发展需求;从微观层面上看,结构与秩序指的是环境建设细化后展现出的特点符合人对生活秩序的基本要求。

（一）结构

宏观层面从马斯洛需求层次理论来区分,可以把环境建设分为五个模块,分别是生理环境、安全环境、情感归属环境、尊重需求环境和自我实现的环境,这五个环境相互支撑,不断提升师生的物质和精神体验,推动整体结构的完整。首先,生理环境要突出人的基本需求,落脚到学校就是强调食堂建设、午休茶间等基本需求的保障,保证营养健康的餐饮、舒适的休息场所为儿童的生理成长打下坚实的基础。其次,安全环境主要针对的是校园安全,包括基础设施建设和校园安全教育,通过学校提供的安全教育保障措施让儿童在学习中获得安全防范的各种技巧。第三,情感归属环境依靠教师对于儿童无限的爱,通过"爱和自由"的培训活动,教师真正理解儿童、接纳儿童、公正对待儿童,营造出让儿童情感有所归属的环境。第四,尊重需求环境可以从课程活动中得以体现,比如在学校的选修课中,学生以兴趣为中心凝结成的一个个小组,每个学期后学生可根据自身情况选择是否更换,儿童在追求兴趣爱好的同时其成长需求得到满足。最后,自我实现的环境,心教育在潜移默化中播下种子,让儿童收获健全的人格、健康的体魄、满满的幸福、好学的热情,为未来发展打下坚实的基础。

微观层面,主要是指物品的整理与归类都遵循一定的结构。从《西工区环境卫生、文化建设工作实施方案》中可以看到这样几条规定:环境卫生方面桌凳、柜子、卫生用具、教具等物品干净整洁,摆放整齐有序;文化建设方面校园色彩搭配协调、雅致,区域设置分明,物品摆放整齐有序,标识精致,环境高雅有品位;校园整体布局合理,教室、功能室、办公室内区域分明。心教育对结构的要求非常细致,"从教室到走廊,从功能室到洗手间,从楼梯到校园,从每一面墙到每一棵树,小到门牌、窗台,大到校园整体布局与设计,都需要成人的精心安排,从儿童的感觉出发、从儿童的需求出发进行设计。"①一切严格的要求都是为了让儿童感到舒适,让儿童能够充分发挥自身的感知力去认识事物,同时这样的结构感也能够使其对"规则"有所理解。

（二）秩序

法国哲学家亨利·柏格森说过:"秩序是主客观之间的一致,是在事物中发现自我的精神。"心教育对环境组织及结构化呈现很好地佐证了这句话。儿

---

① 李艳丽.为儿童提供有准备的环境——培育自由而全面发展的人[N].中国教师报,2018-01-31(14).

童在与客体的对话中获得协调，与规则秩序达成一致，正是自我成长的重要体现。对于儿童来说，2—4岁出现"秩序敏感期"，在这个阶段，事物的秩序和规律可以帮助儿童建立最初的逻辑感，提升认知。而在后续的学校教育中，保持这种良好的状态非常重要，因此需要在环境中，让秩序伴随儿童生长。秩序是一种引导力，西工凯旋园学区制定的教师规则和学生规则，时时刻刻彰显出人文色彩。教师规则中的第一句话是"以最和善的态度对待儿童，并将你最好的一面自然地呈现出来。"而学生规则的第一句话是"规则核心：不伤害自己，不伤害他人，不伤害环境。在合适的时间、地点做合适的事情。"这些看似冷冰冰的规定，背后却反映出对人的尊重。"请倾听""请等待""请归位"……无论做什么事情，都要遵循相应的秩序，比如荡秋千，既要遵循先来后到的原则，又要约定荡秋千的次数。只有形成一定的秩序，才能够保证人人都有发展的机会。同时秩序也是一种惩戒力，制定规则就必须要遵守，违反规则就要受到惩戒。《关于深化教育教学改革全面提高义务教育质量的意见》中提出保障教育惩戒权，把握惩戒尺度，合理运用惩戒手段，是儿童成长的护身符，能够在保护他人的同时改善自己。

西工区第二外国语小学的校长发现总是有学生早上迟到，有的儿童更是经常迟到，虽然学校和家长采取了批评教育的方式，但总达不到想要的效果。经过分析后，她发现低年级儿童的时间概念和守时观念还没有形成，很难从自我认知和约束层面做到让自己不迟到，所以依靠家长和教师的不断提醒与督促，效果相对显著。但高年级的儿童具备一定的自我分辨、自我约束能力，如果经常迟到则是主观认知的问题，所以单纯依靠督促提醒和批评教育是不行的，这些都不能触动他内在的自尊与羞耻感。那王校长他们是如何解决的呢？

于是，我们规定，凡是迟到超过三次的学生，就提交学校处理，处理的办法是：在升旗仪式上为全校同学做关于"遵守时间"的演讲。这样做的用意在于，我们给儿童赋予的是宣讲员的身份，他不至于太没面子，但他知道之所以让他上台演讲是因为他经常迟到，他明白这是对他的一种正面的惩罚，因为要脱稿，要面向全校学生，他要花时间做准备，同时要承受上台演讲的那份紧张，这些都将会成为他由于迟到而付出的代价。这种体验会使他不敢再迟到。

可以看到，这样的做法既能够维护学校的秩序，让学生不敢再迟到，同时也维护儿童的自尊心,让他们能够更平和地接受惩罚。当然,一切措施的最终目的就是要使秩序真正扎根于学校,扎根在每个儿童心中。

三、美与氛围

蒙台梭利认为儿童对暗示具有很强的敏感性,而这种内在的敏感性能够促进儿童的心理发展,我们称之为"对环境的热爱"。在一个不受约束的、与年龄相符的环境中,儿童的精神生命会自然地得到发展,并呈现它的内在秘密。

(一) 美

什么样的环境才是不受约束、适宜于儿童年龄的环境呢? 每个人都有不同的看法,但是这些观点都会有一个共同的特质,那就是"美"。在《文艺对话集》中,第俄提玛对苏格拉底说:"(一个人)凭临美的汪洋大海,凝神观照,心中涌起无限欣喜,于是孕育无量数的优美崇高的道理,得到丰富的哲学收获。"[①]无论是成人还是儿童,天生是爱美的,只不过在社会化的过程中,美容易被其他事物所遮蔽,这也是为什么人常说儿童有一双发现美的眼睛。

美存在于自然之中。白马小学有旱溪花境,利用砾石树皮等覆盖物将地面分区,在各分区内放置不同形状的置石和宿根花卉,以及矾根、柠檬女真、银姬小蜡等多年生植物形成形似溪流与植物的组合花境,背景墙上爬满了爬山虎和爬藤月季,呈现了立体与平面、生态与雅致、清新与自然的和谐景象;外国语小学有瓦罐水景,那里的铜钱草、葛蒲长势茂盛,罐间流水潺潺,罐中鱼儿嬉戏,形成一幅美妙的中国画;邛山路小学有怡心园,园中有高大的乔木,如红叶李、核桃树、桑树、杏树、棕榈等,有郁郁葱葱的灌木,如金边黄杨、重瓣棣棠等,还有铺满地面的蓝色鸢尾、红色酢浆……每一所小学都有不同的风景,这些风景都是大自然最亲切的呼唤。

美还存在于人文中。区实小的"红色长廊"里既有习总书记对教师的殷切教导和期望,又有学校党建和教育教学工作相融合的先锋人物事迹介绍,它是师生爱党、爱国教育的阵地,时刻提醒教师"不忘教育初心,牢记育人使命",提醒学生不忘肩上责任,为建设强大祖国储备力量。凯旋西路小学的三心图浮雕展现"真爱心育人、诚信心做人、感恩心待人"的"三心教育"。其右侧的太阳展现出对大地万物最无私的真爱;中间等比例放大的指纹是学校秉承教育理念的信心和决心,是凯旋人如山的诚信之心;左侧的三羊图乌鸦图是羔羊跪乳

---

① 柏拉图. 文艺对话集[M]. 朱光潜,译. 北京:人民文学出版社,1963:272.

和乌鸦反哺的故事,体现感恩之情;贯穿全图的 S 型动感祥云,自然、流畅,表现出天、地、人物的和谐。

（二）氛围

有了美之后,如何将这种美的氛围更直观地彰显出来呢？此时,教师的作用就凸显出来。第一,教师要营造美的事物;第二,教师要创造美的价值;第三,教师要引导美的视角。孙瑞雪指出,"老师就是环境中流淌的河,如果老师不断地发展自己,整个环境就会变得有生机。"①儿童在富有生命力的环境中能够充分发挥自己的潜能,而教师需要做的首先是营造出有生命力的环境,在某种程度上,生命力是一种美。当环境充满美的气息后,我们要将这种美进行包装。西下池小学的石榴树、凯旋西路小学的三心图……每个景观都拥有独特的价值,这种价值使得美带有教育意义,像一条欢快的小河流淌到儿童内心深处。最后,教师要充分发挥成人的作用,帮助儿童增强感知能力。邙山路小学在怡心园开设植物类课程,荷叶盛开后有荷叶茶课程,玫瑰怒放后有玫瑰酱课程。当春天来临时,儿童们采摘桑叶,养蚕,观察蚕宝宝孵化—幼虫—成虫—吐丝—结茧的整个过程。在这里,儿童们能感受自然魅力,探索自然之美。

苏霍姆林斯基指出:"我们的教育应当使每一堵墙都说话。"一花一草、一砖一瓦亦是如此。在自然美和人文美的作用下,一个富有生机的积极向上的氛围就形成了。在生态园中,"以果喻人,以蔬伴人"的氛围在四季中流转:

> 春天,儿童们在观察果树冒芽、爬藤植物蔓延,养护绿植的光景中体验万物的点点复苏;夏天,儿童们目睹在光照与热量法则下,花儿朵朵绽放、植物肆意生长,体验夏天的炽热与生命力;秋天,儿童们在阵阵果香中采摘果实与蔬菜,体验一分耕耘一分收获的快乐;冬天,儿童们在感知生态园由欣欣向荣到萧瑟的变换中体验生命的四季变化。

在教室里,"润物无声,和美恬然"的氛围在课堂上弥散:

> 每天早晨走过二年三班时都会看到干净整洁的教室、整齐的桌

---

① 孙瑞雪.爱与自由[M].北京:中国妇女出版社,2013:139.

椅,听到若有若无的音乐。每每走进这个班,总会给人一种舒适、安稳、平静的感觉:讲台上摆放着开着小花的绿植;窗台上一盆盆学生带来的绿色植物,被精心照料;墙上一幅幅儿童们精美的作品;大屏幕中老师精心设计的晨读课件;儿童们自然而又不失规则的内在秩序。一切的一切随着柔美的轻音乐流淌在儿童的内心中,让人很容易投入到文本中。儿童们倾听时,坐着的、趴着的、托着腮帮子的,都目不转睛地看着台上的沈老师,沈老师真实、自然的声音如流水般被儿童们接收,那一刻环境、儿童、老师浑然一体,达到无与伦比的精神境界。

看!美与氛围,正在引动儿童的生命力,让师生们的心贴在一起,共同感受这个世界的善意,为未来的生活进行充分的准备。

第三节　心教育之环境的建构案例

一、自然校园建构案例

蒙台梭利指出:"儿童时期是属于自然的一部分。"营造良好的自然校园能够帮助儿童更好地认识自然,和谐相处。心教育理念下的西工区学校对自然的解读和构建无疑是成功的。下面以西下池小学和芳林路小学为例,从学校教师的视角出发,探寻自然校园是怎样建构的。

(一) 西下池小学:24 道景观建构的"儿童世界"

这个只有七八亩大的袖珍学校里,有秋千、沙池,有"和平鸽苑""吉祥兔屋",有松树、柿树、樱桃树、梨树等 28 种树木、11 种农作物,还有学生亲手为鸟儿搭建的"鸟巢",可谓"一步一景,处处皆文化"。

校园里的第一处景观是一棵石榴树,这是学校的校树,每一个儿童都会充满遐想地讲述关于石榴树的传说……校园里大小几十棵树,每一棵都有一个精美的树牌,树牌上的小知识为儿童观察世界多开了一扇窗;操场上由 13 棵杨树组成的"文化林",每一棵树记载有一个与十三朝古都洛阳的历史相关的成语故事。教学楼前有 6 棵龙爪槐,像 6 把翠绿的大洋伞,下面掩映着 6 组文化小桌凳,这里有达瑞 12 岁成为畅销书作家的小故事,也有大象的鼻子为什么那么长的小知识。这样的生态环境拉近了儿童与自然的距离,让学校回归到生态教育的起点。

校园里专门开辟出一块"生态园",每个季节都会种上不同的农作物,有麦子、谷子、玉米、花生、芝麻等。这些植物组成的生态园是儿童们的"露天教室",他们每天都会去看望、观察和陪伴这些不说话的生命,并精心照料它们。西下池小学要培养学生"面对一丛野菊花而怦然心动的情怀",因为这种情怀包含着对生命的尊重。

纯木结构的"星光长廊"是学生们最留恋的景观之一;长廊两侧的内壁上是儿童们对学校生活的真实感言,被有心的教师制作成了水果、星星、心、大拇指等形状,可谓是"群星闪烁"。

操场南边的一面墙壁画有"九宫图""数学迷宫"等各种图案,是一片神秘的"数阵公园",也是学校根据"河图洛书"研制的与"数阵"有关的数学游戏区。

(二)芳林路小学:让每一个生命自由成长

在环境建设中,站在儿童立场,力求营造富有人文精神的校园环境文化。当你走近芳林路小学,透过学校的栅栏,你会看到操场两侧杨柳婆娑,绿树成荫;学校两侧花坛里的玫瑰花傲然怒放,散发出迷人的清香;整齐的教学楼与办公楼依次排开,使宽敞的校园一览无余;操场上,儿童们无忧无虑地嬉戏,鸟儿自由自在地栖息……进入校门,首先映入眼帘的是"芳林花镜"。郁郁葱葱的植物、五彩斑斓的鲜花、忙碌的蜜蜂、跳舞的蝴蝶,一阵微风吹过,清新的空气伴着花香,令人心旷神怡,美丽的花镜给整个校园穿上一件美丽的衣裳,气质独特、四季更新。同学们在校园写生课上,更是记录下了它在儿童们眼中不一样的美。每年的艺术嘉年华作品展,也总会看到它的身影,春天的勃发、夏天的怒放、秋天的理智、冬天的坚毅,儿童们笔下的它美得与众不同,那是一种催人向上的力量,那是一种精神风貌的展现,更是一种生命状态的彰显。

紧挨着花镜的"芳林大道"是儿童们喜欢的去处,木头做成的栈道平整宽阔,旁边整齐排列的大树在炎热的夏天,用它健壮的身体为儿童们撑起一把巨大的遮阳伞,让儿童们在伞下尽情玩耍。这里还是每个学期社团招募和期末作品展的主要区域,如同两侧的大树一样,它记载和见证着儿童们的成长。栈道的东边是一条石子小路,给整个的区域增添了一份古朴、原生态的感觉,在这里经常会看到儿童们做游戏,或者是光着脚丫在石子路上蹦蹦跳跳,他们开心的笑声,让整个校园充满了愉悦和活力。

和雅长廊位于学校操场的西侧,古朴的原木色调,营造了浓厚雅致的校园文化氛围,它在布局格调、育人功能和审美情趣方面达到了和谐统一。整个长廊区域都是儿童们的作品自由展示区,美术创作、摄影作品、自制小发明、创客作品、手抄报、读写绘、书法作品等,儿童们自选作品、自选区域、随时展出。这是儿童们交流和展示自我的平台,体现了生动、活泼、积极向上的校园文化氛围,并从不同侧面彰显了学校文化的精神内涵,启迪学生的思想、陶冶他们的情操。这也是师生读书休闲的好去处,学生展现自我的大舞台,美术写生的好素材,在这里你会感受到文化之美、艺术之美,感受到知识的味道和生长的气息。

校门口风雨亭选用了与和雅长廊相同色调的原木色,它矗立在学校大门的南侧,教学楼的东北方向,造型玲珑秀美,亭子内设有长凳,儿童们可以在这里看书、交流、玩耍,或静静地思考。另外,雅思亭还有一个特殊的作用,那就是放学后没有被家长及时接走的儿童,可以在这里等候,它为儿童们提供了一个安全、舒心的等待场所,这一用心的设计体现了以人为本的思想。它对学生的影响,不是学科教学、知识传授所能达到的,它是环境文化对人的温暖和滋养,从而产生一种对学校这个精神家园的认同感、依恋感和归属感。

二、文化环境建构案例

2018 年,习近平总书记在全国教育大会上指出,培养什么人是教育的首要问题,强调"要在加强品德修养上下功夫,教育引导学生培育和践行社会主义核心价值观,踏踏实实修好品德,成为有大爱大德大情怀的人"。要通过教育引导学生成为有大爱大德大情怀的人,文化环境建设是重要的途径。下面以区实验小学和外国语小学为例,探究文化育人是如何构建的。

(一)外国语小学:拥抱世界拥抱未来

"让世界走进校园,让儿童走向未来",这是学校的办学宗旨。寓意是为儿童打开一扇世界之窗,在儿童心中种下一颗未来的种子,希望儿童能够在未来世界赢得一片广阔的天空。所以,入校门的那条红色大道,被命名为"未来大道",蕴含着全体教师对儿童的希冀和祝福。

世界文化墙培养儿童的全球意识。墙上绘制的世界地图,有七大洲四大洋、各国国旗及典型标示,通过立体灯箱、图画及可爱的卡通形象,让学生更好地认识世界、了解世界。每个学期学校都会从中选择一个国家,作为世界文化巡游的一站。目前为止,已经成功地举办了八届世界文化节。儿童们通过上网查资料、手工 DIY 等方法了解各国的风土人情、历史文化,并通过节目的形式展示出来,受到了全体师生和家长的喜爱,也在社会上引起了强烈反响。

梦想石开启儿童的未来。每年新入校的儿童,都要准备一块石头,用自己稚嫩的手,童真的心,在上面绘制对美好未来的憧憬和向往。小小的石头,大大的理想! 这也是儿童们对人生的第一次规划。

教学楼一楼大厅的森林书吧是儿童们最喜欢的场所之一。这里不仅有各种不同的书籍、可爱的摆件,更有引人遐想的树屋。儿童们通过树洞爬到树上的树屋,树屋里有不同的书籍和玩具,不仅满足了儿童爬上爬下的身体需求,还满足了儿童看书的精神需要。

教学楼后面西侧的英语角,汇聚了大卫城建筑特色、英格兰巨石阵特色及各种欧式雕塑,喷泉下面还有不同造型的中式瓦罐,里面种植有睡莲、荷花……春天,这里阳光明媚,鲜花盛开,儿童们在这里或站、或坐、或大声朗读英文、或低声窃窃私语,尽展英语口语魅力。

而中外文化交流墙凝聚了学校对外交流的累累成果。自建校以来,先后迎来了英国、新西兰、俄罗斯、马来西亚、美国、尼泊尔等国的友好访问团来校交流访问,承担国内各地市教师团体的参观、访学等活动,为中外文化交流与学习搭建起一座沟通的桥梁。作为一所外国语学校,我们把"放眼世界心怀祖国"作为学校发展、师生提升的重要途径。

最后 TED 演讲台仿照国外 TED 大会设计。"Ideas Worth Spreading"——传播一切值得传播的创意,这是我们西工外小建立 TED 台的初衷,希望儿童们通过这个平台能把自己的思想、做法以创意展说出来,影响更多的同学。"创意常态展示,演讲彰显思想",小舞台,大梦想,这是儿童们自我展现的舞台,是他们自由发挥想象的平台。学校的 TED 演讲台是专为学生的各种制作、创意、成果发布提供传播的舞台,每一位学生都有机会发布自己的作品,表达自己的想法、看法。没有对错,没有评价,有的是欣赏与鼓励! 儿童可以自由演讲,发表作品的创意来源、制作中的困难和如何解决问题,表达他们完成作品的喜悦和收获! 每一个作品背后都是一段小故事,一段美好的创作时光!

(二) 实验小学:特别的教科书

校园是学生梦起的地方,是老师圆梦的场所。它应该像公园一样美丽,有绿树红花,有小桥流水;应该像家一样温馨,有相互的关爱,有彼此的信任;更应像是一本教科书。这本书是安全的,能看、能摸、能尝;是开放的,能在上面打几个滚、踢几趟球、捉几回迷藏;是生态的,能无拘无束、放飞身心、自由成长。现在就为你打开这本书。

学校大门的南面是新打造的"我在学校的一天"。中间是时钟,四周是儿童们不同时段的照片。儿童们可以直观地认识时间,可以感受光阴的流逝,懂得珍惜时间要在当下,还可以警醒儿童们在合适的时间做合适的事。紧邻时钟的是"笑脸墙",它由学校全体教职工及服务人员的照片组成。大家用会心的微笑提醒自己,给儿童一个安全的环境;用乐观的心态悦纳和欣赏自我、儿童、他人和工作;用爱建立起彼此心灵的连接;用阳光的状态彼此陪伴。"以表警人、以笑悦人",校园这本教科书发挥着特别的作用。

"红色长廊"在校园的东南角。长廊里既有习总书记对教育、教师的殷切教导和期望,又有学校党建和教育教学工作相融合的基石先锋人物事迹介绍,它是师生爱党、爱国教育的阵地,时刻提醒教师"不忘教育初心,牢记育人使命",提醒学生不忘肩上责任,为建设强大祖国储备力量。每年4月,长廊上开满粉色的蔷薇花,芳香四溢,成为校园独特的风景。"以言育人,以事感人",校园这本教科书发挥着意想不到的作用。

学校教学楼前小广场,竖立着60块常见的交通标志,通过认识交通标志,让儿童们知道它表示的含义,了解简单的交通规则,培养儿童的安全意识、自我保护意识和规则意识,同时也希望儿童们在生活中能够按照标志指示行动,能够自觉遵守交通规则,并做好小小的监督员,监督大家都来遵守交通规则。"以标志示人,以规则育人",校园这本教科书发挥着不可替代的作用。

三、经典教室建构案例

"经典化"是心教育在环境建设中提出的要求,当经典化与最常见的学习场所——教室结合在一起,就会迸发出巨大的能量。下面透过《中国教师报》的报道和金谷园小学的介绍,来见证这一份"经典"。

(一) 西工区各校:遇见一间经典教室

教室是距离儿童最近的环境,是最需要精心打造的一方空间。

西工区学校的教室都充满了"家"的味道、文化的味道。教室文化包括经典音乐、图书、电影、名画、学生作品、绿植等,主要突出"色彩、经典和生活化"三个基本元素。比如说色彩,教室里会用柔和的麦芽黄或象牙白为墙壁的主色调,它有助于稳定人的情绪;比如说生活化,是指学生作业、照片、种植物、手工作品等贴近学生生活的内容呈现;比如说经典,教室里都引入了经典绘画、经典音乐、经典书籍、经典电影,因而被儿童们称为"经典教室"。

在教室环境布置上,西工区主张给儿童创设一个自由、美好的环境配合儿童生命、个性的自主发展。所以,走进西工区的教室,你会发现教室里的每一处风景都很精致,儿童在这里能轻而易举体会到生命的尊贵与高价值感。

教室里还有那些随着季节更替而变化、流动的文化。从冬至那天起,西下池小学的教室里都会有一张"九九消寒图"。学生会画素梅一枝,枝上画梅花九朵,每朵梅花 9 个花瓣,共 81 瓣,代表"数九天"的 81 天,每朵花代表一个"九",每瓣代表一天,每过一天就用颜色染上一瓣,染完九瓣,就过了一个"九",九朵染完,刚好 81 天,就出了"数九天"。九尽春深,意味着九九隆冬过去,春天就要到来。副校长吴慧君说:"古人就是用这样的方式体验人的生命随着季节往前走的感觉,这是一种非常有趣的体验。"

教室文化的布置突出了"学生的主体地位"。教室的后墙是学生各种作品的展示区,他们遵循无差别展示原则。每一个主题都是人人展示,不会刻意选择一些优秀的作品用来展示。

"当我们对一个儿童是有分别的、有筛选的,就意味着我们给了这个儿童有条件的爱,这个有条件是:只有你足够好,你的作品才可以展示在这里。一件事当你做得足够好,你才值得被尊重,你才有价值。其背后的潜台词是当你不够好时,你就不值得被尊重,就没有价值。"李艳丽说,"我们许多时候往往只看到了一面,只关注了要用优秀的作品给其他同学做示范。"

西工区各学校教室内外都有一些开放式的书架,儿童在任何时候、任何地点都可以拿到他想要看的书,而这个读书的过程一定是非功利的、享受型的,没有人让他写读书笔记,没有人让他分享读书的心得。

李艳丽谈到过一种现象,过去曾有学校把书锁在柜子里,总是担心书被损坏或丢失。但他们忽略了即使发生这样的事,也是正常的。在给儿童提供读书环境上,学校要奢侈一点,书放在这里,儿童可以读,也可以不读,这并不重要,重要的是把环境放在这里。这就是一个有准备的环境。

如今,西工区的校长和教师都认识到书是为儿童服务的,它只不过是工具而已,再好的书如果不被人看见,也就失去了意义。

因为有书、有音乐、有电影、有家的感觉,西工区的教室里每天都发生着最美的遇见。

(二) 金谷园小学:缔造诗美教室

"帕夫雷什中学"校园环境建设的实践告诉我们,一定要注意不要把欢乐现成地施与儿童,要让儿童体会创造的幸福,争取让学校的物质环境都能凝聚着每个学生的闪光的智慧,浸透着每个学生的辛勤的汗水。师生亲身参与"诗美"的建设,会让环境产生更强的吸引力和感召力。

学校大力提倡赋予班级个性化的文化内涵,把班级还给学生。利用"三班"(即班诗、班歌、班级故事)来增强班级凝聚力,强化学生对集体的认同感、归属感;利用诗歌营造美的育人环境,用歌曲来构建诗意的人文气息,利用班级故事来培养学生的品格习惯,引领学生确立自己的人生理想、价值观,希望师生在用自己的双手来营造富有创意、别具特色的班级文化环境中,悄无声息地将自己融入班魂、班级精神之中。让教室成为师生、生生心灵相约的人生驿站,用诗美呼唤教室里的春天,用"诗美"来唤醒和启迪儿童们的心灵。

五一班儿童们自己起名为"蚂蚁兵团"。围绕"人小志气大,团结力量大"创作班诗《团结友爱亲友亲》,借用动画片《我们的家园》为班歌,选择《蚂蚁和西瓜》作为班级故事。小蜜蜂,嗡嗡嗡,大家一起来做工……的"小蜜蜂"班，围绕"快乐成长，天天向上"，以《蜂》为班诗、《小蜜蜂》为班歌、《勤劳的小蜜蜂》为班故事。"我努力，我进步"的毛毛虫班，把《做祖国小栋梁》作为班诗，《读书郎》为班歌，《让生命化蛹为蝶》为班故事，让儿童们在参与"诗美"的环境建设中，体会到虽然有些东西我们无法改变，比如低微的门第、丑陋的相貌、痛苦的遭遇，这些都是生命中的"茧"，但有些东西人人都可以选择，比如自尊、自信、毅力、勇气，它们是突破命运之茧、由蛹化蝶的生命之剑。也许我们总是羡慕那些不经意间便在理想之路上走了很远的人们，但那毕竟是少数的幸运儿，总有一天我们会明白，就大多数人来说，那些背负着人生苦难的重荷一步步慢慢向前，一直坚持到最后的人们，才是走得最远最好的。

　　还有丑小鸭班，班里每一个儿童都为美化班级倾注了心血，都有一株自己精心培育的花，班里随意采花的行为也就自然消失了。学生们在参与环境建设的过程中，每个人都成了"诗美"环境的当事人，形成了正确的环境文化意识，形成了正确的感情观点和理想。同时也深刻认识了丑小鸭的美，这是爱的源泉。

四、成人环境建构案例

　　除了对物质精神环境进行建构之外，西工区还着手成人环境的建设，其重点在于对教师和家长进行教育培训，使他们能够站在"儿童立场"处事，营造良好的儿童成长环境。

　　(一) 教师培训

　　下面是西工区教育体育局颁布的《教师成长发展规划》和《新教师成长培训方案》，以飨广大读者。

西工区教育体育局教师成长发展规划

　　一、成长背景

　　西工区委、区政府倾情教育、重视教育、支持教育，大力发展教育，使西工教育目前的发展机遇得天独厚：一是区委、区政府"文化强区"战略的实施，为全区教育快速发展提供了政策保证。现在的西工教育，步入了有史以来最好的发展时期，可谓天时、地利、人和，尊师重教的社会风尚为西工教育的发展创造了良好的环境。二是经过近几年的努力,西工教育在硬件完善、管理体制、学校布局、教育结构、队伍建设、教育质量等方面都呈现出最好的发展态势。尤其是"五名工程"强大推进,西工教育"名校如林、名师云集"已现端倪。所有这一切都为我区教育全面、协调、可持续发展奠定了良好的思想基础、组织基础、物质基础和人才基础。三是心文化·心教育·心生态,不仅确立了西工教育较长一个时期的发展主题,而且描绘了清晰的愿景目标,勾勒出具体的行走路线。只要我们高举西工教育精神旗帜,求真务实,开拓创新,按照"心文化·心教育·心生态"既定路线一步步走下去,西工教育就一定能走出洛阳,叫响河南,引领全国!

为了西工教育的可持续发展,为了营造区域内教师教育改革发展的优良生态,我区制定了教师成长发展规划。

二、指导思想

以办好每一所学校、发展好每一位教师、教好每一个学生为中心,以办人民满意的真教育、大教育、强教育、优教育为愿景,以持续推进"心文化·心教育·心生态"西工教育品牌建设为抓手,以"建设全国教育强区,打造全面教育改革与发展样本"为奋斗目标,促进西工教育优向发展,为实现"福民强区"的西工梦提供人才支撑和智力支持。

三、基本方针

以心为本——坚持"教育从心出发,又回归到心上"的原则。浇树浇根,育人育心,师生至上,以心为本。

精神铸魂——高扬"求真务实、创新创造、执着追求、敬为人先"的西工教育精神旗帜,让西工教育精神成为全区西工教育人的信仰与力量。

价值引领——践行社会主义核心价值观。以做新时代"四有教师"为目标,激发广大教师的工作激情,并逐渐凝聚与形成具有西工特色的西工教育人的核心价值观——情怀、信仰、责任、立德、立功、立言。

文化育人——持续推进"心文化·心教育·心生态"西工教育品牌建设,将"人育文化"与"文化育人"和谐统一起来,在区域"爱和自由"的教育理念下,按照"心环境、心课程、心课堂、心管理、心成长"五大支柱的要求,拓展、深化、升华,做出理论高度、视野宽度、思想深度与文化厚度,让西工教育出经验、出智慧、出样本。

四、具体举措

(一)"新教师3—5年成长"工程——让新教师赢在起跑线上

用3—5年时间,完成新教师由"入道"到"悟道"至"得道"的一个完整而全面的培养周期,使进入西工教育队伍的新教师获得长足的进步,成为西工教育新生的优秀骨干。

1. 一年"入道":即具有良好的师德修养,教学基本功合格,初步了解儿童的认知发展规律,了解所在学科的新课程标准和教材内容,会独立编写规范教案,能比较完整地完成课堂教学过程;掌握初步的研究方法;按时完成全部教育教学任务。

2. 2—3年"悟道":即具有良好的师德修养,教学基本功进一步提高,并具有合理地处理教材内容和驾驭课堂教学的初步能力;能根据儿童的认知发展规律基本胜任班主任工作;学会把科研的思想与方法应用到教学中;按时较高质量地完成全部教育教学任务。

3. 3—5年"得道":即具有良好的师德修养,胜任教师工作,能将现代教育技术较为熟练地用于课堂教学之中;能根据儿童的认知发展规律独立开展班主任工作;参与立项课题的研究,能独立承担校级立项课题研究任务;按时高质量完成教育教学任务并有所创新。

新教师成长工程由区师训办负责,市教师进修学校及新教师的任职学校共同组织实施,教研部门给予支持配合。其中,市、区级培训由区师训办和市教师进修学校组织实施,校本培训由任职学校组织实施。新教师培训的考核,由市教师进修学校、区师训办和所在学校按省市统一要求进行,考核不合格者,暂缓转正定级。

(二)"五名工程"——让骨干教师成为西工教育主力军

"五名工程"活动旨在打造一批名校,建设一支名校长、名班主任、名师、名学科带头人队伍,从学校管理、教学管理、班级管理、师德师风、学科教学等方面来引领西工教育。通过"五名工程"活动的开展,为全区校长及教师搭建专业发展平台,培养一支师德高尚、业务精湛、具有先进教育教学理念的校长及教师队伍,造就一批推进学校改革创新和实施素质教育的带头人,打造一支有信仰的教育铁军,为我区教育的跨越式发展奠定坚实基础。

1. 出台制度　严格评选

教体局出台《西工区教育体育局"五名工程"实施方案》,成立以局长、副局长、相关专家和科室负责人参加的评选小组,制定了"五名"的评选范围、数量、原则、条件、程序。评委团由市、区教育专家共同组成,通过对申报人员读书、课堂、论文以及答辩等方面的重重考验,层层选拔,最终在经过实地调研之后确定获奖人员,举行隆重颁奖典礼。

2. 追随名家　研究课题

"五名工程"人员,要以"追随名家"和"课题研究"为抓手,通过研读专家、名师的书籍,研究名家风格、践行名家思想,创生自我风格的路径,实现自我的可持续成长。

3. 师徒结对　推进行动

为发挥"五名"的引领、示范、辐射作用,教体局每两年举行一次师徒结对仪式,通过在全区范围内的自主双向选择,确定师徒结对名单,以"五名"人员命名成立名师行动小组。整个过程由师训办负责牵头和做好过程性督导,两年届满,进行五名工程成果展,进而进入下一轮评选活动。

4. 资金支持　做好保障

为了"五名工程"的顺利开展,教体局在资金上给以大力支持。为"五名工程"人员每人配备一台笔记本电脑,给名校长每人奖励5 000在元,为每个名师行动小组每年拨付3 000元资金支持带教活动。

5. 政策照顾　评聘优先

西工区将"五名工程"人员作为选拔干部及评优评先的优先条件。

(三) 干部队伍选拔工程——让名优教师拥有更大的成长平台

干部队伍选拔工程,旨在建设一支素质高、能力强、德才兼备的干部队伍,实现干部"革命化、年轻化、知识化、专业化",让西工教育理念管道通透,上下一致,同心协力,共谋发展。

1. 选拔原则

(1) 党管干部、集体决策的原则;

(2) 任人唯贤、德才兼备的原则;

(3) 群众公认、注重实绩的原则;

(4) 公开、平等、竞争、择优的原则。

2. 选拔办法

(1) 副校级领导由区教体局组织公开竞聘与考核任命相结合的

办法产生。

（2）中层领导由学校组织进行公开竞聘或校际交流，学校竞聘结果经公示无异议后，报区教体局备案后，学校方可聘任。

3. 考核与管理

（1）实行副校级及中层干部试用期制。新任职领导试用期1年，期满后由任命单位进行考核，能胜任者正式明确职务；不能胜任者回原岗位工作。

（2）实行副校级及中层干部考核任用制。局党委对副校级及中层领导进行定期考核，任期原则上为3年，考核内容为公开课、论文、分管工作等，考核不合格者，给予降职任用或免职处理。

（3）副校级及中层领导干部在做好管理工作的同时，应承担相应的教学任务，男年龄在50岁、女年龄48岁以内者必须担任主学科或本专业学科教学，且符合课时规定。

（四）未来教育家成长工程——让更多的校长成为教育家

围绕"打造品牌学校，成就卓越校长"的总体目标，通过全区中小学校长读名校管理的书，拜名校长为师，寻找本校新的成长点，研究学校发展新问题等举措，催生一批名校，成就一批名校长，造就一批教育家。行动要略如下。

1. 读书：研读名校长智慧管理学校的书。

2. 追随：拜一位崇拜的教育家或名校长为师。

3. 研修：围绕校长普遍需要面对的问题，采用书记沙龙、校长集体读书、团训、校长论坛等形式进行深入研修。

4. 借鉴：通过实地考察以及各种培训，借鉴全国最顶尖级教育机构、学校的教育思想和办学理念，并尝试着在自己的教育管理中体验、运用。

5. 创生：创生自己的教育思想，成就教育家的梦想。

综上所述，西工教育将以"四大工程"为重点，不断完善教师梯队攀升体系，让西工所有的教育工作者都能体会到职业的价值和尊严，享受职业的幸福和快乐，让教育成就教师幸福人生。

西工区教体局新教师成长培训方案

为进一步推进我区教育发展，使新招聘的新教师尽快成长，区教体局在区域层面对 2019 新入职教师进行培训。现制订关于学校新教师培训方案如下：

一、指导思想

努力贯彻《西工区教育发展"十三五"规划纲要》精神，把提高新教师的师德修养、教育教学技能作为新教师培训的主要任务，使新教师尽快适应教育教学工作，促进新教师的专业化成长与人文心理素养提升。

二、培训目标

通过区域培训，使新教师能树立真正有价值的教育理念，懂得儿童认知发展规律，巩固专业思想，热爱教育工作，提高教师职业道德修养，掌握教师行为规范；遵守学校的各项规章制度；初步掌握所教学科教学要求和教学方法，初步掌握学校教学常规，提高课堂教学技能；尽快适应学校教育教学工作；初步掌握班级管理的要求与方法；能够熟练运用信息科技提高教育教学效益；能初步掌握案例和教育教学论文的撰写。

三、实施步骤

1. 成立新教师培训领导小组。

2. 尽心安排课程。教体局邀请教研室、电教馆、师训办、少先队、体卫站部门负责人和部分优秀校长、副书记为每一名新教师进行班级管理、学科培训、区域理念、规则实操等方面培训。

3. 时间安排：11 月 9 日—12 月 21 日，每周六全天，共八次 40 学时学习。

4. 定期交流谈心。由校长、教导主任和带教教师定期与新教师交流谈心，校长和教导主任每学期不少于 2 次，带教教师不少于 4 次，新教师要做好成长记录。师训办定期到学校了解新教师带读带教情况。

5. 组织好读书学习。除学科专业书籍外，学校再为每一名新教师提供《完整的成长》《捕捉儿童敏感期》《爱和自由》三本书，校领导、教研组长或带教教师定期听新教师读书汇报，期末召开校级新教师专题读书汇报会。

6. 定期听课学习。学校每月组织新教师到本校或外校听课交流 1 次，并给予充分的保障支持。

四、考核评价

学年末,教体局联合人事、教研室、师训办对新教师进行读书汇报、上过关课、论文撰写等方面的考核,考核结果纳入对学校工作的考核范畴。

下面是两位优秀教师经过培训之后的个人体悟:

午后阳光

武伟伟

无意间

窗外

蓝天中的几朵白云

映入心间

满心的感慨

激荡的心灵

无处安放

静静地

闭上双眼

听风走过的声音

爱和自由

沐浴心间

似百转柔肠的倾诉

又似福音的传递

渐渐地

能量侵袭思维的运转

给空白些许生机

总想

愿自己有更多的记录

却不想

记录

只是为了留下文字的痕迹

安住当下

吸纳接收

内化运用

才是最好的聆听

白云悠悠

青蓝相衬

给予是纯良的回应

是接纳

更是吸收

此去无期

那十日

午后阳光

灿烂夺目

足以照亮

此后的教育之路

双城记
——循教育之道
尚艳红

走进培训,带着觉知看教育。

北京＋银川,两座文化底蕴都很深厚的城市里,"第二届爱和自由小学教师培训",让我又一次走进孙瑞雪教育机构的培训讲厅,走进她所提倡的"爱和自由、规则与平等"的科学教育理念和教学方法,去循教育之道。在这两个十天里,20余门课程的学习,既有语文、数学、美术、戏剧、自然、音乐等单个学科相关的内容,也有关于如何与家长学生沟通、校园规则、儿童心理发展、班级管理、如何与儿童过精神生活等教育方面的内容。这样的课程构建,庞大而系统,具体又清晰,让我们透过课程体验看到背后蕴含的孙瑞雪机构提倡的完整的人及完整的成长的生命体系。让我们看到了在这样的体系中全面、完整、真正、成功地培养出了一批宁静、睿智、自信、快乐的儿童,也培养出了一批优秀的"爱和自由"的教师,如段武宽、李艳、安长喜、朱文燕……

直至现在,我耳边似乎仍然回响着段武宽老师在"如何和儿童过精神生活"的讲座上,用清晰的语调朗读的惠特曼的小诗《有一个儿童向前走去》:有一个儿童每天向前走去/他看见最初的东西/他就变成那东西/那东西就变成了他的一部分……在诗歌中我们开启了一段精神之旅,看到内在真实并逐渐丰盈的自己。

安长喜老师"如何与家长实现有效沟通"这一主题中,从关系入手,进行了深度剖析,使大家对于"关系"有了更深刻的理解。从"能量运用"的演示中,让人体验到一致性沟通的重要性,若是能跳出问题,追溯问题的根源,回到教育本质上来,就能真正看到家长内心的需求,这才是真实的、真正的沟通。

丁红霞老师精彩的自然课教学与实践运用大量的实物素材,让我们对自然课的教学体系进行梳理及实操,同时明白,作为大自然中的一员,教师更应怀着对自然的尊崇和敬畏之心,带着儿童透过课程感受自然,探索自然。

王平老师让大家在细心聆听和情境演示中,体验怎样用身体建构空间,怎样用教师入戏建构主题,使我对戏剧课有了更深层次的领悟。课后在电梯中偶遇时,她说:每个人心中都住着一个快乐的小精灵,我们就是要经常去唤醒她。这样的老师,这样的课程,引导大家用身体和感觉连接,用生命去唤醒生命。我们若是带着这样的意识去面对工作,受益的不仅是我们的学生,还有自己。

关注教学,懂生命才有真教育。

爱是最好的师德,兴趣是最好的教学,研究学生是教师最大的课程。

此次学习是充实的。他山之石,可以攻玉;他乡之水,可借清源。如何借鉴机构的先进的理念,充实并发展适合我们的教育,需要我们带着思索,回到我们自己的工作岗位上去实践。比如如何有步骤地实施PACE教学,融汇我们的心课堂,打造区域自己特色的PACE教学体系;怎样使戏剧课在我们的课堂中落地;学校要把教师的心灵成长、意识觉醒当成是教师培训教师发展的主要工作。尊重教师,让学校成为教师幸福温暖的家。教师成长,拥有完整的内在人格结构,能够在环境中滋养自己,让自己也成为环境,进而滋养学生。教师有时时地内心觉醒,处于环境中的高意识状态,感知到学生的生命状态,协助儿童成长,这样营造的西工区教育环境才是生机勃勃的。

从上述案例中可以看到,教师在培训中获得生命感悟,对教师这一职业更具自信与智慧,从而使教师自身获得更长远的发展,生命质量也随之提升。

(二)家长培训

家长培训同样是营造良好成人环境必不可缺的环节。习总书记曾多次强调家风的重要性,家长的教育能力和对儿童的觉知能力对于儿童德智体美劳全方位的发展具有重要的作用。"窥一斑而知全豹",下面仅以西工区黎明小学一年级的家长培训方案为例进行介绍。

表4-1 西工区黎明小学家长同步培训方案

月份 年级	九月	十月	十一月	十二月
一年级	时间:9月19日下午5:00—6:00 导读文章:《儿童越小,越需要"自己来"》 视频:《捕捉幼儿敏感期——语言的敏感期》 讨论主题:如何帮助儿童自我成长?	时间:10月17日下午4:30—5:30 导入视频:《Still face》(中文字幕版),教师引导家长进行分享。 视频:《捕捉幼儿敏感期——秩序的敏感期》 讨论主题:父母应怎样对待秩序敏感期的儿童?	时间:11月21日下午4:30—5:30 导读文章:《母婴观察:容器妈妈》 视频:《捕捉幼儿敏感期——自我意识的敏感期》 讨论主题:面对儿童的自我意识敏感期,该怎么应对?	时间:12月19日下午4:30—5:30 导读文章:《一个孩子的自尊是如何被击碎的》 视频:《捕捉幼儿敏感期——审美的敏感期》 讨论主题:如何引导审美敏感期的儿童?
二年级	时间:9月19日下午5:00—6:00 讨论主题:什么是暴力?	时间:10月17日下午4:30—5:30 导入视频:《Still face》(中文字幕版),教师引导家长进行分享。 视频:孙瑞雪《宁夏讲座》(一) 讨论主题:如何帮助儿童活成一个独立而完整的人?	时间:11月21日下午4:30—5:30 导读文章:《每个人都是自己人格的囚徒》 视频:孙瑞雪《宁夏讲座》(二) 讨论主题:如何看到孩子的力量和责任?	时间:12月19日下午4:30—5:30 导读文章:《一个孩子的自尊是如何被击碎的》 视频:孙瑞雪《宁夏讲座》(三) 讨论主题:如何看见孩子?

（续表）

月份 年级	九月	十月	十一月	十二月
三年级	时间:9月19日下午5:00—6:00 导读文章:《什么是暴力》 讨论主题:看见与尊重。	时间:10月17日下午4:30—5:30 导入视频:《Still face》(中文字幕版),教师引导家长进行分享。 视频:曾奇峰《温尼科特之母婴关系》 讨论主题:让孩子成为他自己。	时间:11月21日下午4:30—5:30 导读文章:《能让孩子在家里赢,他就不会在社会上输》 视频:曾奇峰《母婴间隙和创造力》 讨论主题:恰到好处的爱。	时间:12月19日下午4:30—5:30 导读文章:《总哄孩子是一种病,得治》 视频:曾奇峰《自体客体》 讨论主题:分离与成长。
四年级	时间:9月19日下午5:00—6:00 导读文章:《什么是暴力》 讨论主题:什么是暴力?	时间:10月17日下午4:30—5:30 导入视频:《Still face》(中文字幕版),教师引导家长进行分享。 视频:曾奇峰《父母潜意识的愿望与情感隔离》 讨论主题:什么是真正的陪伴?	时间:11月21日下午4:30—5:30 导读文章:《教育不仅仅只有分数——比分数更重要的还有……》 视频:曾奇峰《自体的发展》 讨论主题:真正的发展。	时间:12月19日下午4:30—5:30 导读文章:《做个不合格的妈妈实在太爽了》 视频:《孩子心灵成长的10大需求》 讨论主题:我和孩子的关系。
五年级	时间:9月19日下午5:00—6:00 导读文章:《什么是暴力》 讨论主题:什么是暴力?	时间:10月17日下午4:30—5:30 导入视频:《Still face》(中文字幕版),教师引导家长进行分享。 视频:《自恋型人格障碍》 讨论主题:认识自恋。	时间:11月21日下午4:30—5:30 导读文章:《最痛的距离——父亲在身边却不在心里》 视频:曾奇峰《父母如何制造孩子的人格》 讨论主题:关注人格。	时间:12月19日下午4:30—5:30 导读文章:《孩子生了,很多关系就死了》 视频:曾奇峰《父母与孩子的冲突》 讨论主题:面对冲突。
六年级	时间:9月19日下午5:00—6:00 导读文章:《什么是暴力》 讨论主题:你认为语言暴力是暴力吗?	时间:10月17日下午4:30—5:30 导入视频:《Still face》(中文字幕版),教师引导家长进行分享。 视频:曾奇峰《自恋型人格障碍》 讨论主题:父母对孩子的影响。	时间:11月21日下午4:30—5:30 导读文章:《母婴观察:容器妈妈》 视频:曾奇峰《自体客体》 讨论主题:母婴关系。	时间:12月19日下午4:30—5:30 导读文章:《每个人都是自己人格的囚徒》 视频:曾奇峰《自体的发展》 讨论主题:自体的发展。

从上述的案例中可以看出,心教育对于环境建设的重视程度,这既源于自古以来中华民族对教育环境的关注,也源于新时代教育理论的进一步探索。无论是荀子的"蓬生麻中,不扶而直;白沙在涅,与之俱黑",还是墨子的"染于苍则苍,染于黄则黄",抑或是现代学者倡导的环境育人,都指向了一个现实主题:如何发挥环境的最大功用,使其能对学生发展产生正向作用。有专家指出:"校园里有菜园、果园,是一个生态之园、生命之园,每一位教师和学生都能在这里自由、快乐地成长。(心教育)办学的出发点是对生命的关爱和对个性的尊重,这是教育的本真要求,是育人的最高境界。"[1]正是有着高尚的境界和卓越的追求,心教育下的环境涵育才能成为激发区域教育办学活力中的典范。

---

① 王占伟. 心教育给中国教改带来了什么——豫派教育师范学校西下池小学办学思想研讨会专家观点摘要[N]. 教育时报,2011-09-17(1).

第五章 心教育之课程

第一节 心教育课程的理论框架

一、心教育的课程理念

课程是教育思想、教育目标和教育内容的主要载体,集中体现国家意志和社会主义核心价值观,是学校教育教学活动的基本依据,在人才培养中发挥着核心作用。课程改革是人才培养体制改革的关键,牵动着学校教育改革的方方面面。多年的课程改革实践证明,抓住了课改,就抓住了育人工作的"牛鼻子"。只有通过进一步深化课改,扫清人才培养的重大体制、机制障碍,才能真正有效落实立德树人根本任务。[①] 学校课程建设是学生个性发展和选择性教育的需要,而课程理念则是课程建设的原则和纲领,为课程的设计和实施指明方向。

心教育的精神实质是"爱、自由、规则与平等",这也是心教育课程所传递的课程理念。

爱是生命的动力,是真情的召唤,包括爱己之心与爱人之心。爱己之心是个体对自己的爱,珍爱生命,喜爱生存状态,愉快地发展潜能。爱人之心是对他人的爱,教师们对学生的爱,能够站在学生的角度,从学生的身心需求出发设计活动,学生能够在成长过程中喜爱与人交往,尊重他人,呵护他人的生命。

自由是个体生命存在的终极意义,也是社会生命存在的必然条件,主要包括发展过程和方式的自由以及心灵的自由。前者能够根据爱好与能力水平自主地选择个体学习的内容和学习方式,安排发展节奏;后者使得个体的想象力、感悟力等都能得到最大限度地尊重与包容。

---

① 佚名.教育部关于全面深化课程改革落实立德树人根本任务的意见[J].基础教育改革动态,2014(11):6-11.

规则是指社会交往中个体必须形成一定的规则意识,包括与人交往的基本原则和社会生活的行为与道德准则等,能够保证儿童的自由和尊严,建立儿童的内在秩序。基于此,爱与自由、平等才能真正实现。

平等是人格平等与发展权力的平等。儿童与成人是平等的,他们有独立的人格,其心理品质、文化、行为的独特性都应得到尊重;儿童之间是有差异的,但是每个儿童同等具备最大限度发展个体潜能的机会,这就是所谓的教育权力平等。

二、心教育的培养目标

基础教育是提高国民素质、面向大众的教育,在人的发展过程中起重要的奠基作用。我国基础教育的主要任务是促进学生全面而有个性地发展;为学生适应社会生活、高等教育和职业发展做准备,进而为学生的终身发展奠定基础。由此可见,基础教育课程建设的目标是坚持全面贯彻党的教育方针,坚持立德树人和素质教育的基本理念,努力构建具有中国特色、体现国际发展趋势、充满活力的课程体系,培养德智体美全面发展的社会主义建设者和接班人。

作为新型的教育实践,心教育积极响应国家育人号召,将立德树人作为心教育的根本任务。西工区心教育以核心素养中的价值观、必备品格和关键能力为切入点,通过课程设计与实践落实心教育的培养目标。西工区的每一所学校都结合自身学校文化及实际情况提出了相应的培养目标,正如成尚荣先生所说,"走进西下池小学,看到的是爱和自由,看到的是要成为最好的自己;在西工区外国语小学看到的是要走出校园,走向世界。我们走进西工,你才会发现西工的育人模式。党的十九大报告提出来要培养能够担当民族复兴大任的时代新人。西工区正在摸索着如何通过教育培养担当民族复兴大任的时代新人。"虽然各校办学理念各有不同,育人目标也各有差异,但其育人目标都建立在对心教育爱、自由、规则和平等基本原则的理解之上。

三、心教育的课程设置原则

随着我国第八次基础教育课程改革的不断推进,人们逐渐意识到学科课程的设计虽然有助于学生较为完善的掌握学科知识体系,但却与现实生活中的情境存在割裂的风险,而且学科课程之间也大多缺乏整合,不利于实现人"全面而自由的发展"。厘清课程设置的原则有助于合理规划课程安排,实现育人目标,心教育课程设置借鉴了怀特海的相关课程理念,并将其落实到课程设置当中。怀特海的课程设置原则顺应了儿童智力发展节奏,尊重了儿童发展天性,强调了学科之间的整合,[①]较为符合心教育所践行的教育原则及实践经验,因此心教育的课程设置原则在一定程度上与怀特海的课程设置原则有着紧密的关联。

（一）节奏性原则

怀特海认为人的智力发展具有周期性,是"浪漫""精确""综合运用"三个阶段组成的循环[②],因此需要在不同阶段设计不同类型的课程以满足个体发展的需要。怀特海认为 0 至 13 岁正处于学生发展的浪漫阶段,而"浪漫阶段是开始有所领悟的阶段。"[③]在这一阶段,儿童表现出一种兴奋的情感,懵懂地面对着大量的、新奇的知识,这些知识激发了儿童的求知欲。经过浪漫阶段的学习,儿童已经掌握了事物之间的模糊关系,并产生新的内在驱动力,即儿童对精确的知识充满渴望,推动其进入智力发展的精确阶段。

浪漫阶段在学段中对应的是小学阶段,正是心教育理念得以贯彻落实的学段。结合小学阶段儿童身心发展特点及认知风格偏向,心教育实践推崇在课程设置上,以语言、动作、色彩、形状等相对直观的形式,呈现给儿童各种事实、概念、故事、关系以及各种未知的可能性。浪漫阶段儿童自身的内在渴望会激发出无限浪漫的遐想,这种浪漫的遐想犹如势不可挡的洪流,将各种浪漫的元素自由组合,涌入富有想象力与创造力的精神世界。[④]

（二）需要优先原则

在常规的课程安排中,我们往往遵循学科结构循序渐进的原则,由易至难地安排课程,以为这样更符合学生身心发展的相关规律,然而怀特海对此持不同看法,他认为"课程设置的问题不仅仅是一系列科目,所有的科目本质上都应该在智力发展的萌芽阶段开始。真正重要的顺序是教育过程中应该认定的性质的顺序。"[⑤]

一个无知的幼儿在陌生的环境中可以水到渠成地学会口语和书面语,怀特海将这种成功解释为尽管学习语言很难,但是在儿童迫切需要学习的时候,

① 孙瑶.论怀特海的课程设置原则[D].哈尔滨:哈尔滨师范大学,2016.
② A. N. 怀特海.教育的目的[M].庄莲平,王立中,译.上海:上海文汇出版社,2012:27.
③ A. N. 怀特海.教育的目的[M].庄莲平,王立中,译.上海:上海文汇出版社,2012:28.
④ 孙瑶.论怀特海的课程设置原则[D].哈尔滨:哈尔滨师范大学,2016.
⑤ A. N. 怀特海.教育的目的[M].庄莲平,王立中,译.上海:上海文汇出版社,2012:24.

有一种内在的对语言的自然渴望。因此,顺应儿童的需要,提供符合智力发展的课程就是成功的秘诀。借鉴怀特海需要优先原则,心教育课程在设计开发时注重情境的创设,从儿童发展需要出发对课程内容进行选择和组织,充分激发儿童学习热情。

（三）生活为主题原则

怀特海认为,"生活与所有的智力或情感认知能力的某种基本特征存在着关系,如果你不能成功地展示出这种存在着的关系,那么你就不可能把生活嵌入到任何普通教育的计划之中。"①心教育的课程计划要展示出这种生活与课程之间的关系,必须做到以下内容。

一是各学科之间应当建立起紧密的联系,即构建以旨在解决社会生活问题的综合经验为内容的核心（中心）课程,以及围绕着核心学科的边缘学科组织起来的立体结构型课程体系;二是能够将课程中的知识运用到实际生活当中,"所谓知识的利用,我是指要把它和人类的感知、情感、欲望、希望,以及能调节思想的活动联系在一起,那才是我们的生活。"②在课程设置中,要遵循生活与课程内容的整体性,将所学的内容积极运用于生活当中,帮助儿童运用所学知识理解生活,应用于生活,进而更好地去生活;三是尽可能精简学习的知识内容,怀特海认为"最优秀的教育在于能够用最简单的工具获得最多的知识"③,在课程设置上应让主要的概念和观点形成尽可能多的组合,避免填鸭式教学。

（四）校本性原则

怀特海认为学校有权利根据自身情况由自己的老师开发适合本学校自身特征的课程。他强调"为了某种目的把学校进行分类是可以的,但是绝对不要有僵硬的、未经学校自己的老师进行修正过的课程。"④因为每个地区每所学校的学情和办学理念都存在一定的差距,强制学校教授统一的课程将过于死板。此外,怀特海还强调学校应当依据学生自身的发展需要进行课程设置,而非一味迎合所谓的标准化测试。

心教育将校本化原则贯彻于课程实践当中,通过对学科课程与活动课程

① A. N. 怀特海.教育的目的[M].庄莲平,王立中,译.上海:上海文汇出版社,2012:11.
② A. N. 怀特海.教育的目的[M].庄莲平,王立中,译.上海:上海文汇出版社,2012:1.
③ A. N. 怀特海.教育的目的[M].庄莲平,王立中,译.上海:上海文汇出版社,2012:46.
④ A. N. 怀特海.教育的目的[M].庄莲平,王立中,译.上海:上海文汇出版社,2012:38.

的综合化处理,创立了综合性学校课程体系。这不仅能够推动区域教育根据学校、社区环境、师生的独特性与差异性,挖掘其潜在的课程资源,开发出具有地区或学校特色的课程,以满足学生的需要,也有利于学校根据师生的特点、教育资源、学校传统以及办学目标来确立课程走向,实现西工区教育的创新型发展。

第二节　心教育课程开发

课程开发是按照育人的目的和要求,在分析课程内外各要素、各成分之间联系的基础上,制订学校或教育机构课程目标、课程内容和编制各类教材,进而制订具体的课程实施方案包括确定课程实施方法策略、课程评价标准等的系统全面的过程。在心教育的探索改进过程中,西工区逐渐开发出一套完整的课程体系,其内容如图5-1所示。

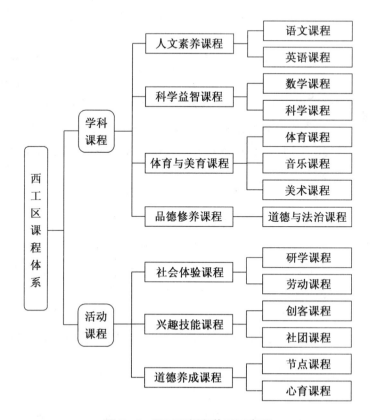

图5-1　西工区课程体系示意图

一、课程开发的基本模式

（一）目标模式

课程开发的目标模式由美国学者泰勒（Ralph W. Tyler）提出，是指在课程开发中重视课程目标在课程设计、实施及评价中的作用。泰勒认为，课程开发的过程应当回应四个基本问题：学校课程应达到哪些教育目标？学校课程要提供哪些学习经验才能达成教育目标？学校课程如何有效地组织学习经验？学校如何确定这些教育目标已经达成？由此形成了确立目标—选择经验—组织经验—评价反馈的泰勒原理。[①] 在目标模式中，课程开发的主体是课程开发委员会，课程目标的确立应综合考虑社会需要、学生需要以及学科知识的需要，并通过哲学和心理学进行价值判断和可行性判断。

（二）过程互动模式

斯滕豪斯（L. Stenhouse）认为教育应当使人获得理性自主能力，继而探索出一套过程模式的课程开发方法，即从知识和理解的角度广泛地陈述目的，从而设计与之相匹配的教学材料和环节，并对可能的学习结果进行说明。这种课程说明是一种假设，需要教师在具体的实施情境中加以检验和调整。[②] 过程模式注重的是过程，而不是期望达到的行为目标，因为许多最有价值的东西不是行为目标可以明确说明的。课程由教师和学生共同开发，以讨论为基本教学方法，主题集中在有价值的社会内容当中；课程评价是一种对整体课程的描述和解释，致力于向课程决策者提供教育过程的信息，也为学生提供他们学习过程的信息。

（三）情境模式

斯基尔贝克（M. Skilbeck）认为，课程编制应该针对单个的学校和个别的教师，以学校为单位的课程编制是促进学校真正发展的最有效的方式，因此主张在课程编制过程中应该按照各自学校的不同状况，对学校外部和内部环境进行全面分析，由此提出了课程开发的情境分析模式。情境分析模式主要由五个部分组成：一是针对学校外部和内部环境进行分析，二是在环境分析的基础之上制定目标，三是制订相应的课程计划，四是课程的实施，五是对课程的

---

① 拉尔夫·泰勒. 课程与教学的基本原理[M]. 罗康，张阅，译. 北京：中国轻工业出版社，2014.
② 施良方. 课程理论：课程的基础、原理与问题[M]. 北京：教育科学出版社，1996.

评价反馈与改进。^① 在情境分析模式中,学校为课程开发的主体,课程开发的依据来源于学校所处地域经济发展、文化传承等的需要。

二、心教育课程开发步骤

(一) 课程需求分析

在正式进行课程开发前,需要对课程需求及学情进行分析。课程需求分析有利于课程的持续改进,同时根据儿童主观需求设置的课程有利于调动其学习积极性和动力,根据儿童客观需要设置的课程有利于增强他们对未来社会生活的适应性。实施科学的学情分析,可以从儿童的知识结构、学习方法、学习习惯、思维特点四个维度分学段进行。心教育课程体系建立在学情分析的基础上,明确各学科能力培养目标,依据各学科教学质量标准,规范学科课程建设活动。在课程需求分析过程中进行了如下活动。

1. 明确课程需求分析的目的

在西工区教委的领导下,各校通过了解现有的课程方案对国家课程标准的落实程度,为学校设置必修课程方案提供依据;通过了解现有课程方案对儿童兴趣的满足程度,为儿童设置兴趣特长课程提供依据。

2. 明确课程需求调查的对象,同时注意取样的代表性

各校依据自身情况对课程需求情况进行调查,运用问卷、观察、访谈、测量等多种形式进行综合测量。通过调查教师,了解课程实施效果;通过调查儿童,了解学习目的、学习兴趣和学习困难;通过调查家长,了解课程实施效果和家长需要;通过调查社区,了解社区课程需要;通过调查高一级学校,了解课程实施效果及衔接情况。

对课程需求调查资料的分析处理,各校主要根据调查中搜集到的资料的自身特性确定资料分析的方式,开展定性或定量的分析。

(二) 课程目标制定

在制定课程目标前,有必要对"教育目的""培养目标""课程建设目标""课程目标"及"教学目标"等相关概念进行辨析。"教育目的"是指对总体教育结果的预期,"培养目标"是指对某一段、某一类学习结果的预期,"课程建设目

---

① SKILBECK M. School-based Curriculum Development[M]//ANN LIEBERMAN. The Roots of Educational Change:International Handbook of Educational Change. Netherlands:Springer,2005.

标"是指对课程建设结果的预期,"课程目标"是指对某一类或某一门课程学习结果的预期,"教学目标"是指对某一单元或某一节课学习结果的预期。课程目标的制定应当是具体的、可达到的、可衡量的,课程目标之间应当具备相关性和激励性。心教育课程目标的制定遵循了以下程序。

1. 成立课程目标研发组织

由学校校长、科室代表、社区、家长和学生组成的课程开发委员会承担责任。

2. 需求调查

主要涵盖学生主观需求调查及学生客观需要调查:主观需求调查包括学生的兴趣、特长发展、学习困难;客观需要调查包括国家相关行政部门、家长对于学生发展的期待,以及社会需要对学生提出何种要求? 对人的素养要求是什么?

3. 资源分析

课程资源指来源于自然、人文环境或实践活动,以隐性或显性方式存在于学校内外,可以开发利用以满足学生学习发展需要的一切教学材料和人、财、物等条件。如场地、设施、师资等相关资源能够满足学生学习等哪些需要。

4. 价值选择

根据价值标准对需要的重要程度进行排序;通过学生、教师问卷对需要重要性进行评估。

5. 可行性分析

学习理论,对目标的可学习性进行判断并排列目标学习的先后顺序。

6. 陈述目标

对具体的课程目标进行规范陈述。

(三)课程资源开发

对课程资源的调查内容主要涵盖以下方面:1. 学校教材、师资、教学设施、经费等课程资源的现状如何? 能否满足学生学科素养需要、拓展需要以及个性发展需要? 2. 家庭课程资源现状如何? 能为学校课程提供哪些材料和条件? 3. 社区课程资源现状如何? 能为学校课程提供哪些材料和条件?

确定课程资源调查内容后,各校以教师资源调查问卷、学校教学设施资源调查统计、学校经费调查、家庭资源调查、社区资源调查等形式收集整理课程资源,并建立课程资源数据库,通过对课程资源库的利用为课程的顺利实施提供保障。

（四）课程内容组织

课程内容是符合课程目标要求的一系列比较系统的直接经验和间接经验的总和。课程目标与课程内容的区别在于,课程目标是预计的结果,是由经验引起的变化,而课程内容是经验。二者不可分,但各有侧重。每门课程里的课程内容均需包含要素或经验的成分,主要包括:1. 知识——事实、概念、原理、原则;2. 技能——做事的程序、方法;3. 价值——对待对象的态度。素养则是适应个人终身学习发展和社会发展需要必备的知识、技能与态度。

课程内容的选择程序包括:

1. 明确课程目标(内容与行为);

2. 选择课程内容的来源;

3. 明确课程内容的经验形式与成分;

4. 根据课程内容选择的原则进行筛选。

（五）课程实施

在学校课程建设中,课程实施既可以指学校总体方案的实施,也可以指不同类型课程内容的实施方式、组织形式与条件。这意味着学校课程实施的建设不仅仅要说明总体课程方案实施的原则、方式与条件,同时,也要说明不同类型课程的教学模式(方式)、组织形式以及场地等设施条件。

课程实施主要包含三种不同的取向。分别是忠实取向、互相适应取向和缔造取向。忠实取向认为课程实施过程是忠实地执行课程变革计划的过程。衡量课程实施成功与否的基本标准是所实施的课程与预定的课程变革计划之间的符合程度,符合程度越高则课程实施越成功。相互适应取向课程实施过程是课程变革计划与班级或学校实际情境在课程目标、内容、方法、组织模式诸方面相互调整、改变与适应的过程。而缔造取向的课程实施本质上是在具体教育情境中缔造新的教育经验的过程。

（六）课程评价

心教育课程的课程评价主要遵循 CIPP 的课程评价模式,分为背景评价、输入评价、过程评价和结果评价。

背景评价的主要目的是确定课程计划实施机构的背景、明确评价对象及其需要、明确满足需要的机会、诊断需要的基本问题、判断目标是否已反映了这些需要。

输入评价指的是收集课程资源信息；评估课程资源；确定如何有效使用现有资源才能达到培训目标；确定项目规划和设计的总体策略是否需要外部资源的协助。

教学活动是教师和学生双向互动的过程，因而在过程评价中应从教师和学生两方面来进行评价。一是教师能否在计划时间内有效完成教学任务；二是学生能否在教学中有效地获取相关的知识及经验。

结果评价是指评价必须依据课程目标（形成性评价最多，宗旨"为了学习的评价"，必须有清晰明确的目标，需要自己设计量规），强调学生的参与性（参与时要考虑学生的认知水平），提倡多元化（展演赛等总结性评价＋平时的课堂记录档案袋评价……）。

面对繁多的课程体系，心教育课程评价也涵盖了一系列流程，包括评价方案设计、评定结果、报告解释结果、评价结果处理、交流反馈与指导及课程决策改进。

第三节　心教育之课程的实施案例

一、学科课程实施案例

西工区的学科课程建设基于儿童立场，在爱和自由的氛围里协助儿童学习、实施自我管理，激发儿童的学习兴趣，形成学习意识，明晰各学科概念并形成学科逻辑思维。课程设置满足 6—12 岁儿童的认知发展需求（将认知扩大到宇宙本身），包含语文 1—2 年级主题学科融合课程、数学 1—3 年级实体化课程、英语剧及"原声英语进课堂"课程、爱和自由音乐课、爱和自由美术课、爱和自由体育课。

（一）语文学科课程

语文课程可被划分为识字教学、精读课教学、略读课教学、作文教学及大阅读课程教学等不同方面。心教育课程在低学段以学科融合的方式实施，如一二年级的语文主题学科融合课程，依据儿童发展心理状态，以实物配对教学的方式帮助学生学习事物概念，进而扩大其知识结构。此外，课程主题也依据学生的年龄层次确定，在不同阶段确定不同主题，然后按照主题设置单元内容，选择重要篇目，补充课外资源，加入不同学科进行融合，如音乐、美术、体育等,从多个角度完善主题教学。

（二）数学实体化课程

在小学数学教学中,应用实体化模型教学,能够增强学生对数学概念的理解和记忆,帮助学生理解算理、发展空间观念、促进学生数学思想方法的积累和形成。[①] 在心教育理念指导下的小学数学实体化教学遵循"感知—表象—概括—概念系统"的设计思路,从日常生活中选择具备数学特征的实体作为认识教学对象,尊重小学生具体形象思维为主的发展特征,在课堂教学过程中适当引入实物操作。通过加深学生对数、形、意的理解,进而加深其对概念的理解。

（三）英语学科课程

教学方法是教师将学科理论知识与教学实践活动进行串联的最佳途径,也是完成既定教学任务和教学目标的主要手段,教学方法是否科学、恰当,不仅影响课堂教学质量,还影响学生的学习效率。新课程改革引领下的小学英语教学,要求教师既对自身的教学理念进行优化,又能够立足英语学科的教学特点和学生的学习特征对教学方法进行调整,借助趣味教学法帮助学生深刻感知英语知识的魅力和趣味,在激发其学习兴趣的同时,助力学生学好英语、用好英语。[②] 西工区积极开展原声英语进课堂和英语剧等特色教学活动,如以国外经典的原声英语为教学材料的视听课,主题为歌谣律动、角色对话、电影配音、绘本阅读,课堂形式以学生的参与度和投入度为依据,更强调兴趣的培养和过程性参与。

（四）音乐学科课程

作为五育并举的重要内容,音乐学科课程教学须顺应学生身心发展的特点,灵活创设教育情境,提高教学效率。提高小学音乐课堂的有效性,即利用较少的课堂授课时间、教学精力和物力,最大限度地帮助学生提高学习成绩。整个课堂教学构建中,教师要转变传统的教学模式,创新教学观念,对学生施以正确引导。教师是教学活动的组织者,要改变学生被动接受学习的情况,就

---

① 王萍. 运用实体化教学,优化小学数学课堂[J]. 青少年日记(教育教学研究),2019(6):220 - 221.

② 乔小明. 在小学英语课程中应用趣味教学法的策略研究[J]. 天天爱科学(教育前沿),2021(9):101 - 102.

要让学生清楚了解到学习是自己的事情。① 西工区音乐课堂以"爱与自由"为主题,以音乐课堂、形体、合乐团等方式进行,其中形体、合唱、乐团可以非学科课程即社团的形式开展。

(五)美术学科课程

在传统的小学美术课堂教学中,教师采用单一的教学方法,学生处于较为被动的学习状态,学习积极性和主动性不够,缺乏自主探究意识。随着教育教学改革的深入,教师要改变传统的教学理念,注重对学生学习主动性的调动,让学生能够感受到美术课堂的魅力,激发学生的美术兴趣。突出学生的主体地位,培养学生美术素养,提升学生美术品质。② 西工区美术课堂是以概念教学为主,充分赋予学生发展自主性,开展体验课、写生课、欣赏课、曼陀罗绘画、手工课(含陶艺)等多种课堂,激发学生发展的主观能动性。

二、活动课程实施案例

从儿童成长的规律出发,为了促成儿童从身体到精神完整的成长,西工区非学科课程体系涵盖节点教育、社团、社会实践等课程。

(一)节点教育课程

感恩孝亲周

"感恩孝亲周"前夕,通过在社会公共场合播放"感恩孝亲周"宣传短片、学校"感恩孝亲周"启动仪式、微信等平台倡导家长参与,使他们了解活动的意义和内容。通过讨论课、班级文化墙、手抄报、亲子做月饼等活动让学生了解中秋节传统文化的内涵。

"感恩孝亲周"期间,参与者穿汉服、读祭月文、焚香拜月,通过营造庄重、深情、热烈的节日气氛,重温古人对月亮的尊崇与敬重,表达人们美好的心情和对未来的憧憬。活动中,学生和家长一块赏月,观礼及文艺表演,包饺子、吃月饼、唱歌跳舞、吟诗作画,并通过"一日护宝""角色互换""每日一抱"等活动,引导学生了解感受父母之爱,增强情感体验。

通过举办一系列的感恩孝亲活动,让学生在体验爱、感受爱中学会爱、表达爱、传递爱。同时通过活动的开展,带动家庭、社区、社会,引领全社会进一

---

① 张晓秋.提高音乐课堂教学有效性,提升学生自主学习能力[J].小学生(下旬刊),2021(11):109.

② 时亭亭.小学美术课堂有效教学的策略和方法[J].小学生(中旬刊),2021(12):114.

步树立感恩父母、惠及他人、共建和谐的良好风尚。

开学第一课

活动内容：

1. 一年级新生家长培训

对每位新生家长进行不低于 2 天的培训，以形成统一的家校教育理念。培训内容：① 区域及学校办学理念、办学特色、学校管理策略、课堂改革等。② 儿童心理探索认知，儿童敏感期的理论培训。③ 规则意识培训。④ 开学第一课工作解读。⑤ 专题讨论"什么是暴力"。入学前和学期（年）末，分别进行一次家长问卷。

2. 新生入学礼

入学仪式，入学仪式必需的流程有穿礼服、走红毯、过花门、师生列队迎接、送礼物、拓手印、写给自己的一封信，让儿童在这一过程中体验学习的庄严。

3. 讨论课

一年级讨论课，内容为幼小衔接。二到六年级讨论课分享假期生活，假期作业讨论、展示、分享、总结，做好假期完型。

为期一周的开学第一课，让儿童在喜悦中获得成长，逐步建立安全感，并在这一过程中体验生命的宝贵。

毕业嘉年华

每年 7 月，西工区教体局会组织各校开展"毕业嘉年华"活动。在毕业节上，有向毕业生赠送鲜花、学生代表发言、颁发毕业证、毕业感恩仪式、栽种感恩树、享用美味毕业餐、露营、拓展等一系列精彩纷呈的主题活动，为学生留下小学阶段最美好的回忆。学校精心设计的这些节点活动，让孩子在与众不同的氛围中增强了体验，体会到了成人的呵护与无条件的爱，拥有了爱的能力。

假期规划

以快乐、文明、自主、向上为主要目标，以实践体验为基本途径，发挥组织育人、实践育人、活动育人优势，让学生度过一个安全、健康、快乐、有意义的假期。各校在放假前两周即制定科学、可行的假期实践作业方案。假期实践作业分年级段，有丰富多样的实践活动供学生选择。体验内容可以是体验亲情类，如体验爸爸妈妈的工作内容；旅游参观类，如策划一次旅游、参观活动；手工类，如向老艺人学剪纸；阅读类，如读几本好书；科技类……开学初进行一次假期生活展示、分享,学生在实践、体验、展示、分享中各方面得到锻炼和提升。

另外,西工区教体局利用春节、元宵节、清明节、端午节、冬至等传统节日,以及六一儿童节、十一国庆节、十一三建队日等重要节日或纪念日,结合实际,精心设计活动。

节点教育不仅有很强的仪式感,而且能让孩子体验到生命的尊贵与价值。通过参与、体验、感悟,培养儿童良好的人格品质,让民族精神在儿童心中扎根,让他们成为有民族信仰的接班人。

(二) 校外实践课程

社会实践课程旨在丰富孩子们的学习生活,开阔学生视野、锻炼学生的意志品质,增加地域文化知识。

西工区各校充分利用区内各个社会实践基地的丰厚资源,积极进行研学、游园、春游、秋游、参观场馆、远足、露营、军训等社会实践教育,让丰富的社会资源成为小学生校外实践的重要阵地。比如参观红领巾邮局实践基地,回顾中国少年先锋队的光荣历史,了解邮政的发展历程,增长见识;带领学生参观日报社,了解报纸采编印刷全过程;走进国基重工,真切感受大型机械的力量;到唐三彩博物馆,了解唐三彩的历史文化和艺术价值,体验唐三彩的制作;到天子驾六博物馆做小小讲解员,义务为游客讲解;参观市科技馆,开启智慧之旅……

社会实践课程融合区本、校本、家本课程,让不同年龄段的学生走进不同的场所,让学生在体验中接受生命教育,理解与分享文明,获得安全感,做生活的观察者,提高其生活技能和社会适应能力。

(三) 社团课程

社团课程既是教师专业成长的有效途径,也是学生充分发展个性的有效载体,它是对国家课程的有效补充和完善。学生通过社团课程的体验学习,既能发现自己的兴趣,也能发展自己的潜能,还能培养多方面的素养。

西工区落实"一师一课程,一生一社团"的课程理念,依托本校教师,充分相信并激发本校教师的潜能与热情,鼓励教师打破学科限制,根据自身爱好与特长开设课程。对于专业性较强的课程,依托家长资源或社会力量,学校严格审查外聘教师的资质,通过面试、听课,切实考察外聘教师的业务能力。对于外聘教师的课程,学校选派责任心强的教师配合活动,除组织学生按时参加活动外,还要跟听、学习,承担进一步辅导学生的任务。

具体流程：

1. 开学前，由教师自主申报后，学校统一审定。

2. 开学初，通过自由招募，师生双向选择后确定社团人员。

3. 学期中，学校要进行跟踪指导式督导。

4. 每学期，要进行一次集中的成果展示。展示时分区域、分类别，有展示、有体验。将成熟的社团内容，整理为校本教材。

活动要求：

1. 学校的社团审定工作，校长要亲自参与，和主管校级领导、分管部门一一把关、共同商讨。

2. 学校的同质类社团不可超过3个。社团种类涵盖尽可能丰富，如艺术类、手工类、科技类、生活类、人文类等。

3. 过程性督导要扎实，重点督导人员考勤、活动秩序，是否按计划开展活动，活动时教师的状态和学生的参与率、专注度、社团的品质等。每个社团应有社团名片，名片上有社团名称、带团教师、学生人数、学期计划等。

4. 实施过程中，如有人数较多或较少，学生不喜欢的社团，及时调整、更换。

5. 将成熟的社团内容，搜集整理为校本教材。

目前，西工区各校社团涵盖生活、手工、戏曲、科技、体育、艺术等多种领域。社团的审定、督导、课程设置已日趋完善，学校社团课程体系已基本成熟。

第六章 心教育之课堂

第一节 心教育之课堂的要素及实施

一、心教育课堂要素

2011 年心课堂在西工区全面铺开,2013 年整体架构完成。心课堂秉承"以概念为本的实物教学"的实施原则,落实三个技术因子:学习目标、学习流程、小组建设;两个文化因子:师生关系和规则意识;四个内在价值:课程观、实体化、安全感、秩序感。技术因子凸显学习目标、课堂流程、小组建设等环节的课程实践;而文化因子则侧重于师生关系与规则意识的构建与发展。四个内在价值旨在让儿童在爱、自由和规则下,通过自主、探究、合作学习过程,培养学生良好的学习习惯和学习能力,为学生的终身发展奠基。

二、心教育课堂实施

为了给中高年段的孩子提供更科学的教学体系,4—6 年级语文、数学开始进行 PACE 教学。2018 年起各校的部分年级推进 PACE 教学的班级数量由学校自行决定;2019 年起,各校全面推进。PACE 教学是小学中高段(4—6 年级)心课堂的"升级版",即步骤、阶段教学。将一个学期的教学内容按照不同的单元主题分成若干个步骤,制定学期计划,依序进行。每一个步骤再分为若干日进行,每一日再设定"日教学目标"。每日清晰地罗列出概念、参考资料、学习内容、今日目标及挑战题。教师分科讲解每日教学重难点,学生自主完成课业,个别问题由个体求教解决。PACE 教学的实施,符合不同孩子的学习节奏,可以根据个体差异进行教学,从而使学生达到以下目标:

1. 合理安排时间、在自由的氛围中进行自我管理;培养孩子的自学能力;
2. 使学生对自己的学习有明确的认知;
3. 培养学生为自己负责的意识;

4. 培养学生的契约意识；

5. 培养学生独立思考的习惯，合作、讨论学习。

在实施 PACE 教学过程中，教师需明晰孩子在每个年龄段的思维特征；了解每个孩子的认知状况；在课上能够用精神引领学生；引导学生建立科学、清晰、准确的学科概念；帮助学生将知识进行更为完善的纵向链接以及横向填充；引导学生建构良好的学习品质及学习方法。同时，通过家长会的形式使学生、家长彼此清楚自己的职责与权限，三方共同合作，为达成目标而努力。

第二节　心教育之课堂的落实

一、心教育课堂内涵

心课堂，即有心文化、心教育因子植入的课堂。西工区的心课堂涵盖技术因子和文化因子两个层面。经过实践，西工区初具模式的心课堂，已经成为一种区域性教育范本，被《中国教师报》评为课堂改革的创新性成果。

2012 年，西工区区域教育课堂改革由实验向全面推广迈进，区域内的学校由校长负责，全员参与，边实践边提升，形成学校"心课堂"改革的发展队伍，让"心课堂"落地生根，由点到面，扎实推进区域教育课堂改革。

2013 年，西工区区域教育课堂改革坚持以落实心课堂推进为目标，进行跟进式教师"心课堂"培训、体验式"心课堂"培训与每月一次的跟进式调研督导，并进行全员系统性区域教育课堂改革交流，积极进行主管领导专题论文与实践业务课堂执教汇报。为"心课堂"的进一步提升做好理论、实践与人员的铺垫。

2014 年，西工区区域教育课堂改革进入全面推进，特色发展的新阶段。在加大"心课堂"推进的同时，特色课堂发展成为区域课堂改革的目标，以西下池小学"心课堂"模式为代表，不断涌现出如凯旋路小学的"三生"课堂(生命、生活、生态)、白马小学的"双学"课堂(以学生的发展为中心，师生共同参与、双向提升。)、西工区第二实验小学的"八有"课堂(有尊重、有理解、有真爱、有温情、有规则、有自由、有体验、有感觉)、西工区王城小学的"体验式"课堂、西工区外国语小学的"自学、互教、训练"三步课堂、西工区实验小学的"三学一展"(自学、互学、群学、展示)幸福课堂等诸多课堂改革的案例，整体区域课堂改革呈现多姿多彩的新面貌。

二、心教育课堂教学方法

(一) 实物教学法

学习是认知实体化的活动,是形成智力的途径。对于儿童认知形成来说,感觉非常重要。在教学中,如果不让儿童通过身体的各个部位与感官来实体化地体验,就无法使他们产生感受、情绪、意境、精神,而只能通过死记硬背的方式,成为装载知识的容器。西工区各学科的心课堂教学以"概念为本、实物教学"的理念为指导,把儿童从感觉训练引向概念认识。"概念为本,实物配对",指的是使人身心一体化的教育。从儿童的认知形成规律来看,"概念为本,实物配对"的教学方式适用于基础教育的各个学科。

(二) 教育戏剧法

教育戏剧(Drama in Education)是将戏剧应用于学校课程教学的统称,是运用戏剧与剧场的技巧,以练习、戏剧性扮演、剧场及戏剧认知的教学形式来达到教育的目的。[①] 戏剧表演本身是一种存在于虚构与现实之间的艺术,对现实与虚构之间的区分便有赖于"间距效应"的运作。间距效应这一概念来自德国著名戏剧导演和剧作家 Brecht,它指的是戏剧中演员与观众之间,同时与自身所扮演的角色之间保持一定距离,通过这种距离来获得观演双方的冷静与理性。挪威教育戏剧教授斯蒂格·艾瑞克森(Stig Eriksson)认为,教育戏剧中的间距效应具有保护和诗化的重要功能。间距能够切断事物的真实和我们对事物的实际态度,同时也能促发新的精细化体验。[②] 运用教育戏剧的手段,学习者能在"间距效应"的保护下自由地表达想法、自在地运用肢体。将身体运用到学习体验当中,更有利于营造具身化的学习文化生态情境。

教育戏剧具有传承戏剧艺术和育人的双重价值。二十世纪八九十年代,美、英、法、德等国家纷纷以立法或课程计划的形式将戏剧纳入普通学校教育体制中。[③] 2000 年,我国台湾地区开始将戏剧纳入义务教育"艺术与人文"领

---

① 张晓华.教育戏剧理论与发展[M].新北:心理出版社股份有限公司,2004:5.

② SHIFRA SCHONMANN. Key Concepts in Theatre/Drama Education [M]. Netherlands: Sense Publishers,2011.

③ 焦阳.核心素养教育视野下英国教育戏剧理论变迁与实践拓展[J].四川戏剧,2017(9):88 - 92.

域的课程教学之中。① 2001 年,《全日制义务教育艺术课程标准(实验稿)》第一次明确提出将戏剧列入义务教育阶段必修的综合性艺术课程中,2015 年,国务院发布了《关于全面加强和改进学校美育工作的意见》,强调要"用戏剧、影视等多种艺术形式加强学校美育工作",进而掀起教育戏剧进校园的发展热潮。"教育戏剧"指"以戏剧或剧场的技巧为方法来从事教学。它不以表演为目的,而是借用戏剧途径推进人的社会学习,对人的认知发展、情绪、个性、社会性的发展发挥积极的促进作用"。② 狭义上的教育戏剧通常作为一种教学方法被应用于语文、英语等学科教学中。此外,戏剧社团、戏剧节等组织活动也成为促进学生身心健康发展、丰富学生课外生活的手段,有不少学校将教育戏剧创建成学校的办学特色。

(三) 探究学习法

探究学习法是指学习者在学习的情境中进行观察、发现问题、收集资料、进行解释论证,并交流运用的学习过程。探究学习是学习者主动参与并获得知识的过程,在这个过程中形成研究科学所必要的一些能力,并在此基础上进行抽象概括形成科学概念,培养对客观世界进行探求的积极态度。

心教育的探究学习建立在上述定义的基础之上,但兼顾学段的特殊性,其具体实施涵盖了以下内容:首先,教学的目标是体验自主参与探究活动的过程,提高发现问题和解决问题的能力,培养合作精神与合作意识,提高学科素养,培养创新精神和创造能力。每名学生因学力差异在探究学习活动中的获得也是不同的,参与活动本身也是一个情感活动的过程。小学生的知识基础不够厚重,年龄较小,所以发现的水平和能力都比较低,这就要求在探究活动中获得体验的经验,形成兴趣或方法,可以为深入探究奠定基础,也可以发展求知欲和好奇心,促进创造动机的发展。在探究中往往围绕一个主题展开,学生要发现和提出问题,发展问题意识,在综合解决问题时往往要有计划有步骤去活动,形成解决问题的策略。小学生的独立探究能力有限,往往需要通过合作,探究学习为合作提供平台,使探究学习得以更深入地展开,也使合作精神得以培养。③

① 孙胜男.台湾地区幼儿戏剧教育活动原则及指导策略研究[D].长春:东北师范大学,2017:39.
② 马利文.专题:教育戏剧的理论与实践[J].教育学报,2014,10(1):56.
③ 付娜.小学数学探究学习实践研究[D].东北师范大学,2012.

在探究教学中,教师属于学习中的指导者,提供探究学习的学习材料,这些学习材料包括"直接"材料和"间接"材料。"直接"材料指学生在学习过程中可能涉及的器械、学具、教学环境等,根据学习需要进行取舍运用的材料。"间接"材料指动态或临时生成的用于辅助学习的材料,例如,教师的知识储备,教师调动和维持学习兴趣的方法。虽然教师全程参与探究学习活动,但其定位是学习的组织者、合作者,起到了引导的作用,是探究性活动"合奏团中的首席"。

三、心教育课堂落实的制度保障

(一)提升全体教师的专业意识与水平

西工教体局坚持做全体教师的专业培训,从儿童的认知规律、完善教师人格和提升专业素养三个方面入手,整体提升教师的意识水平。教研室和学校管理层始终致力于提升教师的学科意识和专业水平,通过培训、下校督导、点位跟进等方式帮助教师成长。在学校层面,业务副校长负责抓全面教学工作,教导处配备语数英学科主任。在教研室层面,教研员认真研读与实践区域理念,真正做到认同、吸纳、融会贯通,每周 4 天下校调研,教研室全面发挥服务、支持功能,切实满足一线专业要求。

(二)深化心课堂改革

各校依托校情,以梯队建设、教研跟进、学区联盟为抓手,落实心课堂要点,落实心课堂四个内在价值,为学生合作、探究的学习习惯和学习能力打下坚实基础。经过努力,全区心课堂过关率达到 100%,优秀率达到 35%。爱与自由音乐课堂、美术课堂形成了明确的课型,清晰的流程,课堂面貌焕然一新,极大地促进学生艺术天分的发掘与唤醒。

(三)落实以概念为本的实体化教学

作为心课堂的要点之一,概念为本的实物教学是西工课堂最显著的特色,也成为衡量一节好课的标准之一。在此基础上,注重概念的梳理和整合,帮助儿童不断延展知识与心理结构,增大心理空间。目前,以概念为本的实物教学成为各年级各科的一种集体意识,这一认同被深刻贯彻在课堂及教育教学的各个方面。

(四)活动与培训

为确保学校工作推进与区域保持高度统一,全面呈现学校教育教学水平,西工区举行了各类活动、研讨和培训,为一线提供应有的支持。

1. 进行每年一次的优质课评比活动、小学生英语技能大赛、小学生汉字大赛、华人少年作文大赛、经典诵读比赛等活动,择优推荐参加省市比赛,均取得优异成绩。

2. 开学前,进行主题学科融合课程、数学实体化课程通识培训;学期中,根据一线实际需要适时跟进或培训指导,其中,局长亲自培训4次,极大鼓舞了一线教师投入教育的热情。

3. 每个学期初,进行业务副校长过关式培训,帮助业务副校长理清工作思路,明确工作要点,使之成为教育教学的行家里手。

4. 分别组织全体音乐教师、美术教师参加孙瑞雪教育机构讲师亲自授课的"爱与自由"专题培训,在此基础上,形成西工区音乐、美术课堂课型与流程,教研室再借助区本体验式培训细化流程,解读要点,指导教师能上课,上好课。据统计,全年共举行区本培训20余次,受益教师2 000余人次,切实为学校发展、教学水平提升保驾护航。

第三节　心教育之课堂的学科研发案例

一、基于"概念为本"的实体化教学

西工区心教育实体化教学遵循儿童认知形成的基本过程,即"感觉—知觉—概念",依据学科特性,在教学过程中,侧重于对学生学科素养的培养,不断渗透学科思想、学科方法、学科技能,培养学生的综合能力。以数学学科实体化教学为例,心教育数学课程首先以概念为本,对课程内容进行整合。其次,依据课程目标,帮助儿童通过身体的各个部位与感官,或者生活中已有知识的实体化的体验,将每一个抽象的概念与实物进行配对,包括概念与生活(实物、肢体语言)的配对、方法与练习的配对,从而让孩子产生本能的兴趣,主动探究概念背后的意义,在学习过程中形成正确的概念和情感。

【案例1】

认识整时

洛阳市西工区凯旋路小学

[教材分析]

本节内容位于一年级数学上册第84页第七单元《认识钟表》。认识整时是学生建立时间概念的初次尝试,也是学生对整时的初次认识,并为以后"时、分"的教学奠定了基础。教材在编写上注意从学生的生活经验出发,让学生生动具体地学习数学。按照"认识钟面结构—整时的读写法—时间观念建立"的顺序编写。虽然在日常生活中学生对时间并不陌生,但由于时间和时刻都是比较抽象的概念,学生学习起来有一定难度,因此还要结合大量的操作活动来学习。教师应着手将抽象的时间特性转化为学生可见、可触摸、可理解的活动,如在钟面上认一认、拨一拨、说一说,做游戏,制作绘本《我的一天》等活动,使教学更有效、更有价值。

[设计理念]

由于认识整时是学生建立时间观念的初次尝试,需要在真实的环境中去感知一天里的每个时刻都在做什么,只在学校的认知是不够的,需要家长配合为孩子们准备真实的钟表,家校合一共同为孩子们认识时间做充足准备、提供良好氛围。学生对本节课所要掌握的知识并不陌生,日常生活中学生已潜移默化地感知了时间这一抽象概念,因此通过教学,应使学习成为学生生活经验的总结和升华,让孩子们初步建立时间观念,从小养成珍惜和遵守时间的良好习惯。

[教学目标]

1. 通过观察、操作使学生初步认识钟面的外部构成;结合生活经验,总结出认识整时的方法;知道表示时间的两种形式。

2. 通过观察、操作、交流等活动,培养学生的探究意识和合作学习意识。

3. 使学生初步建立时间观念,自觉养成遵守和珍惜时间、合理安排时间的好习惯,初步体会到生活中处处有数学。

[教学重难点]

1. 能正确认识整时、记录整时。

2. 特殊时刻(6时、12时)的认识,引导学生合理安排时间。

[概念]

时针、分针、整时。

[教学准备]

1. 教师准备:一块钟表、布置黑板、珍惜时间的绘本和视频。

2. 学生准备:自己喜爱的钟表、A4纸、水彩笔。

[教学过程]

一、前期准备

为了活动有计划、有序地顺利进行,达到最好的效果,我们做的前期工

作有:

　　1. 教研活动研讨方案

　　由教师制定出活动方案,利用教研时间,全体数学教师集思广益、献计献策,给出合理化建议,使方案更加完善。

　　2. 以微信形式告知家长,此次活动的意义。

　　3. 师生每人准备一块自己喜爱的钟表,做到实体化配对。

　　二、开题仪式

　　以绘本、故事、视频等形式让学生感受时间的重要性,使学生知道如何合理地安排好自己的时间,让学生生动地体会时间的宝贵。从而养成珍惜时间的好习惯、能够合理地安排自己的时间。

　　绘本:《你好,时间》《弗朗索瓦与消失的时间》《金老爷买钟》

　　故事:时间窃贼、时间商店

　　视频:珍惜时间

　　(设计意图:营造一种仪式感,让孩子们更好地融入接下来的主题活动中。)

　　三、认识整时、感受整时

　　(一)用一节课的时间来认识整时

　　1. 三段式认识时针、分针、整时

　　(1)知道钟面有 12 个数字、长针是分针、短针是时针;

　　例如:认识时针、分针

　　a. 短短粗粗的是时针,长长细细的是分针。

　　b. 哪一个是时针? 哪一个是分针?

　　c. 这是什么? 这是什么?

　　(2)认识整时

　　三位一体(语言、动作板书)演示 8 时。

　　时针指着 8,分针指着 12,现在是上午 8 时,这样的时刻就是整时。

　　时针指着 6,分针指着 12,现在是上午 6 时。

　　时针指着 12,分针指着 12,现在是上午 12 时。

　　总结:分针指向 12,时针指向几就是几时。

　　(设计意图:学生在生活中虽然有的能认识整时,但概念是模糊的,为了更好地抓住重点,突破难点,我们将 3 个整时钟面出示在黑板上,学生通过观察不同的钟面,进行对比、讨论、交流,使学生体会并归纳出认识整时的方法。)

（3）能用两种方式（中文、电子表）表示时刻

在教学电子表形式时，让孩子们说一说你在哪儿见过这样的钟表？自然巧妙地把知识与生活实际联系起来，打开学生的记忆大门，使学生从生活中找出答案，通过对8时的两种书写形式的教学，使学生理解和掌握整时两种写法，并学以致用，促使知识内化。

2. 练习认识整时

（1）教师在钟面上拨出整时，学生正确说出时刻，并说出判断方法；

（2）教师说出整时，学生在钟表上拨出整时，并说一说时针和分针的位置。

（设计意图：通过这样反复地练习，使学生将判断整时的方法熟记于心。）

（3）游戏：时间操

和教师一起在音乐声中做"时间操"，教师用身体摆几个时间，同学们猜一猜是几时。

（设计意图：钟表上数的位置是固定的，上面是12，下面是6，左面是9，右面是3，只要掌握了这一点，学生就能很轻松地猜出教师用身体摆出的时间。通过小小的游戏活动，让学生多感官体验。）

（二）在学校的每个整时

一年级的小朋友每天起床、吃饭、上课都要按照一定的时间进行，这样在生活中潜移默化就感知到了时间这一抽象概念。

孩子们在学校的每一个整时，教师都要走进教室、走到操场、走进孩子们中间，让孩子们分享当下的时刻和感受；体验时间的变化和自身的感受。

到学校喽，每天早上的8时都是晨诵的时间，看我们听得多投入！

上午11时啦，小肚子有点饿啦，放学回家吃饭喽！

（感受上午8时、9时、10时、11时、下午2时、下午3时、下午4时）

（设计意图：在这个过程中，孩子们能清晰地感受到这个时间我在做什么，把抽象的内容具体化。丰富了学生对时间的感性认识，使学生感受到时间就在身边，逐步建立起学生的时间观念。）

（3）游戏中巩固整时："老狼老狼几点了"

教师拨整时，学生做这个时刻进行事项的动作。

"早上8时了，你在做什么呢？"

"早上8时，我们在安静地晨读。"

"下午4时了，你在做什么呢？"

"排好路队放学啦!"

（设计意图:利用游戏,调动学生多种感官参与学习,让学生在玩儿的过程中学习、巩固新知识,把原本抽象、不易理解的时间知识变得更直观、更具体,学生学习起来比较轻松、自如。）

（四）体验在家的每个整时

感受早上7时、中午11时、中午12时、中午1时、下午5时、下午6时、晚上7时、晚上8时、晚上9时

（设计意图:最好的爱是父母的陪伴,最高效的学习是亲子共度。我们发动家长陪孩子一起感受整时,为孩子营造一种氛围,带孩子一起感受整时并分享感受,知道什么时间做什么事。）

四、拓展延伸

完成绘本《我的一天》:

周末在家体验一天的整时,以绘本的形式展示自己一天的活动（整时）。

（设计意图:在认识并体验了一天的整时后,让孩子们自主设计星期天的安排,这样将数学课堂教学变为学生认识生活,认识数学的活动课,体现"数学源于生活,服务于生活,用于生活"的思想,把数学和生活有机结合。）

五、分享会

1. 周一到校分组展示并介绍自己的绘本。

2. 分享参与此次活动的收获和感受。

3. 教师进行整合,对本次活动做一个完型。

（1）总结认、读、写整时的方法;

（2）通过本次活动,让孩子们初步建立时间观念,从小养成珍惜和遵守时间的良好习惯,能够合理地安排自己的生活和学习。

板书设计:

认识钟表

	分针指向	时针指向	时间
	12	8	8时 8:00
	12	10	10时 10:00
	12	3	3时 3:00

整时　长长分针指12, 时针指几就是几时。

[教学反思]

《认识钟表》是学生建立时间概念的初次尝试,虽然在日常生活中学生对时间并不陌生,但由于时间和时刻都是比较抽象的概念,学生学习起来有一定难度,因此需要学生在操作活动中充分体验和感知,并逐步达到完善。教师应着手将抽象的时间特性转化为学生可见、可触摸、可理解的活动,遵循这个原则,我们为孩子们提供真实的钟表,真实的环境,在活动中去体验、感受、认识整时。在这次活动中,我们也得到了家长的大力配合,在家里,能够陪伴孩子来认知、体验、感受时间,体会时间的重要性。孩子们积极参与、热情高涨,不仅认识了整时,体会到时间的重要性,培养学生初步建立时间观念,自觉养成遵守和珍惜时间、合理安排时间的良好习惯,知道在合适的时间做合适的事情,初步体会到生活中处处有数学。

二、基于"兴趣与情境"的教育戏剧应用

教育戏剧作为一种沉浸式的教学方法,其有效运用能够提升学生的学习兴趣和学习效果。以英语学科为例,英语课程标准的总目标是培养学生的综合语言运用能力。在此目标的引领下,西工区以英语短剧编演为主要形式,打造心教育英语趣味课堂,旨在通过营造生活化的、真实的语言环境,促进学生综合语言运用能力的形成与发展,并在培养语言技能的同时,注重文化意识的渗透和国际视野的提升。通过开设英语学科课程(原声英语进课堂和英语剧),学生完成语言输入和输出的循环,通过有效、充分的听力练习和剧目展示活动提升学生的英语表达能力。(重在体验与感受、引发兴趣,而非知识点的学习。)

英语剧的开展主要集中在三至六年级,其步骤大致如下:第一,学期初,学生确定剧目名称并完成分组,内容可以是课本内容、资源库内容,也可以是其他课外内容,需记录备案;第二,开学第一个月,学生讨论、练习剧本内容,同时确定角色,此环节需要教师关注、询问是否需要指导帮助;第三,学期中,学生自行组织排练,教师询问进展情况并提供必要的帮助;第四,期末展演,教师提前告知学生展演的时间、展演要素等,给学生提供有准备的环境,进行过程性记录(照片、视频)等;第五,选出部分优秀剧目参加学校或区级展演。

【案例 2】

Lesson 8 Do you have a ruler? Read

洛阳市西工区唐宫西路小学

[教材分析]

本节课是科普版《小学英语》四年级下册 Lesson 8 Do you have a ruler? Read 部分(What animal is it?)。本课是本单元教学的第三个课时——阅读课型,通过引导学生分层次、有梯度地阅读文本,让学生自己探索、体验、整合出麋鹿各部位的特征,培养阅读技巧,提升阅读素养,并将所学文本内容与生活相结合,用英语描述更多动物或物品的特征。

[设计理念]

本节课是一节阅读课,旨在引导学生通过自主阅读,培养阅读兴趣和习惯,掌握阅读技巧和方法。因此在本节课的学习过程中,让学生从自己的兴趣点入手,通过一系列有梯度、有逻辑的问题引导学生自主阅读,观察麋鹿的图片,并通过简笔画呈现它的不同部位,将阅读搜索到的信息和生活已有知识进行配对。学生的感官体验引发表达欲望,语言的学习才能真正发生,进而在学习过程中形成英语表达能力和个性化的情感体验。

[教学目标]

1. 知识与技能

(1)能听懂、会说 the head of … the horn of … the feet of … the body of … 词组,了解 have 的用法;

(2)读懂文本、能够根据问题在文中提取信息;

(3)能够在图片和关键词的帮助下简单讲述故事。

2. 过程与方法

(1)通过讨论最喜欢的动物切入主题,初步启动学生的思维和语言表达;

(2)通过细节阅读了解麋鹿的特点;

(3)看图复述文本,培养学生的语言组织能力。

3. 情感态度与价值观

通过阅读文本,感受世界的多样性,了解更多动物的名称、特点及产地。

[教学重难点]

1. 通过教师引导阅读,获得基本的阅读技能,如提取关键信息、理解文本大意;

2. 复述课文,用自己的话表述课文大概内容;

3. 通过文本中的写作方法描述自己喜欢的动物。

[教学准备]

点读机、PPT、麋鹿图片

[教学过程]

Step1：Pre-reading

1. Free talk：What's your favourite animal?

2. A guessing game：

It has a strong body.

It has two big ears.

It has a long nose.

It likes eating bananas.

It's … .

（设计意图：从学生熟悉的话题 It has 切入，利用 guessing game 导入。了解学生对 animal 和身体部位名称的认知，为新课的学习做好准备。）

3. 出示学习目标一：I can understand and retell the text. 并实体化解读目标，让学生理解两个动词 understand 和 retell 的意义。

Step2：While-reading

1. The first reading：Scanning the text.

T：Look at these pictures. What can you see? What animal is it? Find out the answer.

学生自读文本，阅读文字、浏览图片。

（设计意图：先通过看图的形式，快速浏览图片产生信息差。在信息差的驱动下，帮助学生提取到统领全文的信息，提升学生的阅读能力。）

2. The second reading：Read carefully.

Why do people also call it "Sibuxiang"?

Ss：the head of a horse

the horns of a deer

the body of a donkey

the feet of a cow

学生根据教师的核心问题，将找到的相关信息表达出来。

3. The third reading

Where do they live?

学生查找细节信息,理解文本的最后一段内容,通过回答问题,理出文本的框架架构。

(设计意图:在阅读中,采取学生自读、关键词提取,加深对文本的理解。使学生立足文本、理解运用语言。充分利用合理的问题设置,让学生感知麋鹿身体各部位的特征,教师记录学生的表述并板书关键词,记录学生建构文本框架的过程,为复述文章做铺垫。)

Step3:Retell the story

1. 教师配合板书的文本框架示范复述文本:

This is milu deer. It has the head of a horse. It has the horns of a deer. It has the body of a donkey. And it has the feet of a cow. So people also call it Sibuxiang. It lives in Nanhaizi Milu Park in Beijing.

2. 教师、学生共同复述文本内容,学生说不出来时教师进行辅助;

3. 学生根据板书独立复述文本,抽取学生到讲台前进行复述展示,教师倾听并及时帮助、介入指导。

(设计意图:教师根据板书的关键词先进行复述示范,再由总体到个人,既加强了学生对文章的理解程度,又提高了学生语言综合运用的能力。帮助学生积累阅读的经验,使学生的创造思维、写作能力得到培养和锻炼,从而有效促进学生英语综合技能的发展。)

Step4:Post-reading

出示学习目标二:I can describe my favourite animal.

What other animals do you know? Please describe it.

1. 教师示范

Here is the animal. It has a long and thin body. It has no legs or feet,but it can move very fast. It usually has green,yellow or black skins. And it lives in grass or other dark places. Please guess! What animal is it? Yes,it's a snake.

2. 同桌间互相介绍

S1:It has a huge body. It has two big ears. It has a long nose and it also has four strong legs. Its favourite food is banana. Can you guess what animal is it?

S2:I think it's an elephant.

S1:Yes,you're right.

（设计意图：通过文本学习，以文本为基础提取出文本结构后，学生在教师真实范文示范下，同桌间互相用"it has ..."描述一种动物，将所学知识运用到实际生活中，真正做到学以致用。）

Step5：Homework

Write a passage about your favourite animal.

板书设计：

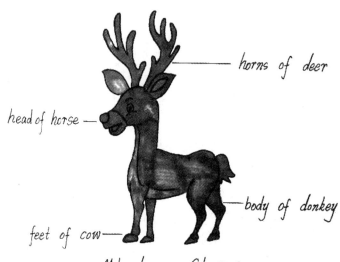

What animal is it?

horns of deer

head of horse

body of donkey

feet of cow

Milu deer . Sibuxiang
Nanhaizi Milu Park . good place

[教学反思]

读中思、思中悟

——What animal is it? Read 教学反思

在设计本节阅读课时，我依据《课程标准》的要求，立足四年级学生的学情，通过一系列阅读活动引导学生"边阅读边思考"。在课堂教学中我努力创设真实、合理的情境，引导学生接触、体验和理解真实语言，展开思维性语言认知活动，而后于思维性语言模仿活动中进行意义操练，力求实现学生语言发展与思维品质的双提升。

1. 初读课文，理解思考

首先，我出示本课的一张插图，引导学生猜测图中的动物是什么，学生根据自己已有的经验进行猜测,产生信息差,在信息差的驱动下我立即引导学生速读课文,read the whole story, answer the question:What animal is it? 这是检测学生整体读文后,获取文本大意的能力。通过快速阅读有的学生找到"Milu"有的学生找到"Sibuxiang",学生仁者见仁,智者见智,阅读本来就是一个读者的主体经验与文本内容相契合的个性解读过程。

2. 细读课文,深入探究

本文学习的重点是捕捉描写麋鹿身体各部位特点的信息。我带着学生反复读文,对阅读信息进行转化、分析,而后对文本信息进行推理判断。一读,Read and underline:Why do people also call it Sibuxiang? 待学生反馈完毕,总结出:head of a horse,horns of a deer,body of a donkey,feet of a cow 后,又带着学生重点突破,Read again and find:Where do they live? 这样一来以问导读,以问导思。在问题的引导下,学生通过步步深入探究课文,找到麋鹿各部位特点以及生活地区,在整个探究过程中,以学生自主读书、思考为主,而我仅在重难点等关键处辅之以促学。

3. 拓展课文,迁移综合

带学生复述完文本后,带着学生别样输出课文 Talk about your favourite animal,引导学生介绍自己喜欢的小动物的特点和习性,引导学生将文本中的语言转化成自己的语言,即通过阅读获得文本信息、运用思维转化,从中促进学生用英语理解,变化角色用英语表达的思维能力。

三、基于"爱与自由"的艺术课堂

艺术的审美情趣和情感体验对于学生人格精神塑造具有特殊意义。艺术学习也逐渐被视为一种文化学习的过程,将艺术与人文、学生心理情感需求有机融合。新课程理念要求通过艺术教学活动唤醒学生对生活的感受,引导他们用基础的艺术形式去表现他们内心的情感,陶冶情操,提高审美能力,达到认识、操作、情感、创造的整合,注重艺术教育的人文关怀。心教育艺术课程从课程开发、教学内容选择与组织、教学活动实施等方面,体现"爱与自由"的人文关怀,旨在建立一种通过引导学生多元体验文化,以实现个性化学习、审美化生活、人文化关怀为价值取向的审美教学体系,以多元体验为核心、面向全体学生进行人文化的美育是其主要特征。"爱与自由"艺术课程注重培养学生对艺术感悟、解读和鉴赏的能力,注重引领学生提升审美品位、构建精神家园。这类课程具有潜移默化的濡染功能,能够培养学生的实践能力、生命意识。

【案例3】

星光恰恰恰

洛阳市西工区实验小学

[教材分析]

《星光恰恰恰》是一首舞曲,采用了回旋曲的曲式结构,不同乐段的情绪对比明显,但八分音符组成的节奏型贯穿始终,使节奏更为鲜明,动感十足。乐曲结构规整,旋律轻快活泼,非常适合加入打击乐器进行表现,提高学习兴趣的同时,更有利于节奏感的培养。

[设计理念]

《星光恰恰恰》是一首富有儿童情趣、欢快又活泼的乐曲。本节课从律动开始就使用这首乐曲,让学生提前熟悉后,再通过声势动作与乐曲的配对,清晰曲式结构。随后加入打击乐器为乐曲伴奏,通过认识乐器、乐器配对、体验乐器与演奏乐器,来提高课堂的趣味性与学生的参与度,最终达到锻炼节奏感及培养合作能力的目的。

[教学目标]

1. 能够了解乐曲的曲式结构。

2. 通过小乐器的加入,充分调动学生的积极性与参与度。

3. 培养学生对音乐的感受力、鉴赏力和表现力,体验合作的乐趣。

[教学重难点]

1. 认识、配对、体验与演奏小乐器。

2. 认识与了解乐曲的曲式结构。

[教学准备]

多媒体课件、红战鼓、碰铃、手摇铃、响板、铃鼓。

[教学过程]

一、连接

播放《天上星星下凡来》音乐,教师传递碰铃与手摇铃给学生,学生模仿教师依次进行传递。

(设计意图:创设轻松愉悦的音乐氛围,师生通过小乐器的传递进行连接。)

二、问候

教师击鼓,变换不同的语气和声音问好,学生模仿并回应教师。

(设计意图:关注到每一个学生,在问候中体会音乐要素的变化,为之后小乐器演奏中出现的强弱对比作铺垫。)

三、律动

(一)教师随音乐做声势动作,学生进行模仿。

教师在每一乐句末尾拍手表现 $\underline{X\ X\ X}$ 的节奏。

(二)学生两人面对面合作律动,在拍手处对拍。

(设计意图:调动学生积极性,用《星光恰恰恰》的音乐和声势动作为之后的教学做准备。)

四、主题

(一)初听乐曲,感受情绪

1. 初听,找出乐曲中两种不同的音乐情绪(A 欢快地,B 优美地);

2. 再次聆听,听到欢快的音乐情绪时,起立示意教师,听到优美的音乐情绪时坐下示意教师;教师按照学生的表现在黑板上标出"前奏 ABA 间奏 ABA"。

3. 介绍曲式结构。

(设计意图:通过对比欣赏不同乐段的音乐情绪,并用肢体动作来感受,使学生能够清晰直观地认识与了解乐曲的曲式结构。)

(二)声势练习,乐器配对

1. 教师做声势动作,学生观察。

2. 思考教师做了哪几个动作?(踩脚、拍腿、拍手、捻指)

3. 介绍打击乐器种类。

木质类:打棒、响板、双响筒、蛙鸣筒……

皮革类:红战鼓、堂鼓、手鼓、铃鼓……

散响类:沙锤、手摇铃、雪橇铃、串铃……

金属类:碰铃、三角铁……

4. 出示铃鼓(皮革类)、手摇铃(散响类)、响板(木质类)、碰铃(金属类),复习演奏方法。

5. 声势与乐器配对。

教师踩脚,学生思考用哪种小乐器演奏比较适合?

以此类推,依次配对为:

踩脚——铃鼓、拍腿——手摇铃、拍手——响板、捻指——碰铃。

6. 教师做声势,学生模拟乐器演奏(分四组)。

(设计意图:通过观察声势练习与乐器配对,学生模拟演奏乐器,提高学生的专注度,为接下来的乐器合奏作铺垫。)

(三)乐器演奏,体验乐趣

1. 有序发放乐器,说明演奏规则。

2. 教师指挥学生集体探索乐器。

感受手中乐器的形状、音色及使用方法,并按照教师指挥手势敲击乐器。

3. 教师指挥学生随音乐演奏。

4. 小组间交换乐器再次演奏。

5. 引导学生体验尾声力度的变化,自主创编演奏(力度更强,所有乐器一起演奏)。

6. 再次跟音乐完整演奏,前奏、间奏和尾声处自由表现。

7. 空间演奏体验:学生起立,音乐第一部分加入律动,第二部分加入打击乐器。

8. 教师用歌声、琴声引导乐器有序归位。

(设计意图:通过探索乐器、随音乐演奏、交换乐器演奏、尾声的创编,到最后的律动与打击乐器的结合,层层递进,提高课堂的趣味性与学生的参与度,打造学生喜爱的音乐课堂。)

五、结束的连接

师生轻声演唱歌曲《数星星》,并用动作表现歌曲的意境,感受音乐的美以及爱的能量。

(设计意图:体验下课礼,感受爱的美好。)

板书设计:

星光恰恰恰

A 欢快地,B 优美地

前奏 ABA 间奏 ABA

曲式结构:ABA

[教学反思]

《星光恰恰恰》是一首活泼欢快的舞曲,采用了回旋曲的曲式结构,让学生通过聆听与动作的对比欣赏,来了解与认识回旋曲。为了提高学生们的兴趣,调动他们的积极性,本节课采用了打击乐器为乐曲伴奏,学生们积极参与,课程效果较好。

对美的感受和理解,是审美教育的要点。本课把感知放在重要位置。听,是感知与理解音乐的前提条件,也是艺术实践最重要的过程,因而要从听入手让学生感受音乐的情绪,熟悉音乐的旋律。本节课,先让学生听,感受乐曲的两种不同音乐情绪,通过肢体的引导,学生能很清楚地感受到乐曲欢快与优美的不同音乐情绪。再通过对比聆听,引出乐曲的曲式结构,这样就大大降低了教学难度,教学难点也就迎刃而解。聆听过后,加入声势,学生们的参与度很高,之后进行声势与乐器的配对。小乐器的加入,使学生眼前一亮,小乐器的体验也使本节课达到了高潮,学生们的参与度、积极性极高。

通过这节课的实践探索,再一次认识到,在常规的音乐课堂教学中,提高学生兴趣尤为重要,孩子们兴趣高了,才能达到全员积极参与,课堂活跃且有秩序。

第七章 心教育之管理

第一节 心教育之管理的理念凝结

一、心教育管理的特质

心教育管理是一种理顺、抚慰及连接人心的管理,即管理者与师生肝胆相照、用心沟通的管理,是先理后管、以理代管、理而不管的"心管理"。它的关键元素是:尊重、理解、接纳、认同、赏识、激励、真诚、深情、民主、平等。心教育认为管理、教育与教学,不是控制,不是培养,更不是塑造,而是为校长和师生创造更为宽阔的平台和自由发展的空间,让其自主地成长和发展。因此,心教育重新定义了教育管理,提出"映照、滋养和去控制"的管理理念,并要求管理者对于现实、实践深入观察和了解,通过不断反思,抓住教育的本质,进一步凝练心教育的理念,探索改革方案和实施路径。具体而言,心教育管理具有如下特质。

(一) 育成性

学校管理指对学校各项工作的领导和组织,是教育管理的重要部分。随着教育变革时代的到来,学校管理日趋科学化和民主化,在这一前提下,人才的育成成为推动教育变革的新动力。在心教育的大环境下,对于教师而言,心管理与心成长相结合,旨在实现教师的学科专业发展;完成对自我的认知,修复并完善内心,重建内在关系模式,形成完整而又成熟的人格;完成对儿童的认知与理解。在实现对教师育成的同时,形成良好的成人环境,再作用于儿童。在教师的引导下,儿童获得知识的启蒙,初步感知与学习相应的技能,在个性化和品德熏陶中实现生长。心管理于儿童而言是以培养全面发展的建设者和接班人为根本工作目标,各项管理活动都应以育人为前提,管理方式、方法的选择和运用也要遵循小学教育活动规律和管理活动规律,遵循青少年儿童身心发展的规律和特点,使一切管理活动都具有科学性和教育性,全面促进学生的身心发展。学校整洁优美的环境面貌,紧张活泼的学习气氛,教师教书育人的神圣职责,丰富多彩而又具有教育意义的课外活动都能够使青少年儿童的身心在这种教育情境的陶冶下得到健康发展。所以,小学管理应当是一种育成管理,育人是根本,而管理是育人的保证,必须以育人为前提。

（二）协同性

心管理相对于传统的学校管理,其影响主体更多,这是由教育领域的延展性决定的。从心理方面的教师专业团队建设就可以看出,班主任心育师、心理沙盘师、心理督导师层层推动西工区心理健康教育。对于身心发展不成熟的儿童而言,通过教育教师团队的协同配合,实现适宜的心理健康管理。从学校角度上看,发挥自身的主导优势,主动联合家庭、社会力量,有针对性地搞好对儿童的教育管理,在系统内部联合少先队、督导室等力量,形成目标一致、力量集中的教育集体。整体上看,心管理下的学校管理模式,追求雁阵型的管理模式,不再由单一中心推动建设,而是在多个中心统一调配,调动有效资源协同共进,发挥沟通能力和专业优势,在和谐有序的氛围中实现民主高效的管理。

（三）长效性

十年树木,百年树人,人才培养是一个长期的工作。在心管理的理念中,需要夯实根基,坚持以提升师生核心素质和发展潜能为目标,这就要求管理者具备长远的眼光,理解教育成果的迟效性,通过提升管理服务水平,促进教育改革平稳落地。通过系统地培训,造就一批有教育情怀、有思想、懂教育、懂学生、懂教研、会管理的优秀教育专家团队,是心教育能够永葆生机活力的关键所在。区域职能部门也不是高高在上地坐到办公室里遥控指挥,而是必须到学校现场去,以服务者、陪伴者和支持者的角色去督导。哪里出现问题了,和学校、老师一起坐下来探讨解决方法,真正地去帮助解决问题。学校也非常欢迎这样的督导方式,因为只有这样才能实现育人的长效性。

二、心教育管理的原则

以人为本是心教育的旨归,在新时期教育改革中,必须坚持构建社会主义理论框架,以科学的先进的经验指导学校管理,使学校管理沿着有序高效的方向发展。因此,心教育中的学校管理应遵循一定的原则。

（一）方向性原则

社会主义的学校管理,必须坚持方向性原则,这是学校的社会主义性质所决定的。方向性原则在学校管理的诸原则中处于领先地位,它是学校办学的根本,体现着教育的阶级属性,直接关系到培养和造就一代什么人的问题。[①] 心教育同样坚持学校一切教育活动的根据是教育方针和教育目的,心管理必须坚持国家的教育方针,必须坚持教育目的保持社会主义的教育方向。为此,西工区教体局强调集体研修,通过形成统一的思想体系和价值取向,明确为党育才、为国育才的整体方针,使学生成为有理想、有道德、有文化、有纪律的社会主义建设人才。

（二）整体性原则

整体性原则强调将学校活动当作一个整体,从整体目标出发,有序合理地组织学校各部门、各年级,充分发挥整体协调功能,形成集体合力从而达到最佳管理效率。在传统学校管理中,垂直化的管理易造成信息沟通的延缓和决策的滞后,不利于管理效率的提升。而在心教育的管理下,更强调充分发挥每一个组成部分的优长,这就要求管理者具有全局意识,能够认真思考每一个细微因素可能对学校教育造成的影响,从中找出规律性的内容,积极利用一切资源改进管理工作。同时,这种形态下的管理强调激发师生的创造力。学校作为知识孕育和传授的场所,更需要思想的碰撞,激发师生的主体意识,由垂直管理向多重引导转变,由单一中心向多元主体转变,激发整个机体的活力,学校教育和管理质量才能得到提升。

（三）科学性原则

学校的科学管理是遵循教育的整体规律,按照科学管理理论和教育发展趋势,依据学校自身的实际情况进行管理。在管理过程中,依据事物的本质和规律,观察和分析学校中的问题,采取科学的研究方法和态度处理学校工作各程序中的问题,善于运用现代化手段来使用、调节和控制学校的人力、物力和财力,善于用科学的观点和方法总结已取得的成果,使学校工作科学化、制度化、程序化。心教育中的科学管理善于调动教育领域各方的积极性。在整体目标方向确定的前提下,将具体细则下放到学校内部,由专业人员进行细化,实现学校管理的每个部分都能够围绕着整体目标制定各自的具体计划,将管理设定的要求变为教师个人奋斗的方向。成员之间协调合作共同完成预期目标,是管理科学的重要组成部分。同时科学管理能力的提升依靠不断地学习

---

① 何永华.学校管理必须强化方向性原则[J].西华师范大学学报:哲学社会科学版,1990(3):130－132.

和沟通,通过组织交流学习,拓宽视野,完善规章制度,采取科学的方法和手段,实现管理的科学性和高效性。

三、心教育管理的理念

教育的本真是育人,是服务于学生的个性发展、全面发展、终身发展。今天中国的基础教育,是"过度化"了的教育。反对过度教育,就是提倡办有温度的、和谐的、人本的教育。

（一）温度理念:让爱和温暖弥漫校园

温度的内涵是多方面的,它既是爱,也是幸福,还是包容,是教与学的过程中师生共同成长的一种愉悦。师生在温暖的环境中进行愉悦的教与学,便会激发出意想不到的动力,焕发出意想不到的生机与活力。温暖源于爱,爱是教育的灵魂,只有融入了爱的教育才是真正的教育。苏霍姆林斯基说:"没有爱,就没有教育。"巴特说:"教师的爱是滴滴甘露,即使枯萎的心灵也能苏醒。"可见,爱与温暖对教育的重要性。

西工教育根据温度理念提出七条教育主张:

1. 教育的出发点是生命,落脚点是生活。教育就是让学生学会生存与生活。

2. 教育是人的灵魂的教育,其根本目的是培养人的精神。

3. 真爱是一切教育的核心,真正的素质教育是爱的教育。

4. 管理、教育与教学,都不是控制,不是培养,更不是被塑造,而是为校长和师生创造更为宽阔的平台和自由发展的空间,让其自主地成长和发展。

5. 和谐源于平等,平等是最大的和谐。

6. 教育不是通过惩罚与警戒来触动内心,而是通过规则内化为秩序感来改变外在修为。

7. 心文化的精神实质,是提升生命的高价值感与幸福指数。

对于心管理的实施西工区要求:

1. 各级管理者要学习管理心理学;

2. 修炼人格魅力,让自己成为师生的精神领袖;

3. 马斯洛效应:满足下属的不同需要;

4. 允许教师请情绪假、亲情假、电话假;

5. 让每位教工和学生觉得自己是学校的主人;

6. 把学校经营得有"家"的感觉;

7. 经常换位思考,将心比心;

8. 放手让师生自我管理,无为而治;

9. 掌握多种激励团队的方法;

10. 永远把自己当公仆。

从实践中我们认识到学校教育应该紧紧围绕着为师生服务,寻找适合学生个性发展的教育,尊重学生成才的规律,做有"温度"的教育,办有"温度"的学校。我们要让学校的点点滴滴,在任何时候都很温暖,都有温度。要做到润物细无声,自然融化,自然契合,让师生在"温度"适宜的校园里健康快乐、和谐持续地成长和发展。

(二) 和谐理念:让信任与尊重彼此交织

学校是儿童的生活地,目之所及、耳之所闻、心之所感,均与其身体发生着碰触,这种与环境的交互浸染、影响着儿童的心灵。因此,构建和谐良好的管理环境是心教育所倡导的。尤其是作为学校主体和日常活动中心的师生,营造和谐理念,让信任和尊重彼此交织是极其重要的。

下面我们一起看一看针对一年级入学新生的三天课程。

1. 班主任在新生入校前要给孩子营造家的氛围,以"我上学啦"为主题,在教室的前门,黑板上以及教室后面展板上布置班级文化;教室环境干净有序,体现结构与秩序、真实与自然、美与氛围;在每一位学生的课桌上贴姓名卡(另外在开学第一周引导学生在家自己制作一个立体的姓名卡放在书桌上,互认姓名结识新友)。

2. 每位教一年级新生的教师第一次与孩子们见面时,要先向学生进行自我介绍;学生在自我介绍时各班要营造轻松愉悦的氛围,也可用欣赏的活动引入让每位学生感受到爱、被尊重、被看见,体现自我价值感。

3. 班主任及配班老师在开学第一周要带领新入校学生全面参观校园、各办公室、各班教室、各功能室、校长办公室、食堂、厕所等,并在各项参观学习的过程中初步建构规则及实操。

4. 初步了解学校的规则后,要组织讨论分享,班主任与学生初步建构班级规则,并进行实操操作,重在教师示范!(例如:如何做到请归位,别人的东西不能拿,粗鲁粗野的行为不可以有,等等。)

通过三天的课程,我们可以明显看到教师在尽最大能力与新生缔结良好的关系,努力构建轻松和谐的校园氛围。这里所运用的管理思路是润物细无声般的引导,从第一步建立初步信任开始,处处体现对学生的尊重和爱护,并有意识地导入规则。在入学第一个月和学期(年)末,会分别进行一次讨论课。初入校讨论内容:你感觉幼儿园与小学的区别是什么?进入小学后,你遇到的困难有哪些?在你眼中,小学老师是怎样的?你的小学同学是怎样的?学期(年)末讨论内容为:这学期(年)你最大的收获是什么?这学期(年)最大的遗憾是什么?这学期(年)你最大的成长是什么?通过对比和讨论,一学期的管理形成了完整的闭环,师生在交流中实现和谐成长。

(三)人本理念:内涵发展的价值诉求

以人为本是时代教育发展的永恒主题。"天覆地载,万物悉备,莫贵于人。"以时间长河和宇宙世界衡量一个人,人很渺小,这就是苏轼所说的"寄蜉蝣于天地,渺沧海之一粟"。但就个体生命而言,人是推动生产力进步的主体。在教育场域中,以人为本使得人作为教育的出发点,按照人自身的发展规律,以全面发展为旨归。心教育的管理模式关怀儿童的需要,引导儿童对自我本质的认知,增强其主体意识。通过树立一切为了儿童的理念,真正发挥儿童主体地位,在学校里产生强烈的归属感。给他们足够的发展空间,进而提升每一个人的生命质量。

下面我们通过一位校长的自述,看他们是如何诠释人本理念的。

儿童是祖国的花朵。但我们能否真的把他们看作真正的、尊贵的花朵,给予他们真正的"爱"?冰心先生曾说:"让孩子像野花一样生长。"对这句话的思考与理解,当代学者、被称作教育界"用脚做学问"的人——林格,在其力作《教育是没有用的——回归教育的本质》一书里说,"让孩子像野花一样生长",这应当是现代教育变革的总纲领。

怎样理解"让孩子像野花一样生长"呢?这么简短的一句话,其实蕴含着冰心先生对教育本质的理解与对教育者的谆谆教导,包含着对野花的认知、对孩子的认知、对生命本身和生命自主成长的认知,暗含着教育的原则、方法和策略。野花,是大自然中四处可见的美好的生命,生长在原野,沐浴阳光,经历风雨,自然生长,经受岁月的洗礼,最终灿然开放;生长,是一切生命的最高法则,野花的生长是一种顽强的向上的生命的力量;教育,是人类独有的社会活动。人类的这种高级智能活动,必须遵循自然的法则,相信孩子天然的向上向好、拥有天然的学习的力量! 教育不该是社会、学校、家庭、父母和老师,以教育的名义去为孩子创造一个个"温室",削弱或灭掉他们的天赋和能量,而是要给予他们一个相对自然的"原野",让他们在相对自然的环境中,自主地、自由地成长,成为他自己。

从中可以看到,"让孩子像野花一样生长"是为了更好地激发儿童的生命潜力,这样一种向上力是基于教育者对于儿童主体成长的判断。为了儿童、尊重儿童、相信儿童,是心教育实现内涵式发展的核心。

第二节　心教育之管理的文化营造

一、心教育管理文化的精神内核

"映照""滋养""去控制",这是"心教育"践行"心管理"的三个关键词。"映照"就是做好别人成长的镜子,多呈现,少评判;"滋养"就是看清并满足他人当下生命成长的需要;"去控制"就是着眼于他人真正的生命成长,厘清边界尊重规则,让他人成为最好的自己。这三个词构建了一种别样的教育管理新秩序。具体而言,心教育的管理文化的精神内核表现在四个方面。

政校关系新定位。在西工区,区教体局扮演的角色除了"投资者"之外,还有"指南针"和"镜子"。区教体局的职能定位就是服务,除了办学投入服务之外,还有学术、专业服务,做好学校发展的"镜子"和"指南针",支持、帮助学校生成教育的自我修复功能,一旦学校生成了这一功能,区教体局便可以从学校相对"退出"。

"一日常规"或"工作手册"。从校长、书记到副校长、中层干部,再到一线教师、后勤人员,每位教职工都有自己的"一日常规"或"工作手册",做到"基于标准,基于规范,走向创新"。

教师管理新思维。西工区教体局要求校长们允许情绪的发生，帮助厘清边界，对行为有觉察。

家校共育新秩序。不仅用教育让学生成为自己，而且用培训让家长精神成长，用学校文明引领社区文明，西工区教育呈现出一种家校共育新秩序。

二、心教育学校管理的文化营造

众所周知，学校文化的立足点是使人身心合一、健康向上。其中蕴含的人本精神要求重塑学校精神，拓宽学校文化建设渠道。心文化建设的愿景：一是改变当下教育管理模式；二是改善教师与学生的生命状态；三是创造西工教育心生态。而心文化核心理念包含的三大要素是心文化、心教育、心生态。

西工区较早提出"文化立教、文化强教、文化靓教"的战略，坚守信仰，以心为本，关注生命，文化育人。秉持求真务实，创新创造，执着追求，敢为人先的原则。在"爱和自由、规则与平等"的教育精神指导下，心文化的影响力体现在生活的每一个细节上，依据"请教给我，让我自己照顾自己；请帮助我，让我自己了解自己、理解别人和环境；请帮助我，让我自己处理问题和做出决定；请帮助我，让我自己做出选择和得出答案"的原则，心教育的每位教师遵守如下规则：

1. 在任何时候见到儿童都要真诚地向儿童问好，"早上好""中午好""下午好"。在校园里和任何一位成人四目相遇时请向对方微笑或者问候"您好"。

2. 以商量的口吻和儿童对话。

3. "我可以"（规则除外）。

4. 凡事都使用"请"。"请离开""请帮忙""请让一下""请等待"。

心管理的文化认为不可以直接指出儿童的错误，应根据不同的情况使用正确的方法和积极的语言告诉儿童。这样的教育观念能使儿童长大后勇于面对困难和挫折，并终身受益。

1. 给儿童建立这样的观念："错误可以帮助我们成长""错误可以帮助我们成功"。

2. 直接告诉儿童正确的做法是什么，不指出错误。

3. 请使用这样的语言："如果这样做会更好""请试试这种方法"。

心管理的文化同样认为,儿童帮你做的每一件事情,教师都必须向儿童说"谢谢"。教师帮儿童做的事情也要对儿童说"请说:'谢谢'",或者说"你忘了什么?"教师要用自己的行为给孩子创造和维护一种文明,这样儿童就生活在自然的文明环境中。儿童在出现纠纷后,教师应认真倾听,在纠纷双方都陈述完事情的全过程后,使用"请告诉老师发生了什么""请描述事情发生的全部过程""你们自己会解决吗"等语句,再进行判断,帮助儿童建立准确的是非观念。这样解决纠纷的方式能够帮助儿童发展道德观、价值观;辨别是非、善恶;理清思维;发展认知。这一过程是让儿童走进自己的思维,重复自己的故事,了解对方的想法。

当儿童情绪不稳定的时候,教师要学会倾听儿童,建立与他们的感情并赢得他们的信赖。允许儿童有情绪,给儿童宣泄的机会、时间和空间,让儿童逐渐知道生气的过程是自我调节的过程。在大多数情况下,对待个别哭闹的新儿童,方法是带他们出去走走,并同他们交谈他们感兴趣的事情,使儿童放松,并在教师身上建立安全感。

此外,心文化倡导依靠规则,建立一个文明、秩序、平等、公平和能使所有人都可以自己发展潜能的环境。我们需要依靠规则,保护每一个儿童的自由,使其接受自然法则的约束而获得正常的成长;我们需要依靠规则,建立儿童与成人之间、儿童与环境之间、儿童与儿童之间平等、和谐的关系;我们也需要依靠规则,建立一个秩序化的环境,以配合儿童内在秩序地发展,这样才能培养儿童的自律和智能。如果每一个教师以规则来关爱第一次接触我们的儿童,我们就能帮助他在一生中第一次离开父母、走向陌生的环境、第一次独立结识别人、进入社会的过程中建立一个有积极意义的经验,以便为儿童今后顺利成长迈出人生最关键的第一步。

第三节　心教育之管理的团队建设

一、心教育管理团队的基本理念

心教育始终遵循以人为本,为师生的终生发展和幸福奠基;以规则为核心,建立师生内在秩序感;以情感为依托,增强精神凝聚力。其中包括建立以人为本的管理体系,实现学校可持续发展。通过不断完善、调整现有管理机制与体制,使其彰显生命活力;与时俱进,适时建立适合新的教育环境、有利于学

校发展的管理机构;通过建立健全校务委员会、教代会、家长委员会等社团组织,为学校决策提供有效咨询服务。除此之外,还特别重视规则的建立,要求形成师生内在秩序感。具体表现为建立各项规则,规范师生言行,强化学校、教师、学生的规则意识。

二、心教育管理团队的成长心路

自心教育诞生后,它以心环境、心课堂、心课程、心成长、心管理五块基石为抓手,使看见儿童、懂得儿童、服务儿童、成就儿童,使儿童立场成为西工教育人生命深处最强的意识。意识的改变,带来的是西工区每一个人、每一个家庭以及一方教育的改变与发展。

西工区王城小学党支部书记这样表达心中的心教育:"从业务校长到党支部书记,工作的转换让我有一个深切的体会,那就是教师的成长不单单是学科专业的成长,还包括教师内在人格的建构及对儿童的认知两个层面的成长。这三者是一个立体、循环的教师成长系统,只有这三个方面都发展好了,教师才能有稳定的人格,才能站稳讲台,才能站在儿童立场看待和解决问题,才会有职业幸福感。学校在推进教师精神成长的过程中,为教师搭建了精神成长的支持系统,让教师在这个系统中学习、成长,并彼此看见。"

学校为教师搭建的成长系统包括三个方面:读书活动、心理课程培训和撰写儿童观察案例。在读书活动方面,每个学期、每位教师都会读三类书:专业类、认知儿童类和认知自我类。学校还会以教研组为单位,建立教师读书圈,开展读书沙龙,通过一系列读书活动提高教师精神的域值。在心理课程培训方面,每周三下午是全校教师集体研修时间,通过学习心理学专业知识,让教师进行自我探索。在撰写儿童观察案例方面,每两周教师会撰写一篇儿童观察案例,将工作中对儿童的观察与掌握的心理学知识配对,了解儿童行为背后真实的诉求。

经由这样一个过程,西工区的教育生态变了,读书已经成为教师的一种生活方式,而不是口号。观察儿童已经成为一种意识,一种教育的视角,而不是一时兴起。

"2012年,西工区的心教育已经初具雏形。那时刚开始做教师的我,只关注课能不能讲完,至于儿童们接受的情况,往往是被忽略的。如果儿童之间发生了一些小摩擦,我也是灭火心态,照顾不到儿童们的情绪。通过学校的读书活动、心理课程培训,我开始有意识地观察儿童。此后经过一段时间儿童观察案例的撰写,我发现自己开始变得敏锐起来,经常可以给儿童一些非常及时而恰当的关注和回应。"(洛阳市西工区邱岭路小学教师)

西工区教体局持续组织沙盘教师培训,学校的心理教师除了学习沙盘游戏疗法,还要学习叙事疗法、精神分析疗法及艺术沙雕课程等。通过系统学习,教师能在沙雕课上全面把握一个班级儿童的心理发展水平,同时又能在咨询室为有需要的儿童进行一对一的沙盘游戏诊疗。一些儿童通过沙盘游戏,与教师建立了良好的关系,他们会把这种关系延续到同学中,进而解决了入学适应问题;一些儿童在沙盘游戏中整合了自我,逐步改善了行为问题,进而提高了学习成绩;还有一些遭遇重大家庭变故的儿童,通过沙盘游戏寻得一份安静与安然,避免留下重大的心理创伤。

"西工区所有的校长都经历了这样两个成长过程:一个是对自己人格探索和调整的过程,另一个是打破自己重建的过程。这个过程对我们成长至关重要的是,让许多人学会放下权威与控制。我今年50岁,我们这一代是在被控制和挑剔中长大的,所以常常以强者自居,并且以强制的方式管理自己的学校。这样的管理简单、有效,但没有看到人性和尊重。心教育践行与实施的过程,也是我们放弃权威和控制,学会自我觉察的过程,它让我们在这一过程中习得两种本领:看见自己和看见身边的人;对教育和儿童深深的理解和感知。这两种本领让我们受益匪浅。"(洛阳市西工区芳林路小学校长)

西工区所有管理者心中都有一个共识:管理者需要不断扩大自我意识。只有这样,我们才能与每一个来到我们面前独一无二的生命共情,理解他们行为背后的心理需求和内在秘密,并且帮助他们解决问题。

三、心教育管理团队的实践探索

(一) 共同愿景:心教育思想的深度体认

教师对于学校发展的重要性不言而喻,教师的成长牵动着每一个校长的心,在西工区有一支校长队伍,他们是心教育发展历程的见证者、践行者。从

2015 年的"书记沙龙",到 2016 年的"校长研修",再到 2017 年的"管理研修",西工区教育研修队伍由书记扩大到校长再到局机关和二级机构负责人。全区的校级管理团队坚持每周一次集体研修,由局长主持和带领,研修班全体人员共同探讨、研究、体验心管理、心课堂、心课程、心环境、心成长五块基石的建设和提升工作,校长、书记再把研修中的体验和收获运用到学校管理中,提升了校级管理团队的整体水平,使西工教育人形成了共同话语体系和价值取向。

(二) 创新机制:实现三位一体区域联动

西工区的发展离不开大学区的工作机制,借此形成三位一体区域联动,推动区域教育的整体发展。

为了西工区教育的发展,也为了实现西工区城乡教育一体化,区教体局提出了建立大学区的工作机制,我所在的学区正是在这个背景下于 2014 年成立的。学区成立之初,结合西工区心教育的"五块基石",成立了管理服务部、课程开发部、教师发展部及环境建设部,在实现统一管理的同时,还要认识到学区内校情、师情、生情的不同。如何让学区的发展成为一方区域教育发展的引擎? 第一个途径是抱团发展,强校与弱校携起手来融合发展;第二个途径是改善薄弱教师,把整个学区骨干教师集合起来,成为践行心教育的第一梯队,他们在学区内每人至少带一名徒弟,实现以强带弱。

学区内所有校长都愿意分享,实现学区内资源共享、优势互补、合作创新、共同发展,在缩小校际差距的同时,也给学生成长、教师发展、学校提升提供了更多可能和机会。(洛阳市西工区心教育学区学区长、王城小学校长)

(三) 重视行动:全面推进 39 个项目落地

39 个项目达标的背后是心环境、心课堂、心课程、心管理、心成长的全面落实。比如加大心课堂推进力度,逐渐向全学科覆盖;扩大成熟实验班级和教师的覆盖面,逐渐实现覆盖率 100%,优秀率 35% 以上。具体要求包括:1. 建立"学区心课堂工作室—学区学科研究室—学校学科教研室"三级机构,推进心课堂;2. 采取有效措施使心课堂实现"四化",包括以巡课或其他形式备促心课堂落实,使之常态化;针对问题开展专题教研,使之专题化;结合学校校情、学科特点、教师教学风格,力求形成有个性和校本特色的心课堂,使之风格化;及时对实施中的经验和阶段性成果进行展示,使之成果化。

(四)搭建平台:多元研修助推专业成长

2015年初,西工区组织校长、业务校长和骨干教师到北京亦庄实验小学实地参观考察,引入始业课程,使校长们对始业课程有了充分的认识,推动了全区"主题学科融合"课改实验的进行;2015年,又先后组织校长到上海、安徽、江苏、延吉等教育发达地区考察学习,开阔了校长的思路和眼界,提升了管理品质和水平;2015—2016年,先后3次组织校长、书记赴北京、广州、深圳参观孙瑞雪"爱和自由"教育机构的小学、幼儿园,使校长们对校园环境建设有了进一步实体化的认知和提升,课程开发和管理水平也有了进一步的提高;2016年5月,全区组织28名校长赴清华大学创客教育实验室参加创客师资研修班,并就机器人教学进行深入交流。此外,西工区与清华大学创客教育实验室签订了《基于中小学创客教育师资培养的研究》课题合作协议,在创客教育师资人才培养、创客课程开发、创客空间建设等多方面开展合作;2017年12月,全区校长赴广州参加第四届全国名师名校长峰会,拓宽校长的视野,提升管理水平。同时,还有教师的集体研修。

2017—2018学年第一学期"两学一做""师德师风建设"暨校本培训之
西工区___西下池___小学集体研修日程安排表

填表人: 联系电话: 填表时间: 年 月 日

序号	起止时间	地点	导读文章题目	观看视频内容	备注
1	9.8 2:40—5:30	多功能厅	孙瑞雪《孩子,我该怎么理解你》	22 比昂的临床思想 23 阿尔法功能与链接	
2	9.15 2:40—5:30	多功能厅	《从"原生家庭"重新认识自己》	24 科胡特《自体心理学》 25 自恋型人格障碍	
3	9.22 2:40—5:30	多功能厅	《母爱给男孩安全感,父爱给男孩方向感》	26 自体客体 27 自体的发展	
4	9.29 2:40—5:30	多功能厅	《疗愈原生家庭创伤七个阶段》	28 防御机制总述、情感隔离 29 防御的适应性和情感隔离	

第八章　心教育之成长

第一节　心教育之成长概述

一、心教育之成长的含义及内涵

古希腊哲学家亚里士多德曾经说过:"教育心智而不教育心灵就是没有进行教育。"从生理结构的逐步完善,到心理的发展完善,生物学个体逐步社会化,在社会交往过程中建立人际关系,理解、学习和遵守社会行为规范,控制自身社会行为,形成人的社会属性,同时逐步形成个人丰富的自我认知、生命体验,获得身心的完整成长。

在教育的过程中,遵从生命成长的规律,关注学生的全面成长,促进学生的身心发展,是教育的根本要求。而心教育,更是从生命内在关注师生的成长。心教育认为,如果把一个人比作一棵树,那么,心就是树根,头脑就是掩藏在树冠中的花朵。在孩子的早期教育中,我们重点要灌溉树根——给予他们爱和自由,让儿童的心获得足够的滋养,不断发展壮大自己的生命之根。只要根养得好,这棵树就会逐渐自我滋养,即使你不去特意照顾花朵,它也会开得美好、鲜艳。

因此,心教育注重人的完整成长,更关注"心"的成长,要求学校以规则、自由、平等的理念,使师生心智开启、心性提升,并完成个性化自我的建构,形成独立的精神疆界,从而能够与自己、与他人、与自然和谐相处。其内涵主要包括以下几个方面。

（一）从成长的主体上来说,成长包含每一位师生

心教育的核心是关心人的成长,这种成长不仅仅是学生的成长,也包括教师的成长,是师生在教育的过程中共同学习,互相成长的过程。在学生的成长环境中,教师是最主要的环境。教师如果一成不变的话,他就很难给儿童创造一个有生命的环境。因此教师必须追求自我成长。教师变化了,才能感知孩

子的变化;教师成长了,才能更好地促进学生的成长。西工区红山实验小学张校长认为:

> 真正的教育,绝不仅仅是讲道理、传授知识,更不仅仅是开发孩子的智力,而是把自己精神的能量传递给孩子,维护孩子的心力,让他成为一个内心强大的人,一个能承担后果,能应对变故,能改善自身和环境的人。

(二) 从成长的核心上来看,注重生命价值系统的成长

世上有两套评价体系,一套是外在的社会评价体系,它以身份、地位、容貌、房子、车子等来衡量一个人是否成功,另一套是内在的生命评价体系,它关注人的内心是否快乐、幸福、平和、宁静。[①] 心教育认为,人是有生命价值的个体,学生不是知识的奴仆,教师不是教学的工具,他们是有尊严、有价值的独特的生命个体,师生的成长需要在生命价值系统中进行。成尚荣在谈到心教育时指出,只有知识、分数、应试的教育其实是最不道德的教育,是扼杀人生命价值的教育。教育的使命就是让人认识存在的价值和意义,获得生命的高价值感。心教育是关注人内在生命价值的教育,其核心就在于提升生命的价值。心教育让我们每一个人在校园里、在课堂里,在生活的每一个角落,能骄傲地抬起头来,能有尊严地生活,成为一个真正的人。

(三) 从成长的目标上来说,让每一个人成为自己

心教育的核心办学理念是:爱与自由,让每一个师生都成为自己。成为自己就是能够为自己的人生做出选择,而且负起全部的责任。儿童不是依靠成人塑造,而是自己创造自己,儿童不是教出来的,而是自己成长的。真正的教育应该是由孩子自己来完成自我创造,成人只是创造环境,协助孩子成长。心教育是一种生命教育,激发人的内在创造潜能,让人真正具有创造性。心教育让生命的潜能得到唤醒和开发,让每一个人成为生命的主宰者,让每一位师生成为创造自己的人。

二、心教育之成长理论依据

由于心教育中成长的独特性,因此它重新定义了教师成长、学生发展、师

---

① 李艳丽.心教育:让生命之花开在当下[N].教育时报,2012-3-17(1).

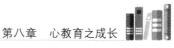

生关系,以及教育管理。在成长的评价方面也有其特殊性。总的来说,其评价体系主要包括以下几个方面。

（一）现代健康观

在传统的观念中,健康是在既定的生命周期内没有疾病,而疾病往往限于生理或躯体疾病。随着医学、心理学的不断发展,人们对健康的看法和观念在不断地发生变化。1948年,世界卫生组织（WHO）在其宪章中指出:“健康不仅仅是没有疾病和衰弱的状态,而是一种身体上、精神上和社会上的完好状态。”从而将健康的观念扩展到心理层面。1978年,国际初级卫生保健大会发表的《阿拉木图宣言》对健康的含义又做了重申:“健康不仅是疾病与体弱的匿迹,而且是身心健康、社会幸福的完美状态。”1989年,WHO又将健康的定义修改为:“健康不仅仅是身体没有疾病,而且还要具备心理健康、社会适应良好、道德健康。”这种采用生理—心理—社会健康模式对健康的理解就意味着衡量一个人是否健康,不仅要看他有没有器质性或功能性异常,还要看他有没有主观不适感,有没有良好的社会适应能力和良好的品德。因此,现代人的健康内容包括身体健康、心理健康、社会健康、道德健康等各方面,在培养和评价人的发展状况时也应从整体上进行评估。

心教育强调在师生成长的过程中,从身体到心灵,从认知到精神,都要独立、饱满、强健,丰盈,强调“心育”与“德育”“智育”并重,更看重师生的自我接纳、人格完善、心理健康,注重生命价值感的滋养,深刻体现了现代健康观的思想。

（二）心理建构论

皮亚杰十分重视主体在认识中的作用,他认为知识不是外界客体的简单摹本,也不是主体内部预先形成结构的展开,而是主体与外部世界不断相互作用而逐步构建的结果;因而,个体的认识是一种主动积极地不断地建构知识的活动,发展也是主体与外部世界相互作用而不断成熟的过程。儿童通过自己的活动,建构他的智力的基本概念和思维形式。因此,真正的学习来自儿童本身,而不是教师传授给儿童。

建构主义认为知识不是对现实的准确表征,只是对世界的一种解释、假设;知识并不能精确地概括世界法则,而是需要针对具体情境进行再创造;知识不可能以实体的形式存在于具体个体之外。儿童不是空着脑袋走进教室的,每个儿童都是在自己原有的知识和经验的基础上对新知识进行理解和吸收,进而主动建构自己的知识体系。因此,教学不是知识的传递,而是知识的处理和转换。儿童不是被动的信息接收者,而是信息意义的主动建构者。

建构主义强调在教学中要把儿童现有的知识经验作为新知识的生长点,引导儿童从原有的知识经验中生长出新的知识经验。教师不能只做知识的呈现者,还应该重视儿童自己对各种现象的理解,倾听他们的看法,洞察他们这些想法的由来,以此为根据引导儿童丰富或调整自己的理解。由于经验背景的差异,儿童对问题的理解常常各异,在学习共同体之中,这些差异本身便构成了一种宝贵的学习资源。

从建构主义的思想出发,心教育之成长理念中,强调儿童的主动建构和个人生成性,要求把儿童成长的权力交给学生自己;尊重儿童的意见、建议和看法,承认"我有我的看法,你有你的观点,我和你可以不一样",充分尊重了儿童的个体差异,强调"差异就是财富,应该珍惜开发",促进儿童个性发展与自我成长。

(三) 全人发展观

全人发展是指在满足社会需求的前提下,充分尊重人的主体价值,把人的全面发展作为教育的终极目标的一种教育思想。全人发展下的教育内容包括德、智、体、群(社会交往、社群)、美、事(事业)、情(情绪)七个方面,旨在充分发展个人的潜能,培养完整的个体。2001年"基础教育课程改革纲要(试行)"的一个显著特征就是确立了全人发展目标,[①]以学生为本,着眼于学生的全面发展,反对权威主义和精英主义,要求所有学生都得到全面发展。[②] 所以从这个意义上来说,全人发展就是注重全体学生的全面发展。

依据全人发展观,教育应以生为本,为儿童创造良好的环境,同时注重儿童在学习活动过程中的体验和知识建构,以及儿童内在精神的培养。在评价时,不再以各门学科成绩的好坏作为评价其全面发展与否的唯一标准,而以加德纳的多元智力理论为依据,实施多元评价,从而促进儿童社会价值和个体价值的有机统一。

立足于全人发展,教师在教育过程中要尊重、关心、关爱、信任、理解每一个儿童,注重儿童的主体性和个性差异;实施爱的教育、激励的教育、幸福的教育,用爱与关心代替行政命令,注重心与心的交流与沟通,让儿童在充满爱和自由的环境中幸福成长。因此教师也要从"心"成长,不仅在专业上发展,更要

---

① 柳丽娜,王守恒. 新课程全人发展目标下高师公共教育学课程设置的思考[J]. 江苏大学学报(高教研究版),2004(2):12-15,23.

② 靳玉乐. 新课程改革的理念与创新[M]. 北京:人民教育出版社,2003:29.

从自我上成长,学会调控情绪、完善人格,学会无条件地爱儿童,学会和他们共同成长。这也正是心教育的核心理念。

第二节　心教育之成长途径

一、专业阅读:教师成长的助推器

俗语说:活到老,学到老。特别是处在信息爆炸时代的我们,终身学习已成为时代发展和个人成长的需要。而读书,则是个体可以保持终身学习的可持续的有效途径。普希金曾经说过:读书是最好的学习。习近平《之江新语》中也曾就读书说过:"要真正把读书当成一种生活态度、一种工作责任、一种精神追求、一种境界要求。""读书可以让人保持思想活力,让人得到智慧启发,让人滋养浩然之气。"[1]全民阅读时代,读书,特别是深度阅读,正成为个体发展的必然需求。

而对于教师来说,读书更应成为一种生活方式。苏霍姆林斯基在《给教师的建议》中说:读书,读书,再读书——教师的教育素养正是取决于此,要把读书当作第一精神需要,当作饥饿者的食物。朱永新说:"阅读的过程就是精神发育的过程,阅读是整个精神成长最重要的历程"[2];"教师读书不仅是学生读书的前提,而且是整个教育的前提"[3]。在研究教师成长的过程中,研究者指出,专业阅读是教师专业成长的助推器,也是教师丰富知识、专业发展和精神成长的重要途径。郝晓东指出,之所以强调专业阅读,是因为现实中有一种阅读,貌似专业,但不仅没有解决实际问题,反而在逃避问题,甚至制造问题,因此阅读无用是因为缺乏专业性。[4] 于立平认为,如果为教师提供组织化、专业化的支持,如推荐书目、提供专业支持和条件保障,进行专业阅读,则可以提升教师的专业智慧。[5]

心教育强调"爱、自由、规则,让师生成为自己"的教育理念,重新定义了教

---

①　赵银平.世界读书日,习近平为你讲述他与书的故事[EB/OL].新华网.(2018-04-23)[2021-4-6]. http://www.xinhuanet.com/politics/2018-04/23/c_1122724592.htm.

②　陈香.朱永新:让阅读奔涌,形塑中国价值社会[N].中华读书报,2020-07-15(6).

③　朱永新.读书与教师成长[N].中国教育报,2007,17.

④　郝晓东.阅读无用是因为缺乏专业性[N].中国教师报,2019-3-27(8).

⑤　于立平.有指导的专业阅读推动教师成长[N].中国教育报,2014-01-08(9).

师成长,将教师成长分为专业成长和精神成长,精神成长是专业成长的根基和动力①。教师成长的基本模型可以概括为"一主两基":以生命认知素养提升为核心,以学科专业素养和儿童认知素养提升为基点。② 因此,李艳丽认为,教师发展的模式需要从以下三个方面着手。

第一,帮助老师提升和进化教育意识。只有教育意识提升了,教师才能更深刻地理解教育是什么,人和人的关系是什么,爱是什么,自由是什么,规则是什么,世界是什么,才能睁开眼睛看到一个新的世界,并且在这个新的世界中,看到的是人类的儿童,而不是个体的儿童。

第二,对教师进行大规模的心理疗愈,让教师打开心灵,对生命产生感觉。大量的儿童得不到良好的成长,其中多是成人的问题,成人并不是不想做好,而是他的生命状态呈现出的就是这样一个行为模式和心理模式。而心理疗愈可以使教师的状态得到调整,实现个人成长。因此,心教育在教师的成长中,以教师的个体成长为基点,从自我认知、情绪觉知和调控,到个性完善、人际和谐等方面进行专门的培训和指导。

第三,让教师了解并懂得0—18岁儿童成长的基本规律,特别是0—6岁、6—9岁、9—12岁、12—15岁不同时期儿童的心理发展特点。懂得什么叫儿童的敏感期,知道儿童每一个行为背后的心理问题与需求;明白什么叫实体化认知,清楚一个十二岁以下的儿童手里没有实物就无法进行思考;知道每一个孩子都天然地生活在精神中,他的生命里一定要有运动、有音乐、有绘画、有图书、有植物、有动物、有活动、有经典、有课程,让他们自由选择、自我体验,感受生命与环境、与人的连接,感受自我、发现生命、创造人生。

专业阅读是一项具有既定体系的工作,通过个人读书、集体读书、集体反思、读书沙龙、读书报告会等多种形式引导、组织教师开展阅读。让教师从被动到主动,从刻意到自觉,从科普到专业,进而爱上阅读,在阅读中读懂自己,读懂儿童,读懂教育,读懂生命。

心教育在促进教师专业阅读上的具体方法如下。

1. 推荐、配书

通过研究和整理,为教师推荐阅读书目。根据心教育教师成长方向,书目分为认知儿童、认知自我、学科专业和管理类,每学年更新一次。教师可以根

---

① 王占伟,张志博. 有一种教育叫"西工"[N]. 中国教师报,2013 - 06 - 12(1).
② 崔斌斌. 区域课改如何走进新时代[N]. 中国教师报,2018 - 05 - 2(1).

据自己的专业、个人成长需求和岗位需要,选择相关书籍。为了给教师读书提供便利条件,从管理角度要求各学校为教师办公室配书,每个教师办公室要配一套认知儿童、认知自我的书籍和相应的专业、管理书籍,以备教师随时阅读。

表8-1 推荐阅读书目(认知儿童类)

分级	序号	书目	作者
一级	1	童年的秘密	(意)蒙台梭利
	2	发现孩子	(意)蒙台梭利
	3	温尼科特与为人父母者的谈话 ——爸爸妈妈的贴心书	(英)温尼克特
	4	与儿童交谈	(法)谢雷
	5	你的N岁孩子	(美)路易斯·埃姆斯 (美)弗兰西斯·伊尔克 (美)卡罗尔·哈柏
	6	与孩子共享自然	(美)约瑟夫·克奈尔
	7	怎么办(系列)	(美)夏皮尔
	8	如何培养孩子的社会能力	(美)默娜·B·舒尔 (美)特里萨·弗伊·迪吉若尼莫
	9	青春期大脑风暴	(美)丹尼尔·西格尔
	10	写给孩子的哲学启蒙书	(法)拉贝,(法)毕奇
	11	儿童哲学智慧书	(法)奥斯卡·柏尼菲
二级	1	捕捉儿童敏感期	孙瑞雪
	2	爱和自由	孙瑞雪
	3	完整的成长	孙瑞雪
	4	谁拿走了孩子的幸福	李跃儿
	5	谁误解了孩子的行为	李跃儿
	6	谁了解孩子成长的秘密	李跃儿
	7	倾听孩子	(美)帕蒂·惠芙乐
三级	1	孩子,把你的手给我	(美)海姆·G·吉诺特
	2	接纳孩子	小巫
	3	夏洛的网	(美)怀特
	4	小王子	(法)安东尼
	5	窗边的小豆豆	(日)黑柳彻子
	6	孩子,你慢慢来	龙应台

表 8-2　推荐阅读书目(认知自我类)

分级	序号	书目	作者
一级	1	零极限	(美)维泰利·蓝博士
	2	超越自我之道	(美)沃什·方恩
	3	少有人走的路	(美)M·斯科特·派克
	4	对生命说是	(英)奥南朵
	5	生命的重建	(美)路易斯·海
	6	客体关系心理治疗	(美)谢尔登·卡什丹
	7	心灵的面具:101 种心理防御	(美)布莱克曼
	8	不要用爱控制我	(美)帕萃丝·埃文斯
	9	情感依附	(美)亨利·马西 (美)内森·塞恩伯格
	10	幻想即现实	曾奇峰
	11	当我遇见一个人	李雪
	12	你不知道的自己	曾奇峰
二类	1	遇见未知的自己(系列)	张德芬
	2	爱到极致是放手	张德芬
	3	心有所定,不畏浮世	张德芬
	4	我心温柔,自有力量	张德芬
	5	为何家会伤人(系列)	武志红
	6	为何越爱越孤独	武志红
	7	感谢自己的不完美	武志红
	8	谁在我家	(德)伯特·海灵格
	9	懂得爱:在亲密关系中成长	麦卓基,黄焕祥
	10	非暴力沟通	(美)马歇尔·卢森堡
三类	1	与内心的小孩对话	(美)金伯利·罗斯
	2	超越原生家庭	(美)罗纳德·理查森
	3	下一秒,遇见 Super 老师	Super 老师
	4	在爱情中我们寻找什么	荣伟玲
	5	男人来自火星,女人来自金星	(美)约翰·格雷
	6	爱的五种语言	(美)查普曼
	7	亲密关系	(加拿大)克里斯多福·孟
	8	被讨厌的勇气	(日)岸见一郎,古贺史健

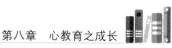

不同专业所需要阅读的专业书籍不同,因此,应针对不同学科推荐学科阅读书目。如为语文学科教师推荐《瞧!这样的语文有意思》(蒋军晶著)、《说来听听:儿童阅读与讨论》(英国艾登·钱伯斯著)、《余应潮语文教学设计技法80讲》(余应潮著)、《不拘一格教语文》(史金霞著)等50余本著作;为数学教师推荐《儿童心中的数学世界:数学日记》(吴正宪著)、《黄爱华与活的数学课堂》(黄爱华著)、《数学思想方法》(张奠宙著)等30余本著作,供教师选择。另外针对班主任教师,也推荐了相应的班级管理书目,如《班主任兵法》(万玮著)、《管理学生行为的有效办法》(约翰尼·扬著)、《跟苏霍姆林斯基学当班主任》(闫学著)、《正面管教》(尼尔森著)、《如何说孩子才会听,怎么听孩子才肯说》(阿黛尔·法伯等著)、《给长耳兔的36封信》(李崇建著)等,为班主任教师管理能力提升提供有效帮助。所列书目并不是一成不变的,相应的职能部门会根据需求调整书单,也会加入新出版发行的相关书籍,每学年更新一次。

2. 上报教师读书书目

每位教师每学期至少读三类书各1本,学校各层管理人员还要读管理类书籍,班主任要再读1本班级管理书籍。教师在假期选好下学期要读的书籍,在开学第一周,上报至书记处,书记整理审核后上报至师训办再次进行审核。

3. 读书督导

学期初,教师制定自己的读书计划。学期中,学校书记与教师进行一对一的读书交流,督促教师读书。师训办会到学校随机抽取教师,交流读书情况。除此之外,师训办还会在学期中到学校参加读书交流会,进行督导。

4. 开展共读共享交流会

一个人可以走得很快,但是,一群人却能够走得更远。心教育在促进教师专业阅读和成长的过程中,努力构建教师专业成长共同体。学校会在每学期选一本认知儿童的书,进行全校共读,每周共读同一章节,在固定的时间进行全校的分享交流。每位教师先在小组内轮流发言,然后学校采用各种形式随机抽取人员进行全校分享。每个学校每学期、每个月都进行读书报告会。通过共读、共享,让教师在尊重、平等、和谐、安全的交流环境中,抒发己见,思想碰撞,更好地理解和内化所学内容。

5. 期末读书汇报会

每学期末,各学校组织教师进行读书汇报会。近年来,师训办在以往的基础上,对读书会参与人数、汇报形式以及汇报内容方面进行了规范和督导,促使教师们通过汇报将读书内容内化和吸收,使得各学校的期末读书汇报会从刚开始的谈感悟讲心得,到现在的用工作中的具体案例解读所读书中的理念,使期末读书会真正成为一场精神盛宴,教师们借此提升思想意识和专业水平,从而获得成长的成就感和价值感。

二、感知体验:学生成长的原动力

感知是人的认识过程的初级阶段,也是意识形成和发展的基本成分,在感知的基础上,其他高级的复杂的心理活动才会产生并得到发展。人类用自己的感觉器官感知外部世界,才能进行信息的输入和加工,才能形成更高级的思维和意识。而体验是指通过实践来认识周围的事物。诸多研究者在研究过程中都强调感知和体验在个体发展过程中的重要意义。皮亚杰认为儿童的动作发展既是感知的源泉,又是思维的基础,儿童的思维发展是主体和客体相互作用的结果。建构主义认为知识存在于具体的、情境性的、可感知的活动之中。人的学习应该与情境化的社会实践活动联系在一起。孙瑞雪在《完整的成长》中也特别强调感知的重要性,她指出儿童首先要经历感觉和心理,要全然地将自己的感觉投入其中,然后才流向认知的程序。罗杰斯也曾说过:我可能知晓的唯一"实相"是当下我所感知和体验的世界;你可能知晓的唯一"实相"是当下你所感知和体验的世界。[1] 如果说,成人感知世界的方式是聚光灯,那么孩子感知世界的方式更像是照亮四周的灯笼。孩子并不会仅仅体验着周围世界的某个地方,相反,他们同时生动地体验着所有事物。[2] 因此儿童"历经感觉的、心理的、认知的、精神的过程,才叫滋养自己的生命,养育和创造自己的生命。"

心教育认为,感觉是认知的重要来源。孩子的成长不是被教出来的,而是自我体验、发现、创造完成的。如果不让儿童通过身体的各个部位与感官来实体化地体验,就无法使他们产生感受、情绪、意境、精神,而只能形成一些死记硬背的东西,成为装载知识的容器。

心教育认为,教育教学工作要致力于让学生在"爱与自由、规则与平等"的环境中,充分进行感官体验,通过自主、合作、探究的学习过程,使身体、情绪、心理、认知、思维、精神得到发展,为学生形成完善的人格和持续的学习能力提

---

[1] 罗杰斯.论人的成长[M].北京:世界图书出版公司,2019.
[2] 艾莉森·高普尼克.孩子如何思考[M].杨彦捷,译.杭州:浙江人民出版社,2019.

供支持,为学生的幸福生活和终身学习奠定基础。校园的一草一木,一桌一凳,小到门牌窗台,大到校园整体布局与设计,都从儿童的感觉出发,从儿童的需求出发,把生活化的、生态的、经典的元素放进去。李艳丽认为,每个孩子都是天生的哲学家和艺术家。真正的教育,不过是儿童天性的自然发展。只要给儿童感觉,他就能创造自己。"我们要给孩子创建'有感觉'的环境和空间,让他的感觉出来。小学教育就应该落实在这个层面,学习则是'顺手牵羊'的事情。我们建设生态校园的目的是为了找到教育的根本。孩子生活在万事万物中,但这些事物只是一种存在,不是孩子成长的根本。孩子成长的根本在于这些事物引发的内在感觉上升为精神力量。"

三、家校共育:家长改变的新场域

家庭是儿童的第一所学校,父母是儿童的第一任老师。但在成为父母之前,很多父母并不知道需要做什么样的心理准备和知识准备。希拉里·克林顿就曾经给自己的女儿写信说:"我第一次做你的母亲,你第一次做我的女儿,让我们彼此关照,共同成长。"《遇见孩子,遇见更好的自己》中写道:"之所以成为父母,不是要我们去书写孩子的人生,而是为了净化我们的心灵,让我们彻头彻尾地改变自己,只有明白这一点,我们才有机会进步、长大、成熟。"所以养育孩子的过程,也是父母成长的过程。

习近平总书记说:"家庭是社会的基本细胞,是人生的第一个学校,不论时代发生多大变化,不论生活格局发生多大变化,我们都要注重家庭,注重家教,注重家风。"由此可见家庭教育的作用是学校与社会都无法替代的。教育是一项系统工程,需要家庭、学校、社会的共同努力。学校和家庭的关系应是协同而非对抗,支持而非排斥,合力而非推诿的合作共育关系。心教育构建了提升家长认知水平的"心家育"保障机制,包括全面调研家长需求,实施有针对性的培训,制定家育制度,完善对家教工作的规范指导;构建家庭教育网络机构,确立机构保障。通过开展主题活动,让家长重新认识儿童;通过家长陪伴,确立正向亲子关系;提出发展"完善心"的家育理念,通过培训、共读、参与让家长精神成长,呈现家校共育的新秩序。

1. 调查与介绍

每个学年初,教体局都要通过小型座谈会、问卷调查、家访等方式,对全区学生家长的家庭教育认知做全面地调研。家长对家庭教育的认知水平大体划分为三个阶段:第一个阶段为唤醒期。家长片面地认为教育是学校的事,对家庭教育应有的职责以及儿童成长的规律等茫然无知,亟待唤醒其教育意识。第二个阶段为自觉意识期。家长能够认识到自己在家庭教育中的主体责任,有自己的教育观与教育方法,注重为孩子创设健康成长的家庭环境。第三个阶段为家校共建期。家长能够积极地自我成长,并以自己的成长影响孩子,与学校共同成为孩子成长的陪伴者、引领者。对家长层次的科学评估与定位,有助于提高家长培训的针对性。

同时,学校也要向家长敞开心扉,让家长了解学校,了解学校教育。如每年一年级新生开学前,都会进行不低于 2 天的家长培训,内容包括区域及学校办学理念、办学特色、学校管理策略、课堂改革等。还有一些具体的问题,如家长如何帮助孩子建立规则? 在孩子入校前,家长和孩子双方应该做好哪些(精神、物质、生活)方面的准备? 如何帮助孩子建立安全感? 家长在儿童认知辅助、交友、心理适应、情绪波动、与老师的沟通和连接等方面该如何帮助、支持? 这些都是讨论的重点。

2. 构建共同目标

心教育认为:只有读懂了儿童,才能读懂教育。不了解儿童心理发展的特点,就没有办法理解儿童,更没有办法开展教育。因此,心教育在家校共育工作中,要求教师与家长共读《爱和自由》《捕捉儿童敏感期》《完整的成长》。要求全区所有学校开展家校同步培训,研读与认知儿童有关的文章,看视频听讲座,切实把"为儿童提供有准备的环境"作为家庭教育与学校教育的重要课程。积极开展对儿童心理认知与探索的1—6 年级家长同步培训活动,增强家长对心教育的理解、认同及配合,发挥家长在教育中的重要作用,构建西工区家校教育共同体。

此外,以孙瑞雪等教育专家的著作为主题,组织家长开展读书沙龙活动,学习教育知识,提高对儿童心理与成长的认知水平,构建书香家庭。同时,邀请孙瑞雪教育机构、国内知名心理专家等知名专家为家长做报告,解答家长的教育难题,有效破解家庭教育缺位的问题。

3. 搭建多元平台

家校共育新模式强调的是学校和家庭的配合,这就要求二者之间必须建立起良好的沟通平台,如校讯通、家长开放日、家长委员会、班级微信群、班级QQ 群等。葛晓英、徐耀光指出,有效运用微信、微博平台,构建家校共育的教育共同体,可以促进家长与教师沟通,让家长和教师及时了解和掌握学生在学

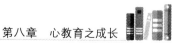

校、家庭的学习生活表现,而且还可以促进家长之间的交流,让教育从教室走向家庭,拓展学校教育资源,也为师生提供多方位展示舞台。① 西工区坚持做好以下几个"一":每学期各个年级至少开一次家校沟通会;每个月举办一次"家长同步培训";每个学校开通一个校信通;每个班级建立一个微信群;每周轮流一个班级走进社区、服务社会;每学期举行一次优秀家长、书香家庭表彰会,这些举措有力地促进了家校同心,协力育人。

4. 开展公益讲座

开展系列公益讲座活动,邀请全区家长参加,提升教育认知与水平。2018年由李艳丽主讲的"西工区'为孩子提供有准备的环境'"大型公益讲座如期开展。此公益讲座共计 20 场,在 3—6 月的每周六、周日进行,受众覆盖西工区所有家长、教师、学校中层管理人员、机关及二级机构人员等。讲座内容包括区域教育理念架构、深层次解读区域教育理念(课程环境、课堂环境、校园环境、成人环境)、儿童成长的阶段性规律、家庭环境中常见的现象、家校关系的边界等。教育管理者通过与家长面对面地沟通,使全区家长都能够高度重视家庭教育,能够对儿童的认知及成长规律有一个比较科学、直观的感性认识,高度认同区域教育教学的理念及相关做法,从而能够和教师一起为儿童提供有准备的成人环境,促进儿童完整成长。

5. 参与主题活动

通过各种方式邀请家长参与到学校的活动中,引导家长在活动中增强体验,促进亲子沟通、情感联结,增加对学校工作的认同感,为学生完整成长提供有效帮助与支持。如新生入学之时邀请家长参加学生的"开学礼",在家长培训时告知家长开学礼相关事宜,设计家长牵着孩子的手走红毯、家长赠孩子新学期寄语等环节,让家长充分参与到孩子的开学礼中,体验尊重、成长、仪式感。再如西工区开展的"感恩·孝亲活动"让家长参与到学生的活动中,体验、表达亲情,体悟成长。

---

① 葛晓英,徐耀光. 有效利用网络平台探索家校共育新模式[J]. 中国现代教育装备,2020(6):15—17.

西工区外国语小学 2017 年"感恩·孝亲"活动方案

一、体验实践

1. 我来当家长

学生在家与父母角色互换,做爸爸妈妈平时做的事情,如:叫醒"孩子起床"并做早餐、买菜、洗衣服,给孩子支出零花钱、交通费等。

2. 欣赏父母

学生主动去欣赏父母身上的优点,并告诉自己的父母。(制作一张卡片,把欣赏到的父母的优点写在卡片上)。

3. 行动表达爱

每天家长和儿童主动给对方一个拥抱,说一句"我爱你",学会表达爱。

4. 爱的赞歌

音乐课学习一首与亲情或中秋有关的歌曲。

5. 爱的图画

美术课创作一幅与中秋有关的作品送给父母。

6. 爱的讨论

各班开展以"爱"为主题的讨论课。学生给家长写一封感恩信。

7. 全家赏月

(1) 中秋节当天晚上全家人共同赏月、吃月饼。在各班班级微信群里实时赏月,上传照片,诗句。

(2) 活动当天班主任给家长发送祝福短信,或利用微信宣传。

(3) 家长给孩子写一封祝福信,如《写给孩子的祝福信》。

二、总结展示

1. 学校向每位家长发送"感恩孝亲周"活动短信。

2. 班主任组织学生交流本次活动的感受,利用活动中搜集到的诗歌、故事等资料,学生制作的手抄报、感恩卡等,及活动开展过程中的照片等经过精心设计,布置班级文化活动展示区。

3. 借助微信平台将本次活动以文字加图片的形式发送给家长,并向家长征集意见。

同时,各学校开展家长志愿者服务及家长讲堂。此项培训内容各学校根据实际情况自行安排,力争让每个家长在小学阶段轮流一次志愿者服务。通过创办家长学校,精心安排培训内容,让家长系统了解心教育,了解儿童心理发展特点,了解教育本质,不断提升家长的育儿水平;开发校本体验课程邀请家长积极参与其中,通过体验活动改善亲子关系。现如今,每次的家长培训时间已经成为家长热盼并享受其中的一种精神生活。广大家长在陪伴孩子的过程中,积极接受新时代的教育理念,从而实现了自我成长。而且在日常育子过程中自觉实践,积极和学校配合,支持学校开展各项教育教学活动,自觉为儿童成长创造合适的环境。

四、勤观善思：管理者提升的阶梯

学校作为有计划有组织对受教育者进行系统教育活动的机构，有其根本的管理规则和要求。而能否依据国家的教育方针政策，立足于教育实际办好教育，关键取决于学校管理者的管理素质。苏联教育家苏霍姆林斯基曾经说过："一个好校长，就是一所好学校。"著名教育家陶行知先生也曾经说过："校长是一个学校的灵魂，校长的水平决定一所学校的实力与未来，影响着学校的顶层设计和未来发展蓝图。"因而，学校每一位管理者对于学校的整体发展和学生的培养，都起着重要的作用。

叶澜教授早在 2004 年谈到校长培训时就曾指出，应培养校长的自我观察和反思能力。[①] 当前教育家型校长更是要求校长是具有深度思考和有效表达的思维观察者[②]，能通过持续长期的观察获得教育实践的深刻认知，通过深刻的思考和反思总结教育规律，进而不断提升教育实效。

叶澜教授指出，校长的勤观和反思，其一是做一周纪实，看自己一周都做了什么事情，并且要把事情分类，看看这些事在所有的时间里所占的比例及它的价值。然后看这一周的生存状态是经常性的、典型性的，还是偶然性的。之后要想，对这样一种生存状态，自己满意还是不满意？可不可能改变？怎么去改变？朝哪个方向改变？校长通过做这样的记录，可以引发出"怎样做校长"的进一步思考。其二是写一个案例。把自己工作中的经历，无论是成功的积极的，还是失败的消极的，用案例法记录下来。案例是一个很生动的过程，校长的思想就穿插在这个过程之中。这种自我观察与反思的能力是一个人提高自我意识、实现自我超越的基本能力。

综合而言，勤观，就是要在教育教学活动中和日常生活中，眼观全局、耳听八方，经常观察学校、教工、学生以及自己在自然、真实的状态中表现出来的典型的教育教学现象及相应的心理活动及行为表现；善思就是在观察的基础上，通过不断的反思，进而直接、准确地把握问题及其根本表现。勤观才能发现问题，了解实际，更好地把脉学校的校情；善思才能分析问题，解决问题，总结经验，掌握规律，定位学校发展的愿景。

---

① 叶澜.校长今天应该怎样学习？[J].中小学管理,2004(4):5-8.
② 于慧,龚孝华.教育家型校长培养的理性追问与实践行思[J].中国教育学刊,2021(1):71-74.

心教育要求每位学校领导每半个月写一篇观察案例,学校领导根据分工对教师的工作意识和觉知状态进行观察,并将这样的观察活动形成习惯,融入自己的工作之中。如西工区外国语小学魏校长的"一日常规":上下午各提前30分钟到校巡视校园安全及清洁情况,观察各职能部门负责人及教师一日常规落实情况;与存在问题的职能部门、教研组、薄弱教师、边缘化学生进行沟通和交流;每天抽出30分钟深度读书,并与工作进行实体化结合;觉察环境、觉察教师、觉察学生、内观自己,发现问题找出对策;梳理学校一天工作中值得记录和分享的事和人……在外国语小学,从校长、书记到副校长、中层干部,再到一线教师、后勤人员,每位教职工都有自己的"一日常规"或"工作手册",做到"基于标准,基于规范,走向创新"。以下是白马学区校长的一日工作常规。

白马学区校长一日工作常规

日期:　　　年　　月　　日

序号	工作内容	工作流程	完成情况自我评估
1	巡视指导	上下午提前30分钟到校巡视校园 观察各职能部门负责人、班主任及任科教师一日常规实施情况 参与晨诵	
2	大课间	配班要求及时到岗 履行好大课间职责,掌握大课间情况	
3	觉知自省	觉知自己,觉知环境,觉知教师、学生	
4	读书	每天抽出30分钟时间读书思考	
5	第二天主要工作		
6	临时性工作		

心教育要求管理者要以心为本,走近师生,走进师生,用心交流,以情感为依托,增强情感意识,增强精神凝聚力。围绕学校办学思想和理念,上下通透,凝聚共识,形成共同话语体系。不断提升校园文化内涵,营造结构与秩序、真实与自然、美与气氛的校园文化氛围,把学校办成一所有特色有品位的师生幸福成长的精神家园。同时,心教育注重管理者的整体教育管理素养,积极开展系统的管理者培训、强化集体研修,提升整体素质;加强考核培训,提高管理水平。通过这些举措,使真正懂教育、懂学生、懂教研、懂管理的优秀教育者成为心教育的管理人员,为心教育可持续发展提供强有力的人才保障。

第三节　心教育之成长经典案例

一、教师成长案例

(一) 遇见教育的美好

从一个年轻的教育梦开始,到真正站在讲台之上成为一名教师,知识的不断丰富并不是唯一的条件。这个追梦的路上,角色的转变、班级管理的挑战、自我的成长,像一个又一个关卡需要教师们挑战。幸运的是,身为教师可以在挑战中探索,在不断学习中成长,西工区春晴小学的闫老师对此感触深刻。

毕业后,她进入一所小学代课,起初没有适应从学生到教师的角色转变,还在摸索教学方法的时候,糟糕的事情接踵而至。刚入学一个月,由于班级语文教师和数学教师待产,她半路接手班主任。从此,她的班主任的"噩梦"就开始了。

> 课堂上,孩子们七嘴八舌说闲话,一个放学路队整顿一个多星期,学生走得还是七扭八歪。在校长的门口"监视"下,我真想找个地洞钻下去。为什么这么简单的事情到我这儿这么难呢? 深深的挫败感油然而生! 屋漏偏逢连夜雨,课堂本身就不够成熟,再加上混乱的课堂秩序,课堂一度失控,我是手足无措,完不成教学任务,真是又生气又焦虑。每天的电话里不断地传来家长的不满和指责。
>
> 每天沉浸在这样的高压、抓狂、焦虑等情绪中,我崩溃大哭无数回。白天,在学校教室里我觉得学生像一个个"小恶魔",怎么那么不听话! 夜晚,回家路上夹杂着疲惫,偶尔再接到一通家长指责的电话,委屈得眼泪一个劲儿地往下掉。心想:当老师,太难了。当一个优秀老师,真是难上加难啊。面对当时的窘境,我看到的是困难重重,是我的教育路黑漆一片。我对教育梦的所有热忱和美好憧憬,在那一段黑暗的时光里,全都破灭了。这个念头时常蹦出来:我要辞职! 我要转行! 我再也不要当老师,又累又辛酸!

在无数次"我要辞职"的念头闪现之后,她依然咬牙坚持着,坚持用自己的耐心和热情面对着孩子,坚持自己的教育生涯梦。第二年,闫老师顺利进入春晴小学任教。重新开始,也从"心"开始了她的教学探索之路。

通过心教育理念的学习,闫老师认为,在儿童生命成长的过程中,做有温度的老师,建立好的师生关系,就是和孩子建立"彼此信任"关系,做孩子的陪伴者和倾听者。这样的教育才能真正贴近孩子,才是"有温度的教育"。闫老师举了这样一个例子。

期末社团展评时,我本可以自己决定展示的摆放形式和方式,但我还是征询了孩子们的想法。我说:你们3人一小组,商量一下我们展示时作品怎么呈现更美观,更吸引人。有的孩子说摆成长长方方的形状;有孩子却提出:可以摆成六边形,围起来呈现! 听着孩子们的议论,我的心头一阵惊喜。没有想到,孩子们小小的脑袋里,竟然有着超乎寻常的想法。随后的活动课程中,我们采用了六边形摆法,社团每个成员都心满意足,开心地笑了。我能感觉到我和孩子在一起的快乐和开心。

从此之后,我真的很喜欢征询孩子们的意见,因为他们总带给我一些意想不到的惊喜! 有一次,一个放学的午后,我在布置非笔试测试的板面,画到一个点赞的手势,大拇指画得格外丑陋。几个学生嘲笑我,说:老师你画的大拇指,像被门挤肿了。听完这话,我和留下的几个孩子都哈哈大笑! 我说:"你们觉得应该怎么画,你们画画试试吧!"就这样你添一笔,我画一笔,在不断地修改中,我们终于完成了! 最后,我让几个孩子快回家,他们都不愿离开,说:"我们还想和老师再待一会儿。"我很意外,但更多的是感动。瞧,这种不舍得,依恋的感觉就是信任关系。

这样的关系中,哪里还有故意捣乱的孩子? 哪里还有教师"管不住孩子"的焦虑和崩溃? 新的师生关系,让教育变得生动、温暖。闫老师在日记中写道:

虽然,每天问题依然层出不穷,但我不再惧怕,不再焦虑和崩溃,因为,我看到了教育路上成长的快乐,看到了我的"花儿们"在我的陪伴呵护下正快乐地成长着。

除此之外，闫老师在教学过程中也反思自己的工作和心理状态，总结自己的个性特征和遇到问题时自己的反应，以及背后所体现的心理特点，更深刻地聆听自我的心声，在自我觉察的过程中反思、成长。

记得有一次，通知我第二天上午可能会听我的课。一听到这个消息，我就焦虑万分，着急抓狂，因为我不知道该怎么备课，应该从何入手，我也不知道我之前的教学方式是否合适，有没有更好的教学方法？如果我讲砸了，学生会不会笑话我？领导会不会批评我？……一天下来，我不停地从网络上找资料，四处给同事打电话求助，但还是不知道该如何开始。

看着时间一点点地流逝，而我的备课工作却毫无头绪，我一直在不停地反问自己：我为什么会这样？当我终于精疲力竭地倒在床上的时候，我突然意识到：我把时间和精力都用在了顾虑和担忧上，这实际上就是内耗。人的精力有限，内耗越多，情绪就越糟糕，就越没有办法集中于需要完成的事情本身上。当我觉察到这部分时，我开始放空头脑的杂念，内心变得平静，然后开始整理我的课。

我决定讲复习课——《表内乘法》，首先我翻阅了数学书上这个单元的全部内容和教参。然后想：通过这节课的复习，我想让孩子达到一个什么样的复习效果？学会哪些内容？通过思考，我制订了三个学习目标：(1) 理解乘法的意义；(2) 会读、写乘法算式，知道乘法算式的各部分名称；(3) 我能用乘法知识解决实际问题。接下来我再思考：这三个目标分别通过什么形式，哪些练习题等可以更好地达成？再一点点填充到每个板块中。比如：哪个环节可以介入实体化部分，充分发挥实体化的优势并帮助顺利达成学习目标？层层挖掘，逐步思考，最终设计出了一节简单却又"不简单"的复习课。

从这个事情上我真正意识到人要觉察自己，感受自己的情绪，然后才能调控情绪，做情绪的主人。如果没有觉察，很容易被情绪所掌控，这就是教师的情绪管理。

在师生交往的过程中，尊重并相信孩子，学会走近和聆听孩子，才能看到孩子们绽放的生命之花；在自我成长过程中，觉察并接纳自我，才能获得内心的平静和成长。从无处安放的焦躁和崩溃，到彼此信任和共同成长的温暖和幸福,闫老师在她的成长路上,终于遇见了教育的美好!

(二) 看见内在的自己

原生家庭对每个人来说都影响巨大,特别是童年的经历。在原生家庭中习得的观念和行为,会影响着我们的生活、学习、工作甚至对待人生的态度,且有可能伴随我们终生。奥地利著名精神学家阿德勒曾说过:"幸福的人用童年治愈一生,不幸的人用一生治愈童年。"充分说明了原生家庭的长远影响。

在工作和生活中,学会觉察原生家庭对我们的影响,并能够自我成长、超越原生家庭,是每一个人的必修课。但由于每个人的自我觉察和反思程度不同,有的人能清楚地意识到原生家庭对自己的影响,而有的人却无法从个人的心理和行为中探究到原生家庭的影响,故而对自己的某些行为迷惑但无解。西下池小学的张老师,在学习心理学之前,总觉得自己的消费行为十分矛盾。

> 不知从何时开始,每当我给自己买东西超过一定的数额,内心的心理剧就开始上演,"嗨,你又花了这么多钱","钱要花在该花的地方,要省着花,真不会过日子",有个声音就这样不停地责备自己,直到找到身边的一个参照者,内心戏才慢慢停止。有段时间这种感觉特别强烈,一方面自己有很强的购买欲望,看到东西总想买买买,很多时候控制不住自己;另一方面买了东西后又很自责,觉得自己不该这么毫无节制地买,内心冲突非常厉害。

> 说来奇怪,我自认为自己工资不少,家里收入也不低,我买了东西之后也并没有让家庭生活受到很大的影响,可为什么就不允许自己过得舒服点?而且,说我节省吧,我也并没有存下预期的钱,卡里的钱很少到达我的期望值。偶尔达到了,还没高兴几天,就一定会发生点什么(购物? 人情? 吃喝?)让那个数字再回落。

在接触到精神分析相关知识之前,她平时总是各种节省,但又会在某次购物时大手大脚地花钱,虽然是在自己消费水平之内的行为,但依然总伴随着特别强烈的愧疚感。"想花钱"和"不能花"这种内在的矛盾冲突总使她不能开心地享受生活,感受幸福。

张老师在学习的过程中通过不断梳理个人的成长经历,自我剖析,自我觉察,逐渐地意识到了自己内在冲突的原因。

小时候,父母每天起早贪黑,为了一家的生计奔忙。尽管一年到头都很辛苦,省吃俭用,但日子过得仍很紧巴,我们总是到过年的时候才能穿上一件新衣服。这让小小年纪的我很早就明白,生活很艰辛,赚钱不容易,要节省,不能乱花钱。父母用自己的经历告诉我,"辛劳而不奢侈(不乱花钱)是好人"。在我成长的过程中,因为认同了父母那种吃苦耐劳、省吃俭用的模式,所以不允许自己有太多的钱,也不允许自己过舒服的日子。这是我向父母的观念和行为的认同。通过这种认同,我与他们保持很深的连接,我在向他们表明,我与他们在一起。这也是我向父母表达孝顺的方式。

　　投射性认同是两个人的游戏,一方发出一个信息,另一方收到信息,并在此诱导下做出反应,方能达成。父母在品尝生活的艰辛之后不允许自己享受生活,享受生活是错误的行为,是不好的人才有的行为。而我读懂了并认同了这种观点,并用这种观点约束我自己的行为,只要自己享受丰盛的物质就会产生内疚感和负罪感。

　但过度节俭和约束自己享受丰盛的物质生活会让个体产生匮乏感。这种匮乏感带来的不安全感和渴求感会让我们努力去获得和补偿自己。金钱上的匮乏感会让我们努力挣钱,物质上的匮乏感会让我们喜欢购买和占有……

　　父母辛劳的背影让我感受到了生活的艰辛,我从小就有个愿望:我一定要和他们不一样,我要努力赚钱,我要过自己想要的生活。我通过自己的努力奋斗,有了稳定的工作,有了不错的收入,现在自己有能力过上有品质的生活。

　在可以满足自我的现实条件和不敢满足自我需求的观念冲突之中游走,自然就会形成两种矛盾的行为方式:通过购买满足自我和通过谴责让自己感到愧疚。觉察到自己对待金钱的矛盾态度和行为,进而觉察到与父母之间的矛盾关系,是自我成长的重要一环。在自我探索中,张老师很快明确了矛盾的关系所在:

　　金钱虽能满足自己的很多需求,但内心的匮乏感、不安全感又害怕失去金钱,其实质是认为自己过得好是对父母的背叛,是对父母的不忠诚。一旦我超越了父母,他们就不爱我了,就会抛弃我。所以在面对自己喜欢的东西,渴望拥有,但买了又很纠结,实际上是感觉自己配不上这么好的东西,不该拥有这些东西。所以我的内在,住着一个对父母无比忠诚和爱的孩子,渴望成长又害怕背叛父母的孩子。

我们生活在自己思想的枷锁中却不自知,《遇见未知的自己》中提出:觉知是破除身份认同的第一步。在学习的过程中,一点点看到内在的自己被束缚的一面,意味着在一点点为自己松绑,也意味着,成长正在发生。

对于过去的生活来说,节省是为了维持整个家庭成员的生活,但不意味着适当满足自己不应该的。满足自己,也并不意味着对父母的背叛,他们可以选择自己的生活方式,而我也有选择让自己幸福的权利。

就像打扫卫生一样,觉察自己成长中的某些观念和看法,用成熟的思想来分析过往,犹如清理多年积存的垃圾,内在的自己会逐渐丰盈,这个过程就是自我滋养的过程。由此,教师生命内在逐渐变化,情绪心态也随之发生变化,教育的敏感度提高,可以为儿童提供更加细腻充沛的关爱。

人最怕的就是"子欲养而亲不待",趁现在一切还来得及,我可以努力去缓解两人的关系,也改善我和金钱的关系,让自己过上丰盈的生活。感谢精神分析理论,让我看到了自己人格堵塞的地方,我相信丰盈的生活就要开始了。成长真好!

(三) 学与行的融合

在心教育的教师书单中,孙瑞雪的《爱和自由》《捕捉儿童的敏感期》《完整的成长》是必读书目,这些书不仅是孙老师思想的精华,更是心教育理念的根基。如《完整的成长》里提到过在 12 岁以前,认知必须使用实物,用感觉建立概念,之后用感觉不断充实和修正概念,使概念不断发展和完备。这是为了保证儿童的感觉、知觉、经验顺利过渡到认知。

张老师不仅通过学习了解学生学习的特点、认知发展的特点,而且在教学过程中,依据学生的学习特点和认知发展特点设计教学,将理论应用于实践,让理论指导实践,很好地提升了教学效果。

第七课的句型是"Can you make chips/buns/noodles？Yes，I can. No，I can't."等有关是否会做某种食物的话题。于是我要求班里的孩子任选一种自己会做的食物(并找到英文的名称和读音),在家里做一做,用录视频或拍照的方式记录下来。第二天把所做的食物和视频/照片带来,一起分享。

上课时,当我把孩子们记录的照片或视频分享到白板上时,每一个孩子都无比专注地观看。

看完江昕妍的煎蛋视频后,我问她：Can you make fried egg now?

江同学：Yes，I can. And I can make cakes.

我：Great!

分享完关同学的炒鸡块照片后,我问他：Can you make chicken?

关同学：Yes，I can.

每看完一组视频或照片,我都会问那个孩子：Can you make ＊＊＊? 孩子们的回答都很有底气：Yes，I can. 问了几组以后,我把提问的权利交还给孩子们,让他们互问互答。尽管有些食物的名称不够准确,但是感觉他们越来越放松,语言也越来越流畅和自然了。

课堂的最后是食物的分享时间。

魏同学：老师,"好吃"怎么说?

我：It's delicious! 或者 Yummy!

……

牛同学：老师,我的 fried egg 很好吃,你尝尝?

我：OK. 你可以试着用英语邀请我吗? Follow me please：Have a taste.

牛同学：Have a taste.

我：Thank you. It's great.

……

整节课的学习中,学生实体化地操作和运用了"Can you make ... ?"句型,他们通过真实地体验制作食物,对这件事有了感觉,再到达对这个句式的理解和运用,并对这部分内容产生了认知,这是一个完整的学习过程。同时,在最后分享时新概念的出现是一个很自然的发生,也是一个充满乐趣的过程。孩子们和我都很享受这节课。

通过让孩子们亲身体验怎么制作一种食物,并拥有与所学概念、词语、句式相配对的情境和实物,通过眼睛(视觉)、鼻子(嗅觉)、耳朵(听觉)、口(品尝)、动手操作,形成内心体验,进而上升到心理感受,从而形成对概念的认知,这就是心教育所倡导的"概念为本,实物配对"的教学方式。张老师在反思中写道:

> 通过这次课,我进一步发现,在学习语言的过程中必须清楚,儿童是在与他人相互作用的过程中,通过运用来建构语言的。但是这个运用必须建立在儿童实体化的感知、体验、学习的基础上才行。孩子们之所以愿意去说、有能力去说,就是基于他们在实体化感知的过程里弄明白了核心概念"make"和"Can you ..."的意义,所以才愿意,也能用英语来表达与交流。
>
> 身为教师,既是实体化教学的执行者,也是实体化学习的学习者。
>
> 首先,自己更清楚地明白了实物配对不是用一些找到的图片或描述的语言、动作、表演,也不是由教师来提供素材,而是由儿童自己去现实生活中体验、发现、共享。教师可以做的是给儿童以空间,为他们提供所需的帮助,如最后的自由分享环节,学生自己说,自己品尝,老师只需要帮助他们给新概念(食物的名称)命名,或是给出正确语言的示范等。
>
> 其次,这节课对于我来说,也是一个对英语课堂的体验和感觉。实体化地让我明白了一节英语课需要从哪些点来准备和呈现,需要自己思考怎么才能让这个体验的过程更真实,概念的呈现更准确,活动的设置更有趣。这是学生的学习过程,也是我的学习过程。

二、儿童成长观察案例

(一) 探索体验:我需要时间和空间来发现

好奇心是人的天性,也是人类与生俱来探究自然、创新科技的原始动力。

在儿童的成长过程中,好奇心会促使他们细心观察世界,进行各种创新活动。西下池小学的吴老师在日常的教育观察中发现,有着好奇心的学生有着强烈的探究愿望和行为。

有一次大课间,我经过国旗台前的主通道,看到樱桃树下的宣同学,跪在地上,一只手搭在樱桃树的分叉口,另一只手在树上扣什么东西。我本能地想要提醒他不伤害环境。

当我走近看时,发现他在树干上专注地找东西,我蹲下来问:"你在找什么?"

他头都没转,回答道:"我在找琥珀(琥珀还说成了'hu bo')。"我笑着说:"你是在找琥珀吧?""对对对,我在找琥珀!"他笑着对我说。"你找到了吗?"我问。"没有,如果这里面有小虫或者是树叶,它就是琥珀了。"他有些沮丧地回答我。"你们刚学过《奇异的琥珀》这篇文章吗?"我有些好奇地问。"没有,我今年才四年级,那篇文章是五年级的。你是想知道我怎么知道'琥珀'的吧?"他回答道。我笑了笑,点点头。他接着说:"我昨天看《百大未解谜团》这本书知道的。""哦,你在提前做功课,不错!"他没有再回答我,而是继续专注地观察,嘴里还不时地嘟囔着:"这么多的树胶、树脂怎么就没有虫子或者小叶子被粘住呢?"

本想告诉他:樱桃树上的这些都是树胶,琥珀的形成也需要千万年,在这棵树上也永远不会找到琥珀!但是我停住了。他继续专注地观察。

周四中午,我在门口值班,他走过来说:"我跟你说个事?""怎么,琥珀找到了?"我笑着说。"没有,咱们学校这个树上面根本就找不到琥珀。"他肯定地对我说。"为什么?""琥珀形成需要千万年,并且虫子和叶子得需要与树脂配合好,正好粘在里面,对了,还得被埋藏在森林中,地底下无数年,还得被水冲刷,总之,想要形成琥珀太难了!""哦,你从哪里了解的?"我问。"上次找了快一节课都没找到,我就在想,是怎么回事?我又自己看书看的。""不错!我今天也从你这里了解了琥珀的形成。"

吴老师通过观察看到了学生在实践中努力探究,在实践中反思所学知识,

在体验中学习和感悟,不仅深化了自我认知,更是体会到了学习的快乐。吴老师在分析中写道:

起初,宣同学从书中得到的对琥珀的理解只是头脑层面的认知,而经历了长达一周的时间,透过感觉在观察、探索中,将头脑层面的知识与自己的感觉、体验、周围的世界进行连接,又通过查资料,最终发现了琥珀的形成及由来,这样的过程是实体化的过程,最后得到的是一种真实的认知。这两种认知,都被孩子记在了自己的头脑里,但效果却是不相同的,经由感觉、体验,在心里不断地将留有的印象进行整合形成的这个认知,内化在了孩子的身体里、生命里,这才是真正的认知。

这个过程中,没有人告诉他怎么办、如何做。而是伴随着他的好奇,感觉进来了,兴趣出现了,内在的驱动力让他渴望去探索,去发现。很庆幸,我在他专注观察、体验的过程中,没有去阻止他,没有想当然地用自己的经验告诉他琥珀不可能在这棵树上找到,而是给予了他足够的时间和空间,去感觉、体验、发现。儿童拥有自己去发现事物的自由,一切的学习必须透过感觉留有的印象,在心理不断整合的过程中,形成认知。

(二) 情绪管理:我就想站在这儿

儿童从出生就能表达基本情绪如愉快、惊奇、厌恶、痛苦、愤怒、惧怕等,但能够觉知自己的情绪,有效控制自我的情绪,是儿童社会化过程中的一项必修课。父母和老师的尊重、包容则是儿童学习情绪管理的第一步。

春晴小学的俞老师发现,给孩子时间和空间,孩子会在尊重中体会自己的情绪,并能够学习接纳和调整自己的情绪。

上午第二节课时,我到校园巡视,远远地看见操场上靠着小舞台的地方站着一个男孩。我知道,一定是有什么事情发生了。我快步来到他身边,顿时,感到他像一座山,一座冰山。我问道:"你为什么站在这儿呢?怎么不去上课?"男孩子看看我,用眼睛瞪着我,丝毫不理会我。我又问他是哪个班的?他还是不吭声。我用手挨个指了指他临近的班,他飞快地用眼睛瞥了一下他对面的班级,原来是六(二)

班的。

　　我透过窗户一看，班主任郭老师正在上课。看到我，郭老师连忙开门出来了。她告诉我这个男孩儿阿浩和班上的一个女生发生了矛盾。她先询问了女生基本情况，然后向男生核实的时候，这个男生就爆发了。这时，正好上课了，就告诉他下课再处理这个事情。阿浩说什么也不在教室里面呆，非要站在操场上，孩子和老师就这样僵持着。

　　我请郭老师先回到教室给学生上课，然后对这个孩子说："天太冷了，要不然你就先回到教室里面，等郭老师上完课再跟你处理这件事情，或者你到我办公室来等着郭老师下课，然后咱们再去找郭老师解决问题。"阿浩大声地喊："我不去班里，我也不去办公室，我就要站在这里。"看到孩子这么大声地喊，我隐隐有一些不舒服的感觉，我下意识地拉了一下他的袖子，想让他跟我一起回到我的办公室，先暖和一会儿。谁知道他全身僵硬，憋着劲儿，一点儿都拉不动他。此时，我能够觉察到自己的权威受到挑战，有愤怒的情绪在心里压抑，他全身僵硬是不愿意跟我连接，我就用拉他袖子的方式来试图进行缓和。当担心孩子会冷、想让孩子回到室内被拒后，有委屈的情绪想要流淌，我接受了自己的委屈，由着阿浩一直在室外站着。

　　停了一会儿，我又说："你现在很生气，是吗？"阿浩点了点头。"你觉得有点委屈。""老师不公平。"这时我看他的眼睛里隐隐闪过泪光。我说："是的，如果受到不公平的待遇，一定会觉得委屈，而且会非常的生气，所以是需要核实的，需要我帮助你解决吗？"他说："不需要，我就要站在这里。"我说："好吧，那你就站在这里。等到你想去跟老师解决问题的时候，你就直接找老师。"然后我就离开了。

　　中间，我有意识地去操场转了两次，发现阿浩还一直在那个地方一动不动。到了大课间的时候，我发现阿浩已经不在原来的位置站着了，而是走到了小舞台的旁边。我相信，他很快就会和老师一起去解决这个问题的。

　　事情最终处理的结果会是怎样？我觉得这已经不再重要了。重要的是在处理这问题的时候，这个孩子的情绪能被看到并且能被全然地接纳。

　　事后，与郭老师沟通，事出原因是阿浩和班里的一个女生发生矛盾,老师已经实现基本弄清楚了事情的来由,是阿浩侵犯了这个女生的权利,在跟两个人做核实的时候,老师让女生先说,阿浩觉得不公平,就爆发了。

当老师判断是阿浩侵犯了女孩的权力时,这一部分投射给阿浩,他的自恋就迸射出来,他觉得是我不好,所以我就要毁灭世界,他的身体就呈现出僵硬备战的状态。此时,他需要有一个时间和空间,做自己内在的工作,不需要任何人来给他帮助,他需要独处。通过独处感受自己的情绪,学习如何与自己的情绪共处,学习如何掌控自己的情绪。

当他人看到我们的需要时,我们就会感受到被爱,更别说当他人愿意等待甚至是满足我们的需要了。不断地为孩子营造这样一个充满了爱与自由,规则和平等的环境,会使孩子更加看到和懂得什么是全然地接纳和无条件地爱,慢慢地他会将爱自己,爱他人,爱环境,吸收、践行、内化在自己的生命中……

三、新父母成长案例

(一) 从成人立场到儿童立场

一对父母带孩子去逛商场。可是到了商场,孩子却很不开心,父母不知道怎么回事,就用各种各样的商品吸引孩子的兴趣:你看看这个,多好看;你再看看那个,多好玩儿……孩子一直拉着父母的手,但兴致缺缺,嚷着要回家。走着走着,孩子的鞋带开了,爸爸蹲下来给孩子系鞋带。当爸爸系好孩子的鞋带抬头时,才发现从孩子的角度看过去,商场里哪有什么琳琅满目的商品,有的只是一条条不断行走的腿和晃动的手臂。爸爸突然意识到孩子为什么不愿意逛商场了,所以,爸爸把孩子抱了起来,让孩子坐在自己的肩膀上一起逛街,孩子特别开心,再也不嚷着回家了。

心教育强调儿童立场,强调以儿童的视角看待问题,强调看见孩子,为孩子创造生命成长的环境,强调为儿童的生命成长服务。这不仅仅是教师的使命,也是家长需要秉承的观念。通过家长培训、读书活动等各种方式让家长了解儿童立场,践行从成人立场到儿童立场的教育理念,学会尊重儿童、尊重儿童的成长。

下面是春晴小学一位家长的自我成长反思。

　　有一天下班,我回到家看见女儿(小学一年级)正在玩儿新到手的遥控汽车。我发现她总是用遥控器将汽车开到前方之后,然后走上前把汽车掉个头再遥控着玩。当时我心里就想:你手里拿着的遥控器是摆设吗? 你这样玩多费劲啊,遥控器上面有倒车按钮,用那个多方便,就不需要来回地跑了。于是我就对她说:"果果,你不用来回动汽车,站在原地直接用遥控器的前进和后退就行了。"但她并没有照我说的做还是那样玩。

　　我又一次告诉她,并示范给她看,可人家该怎么玩儿还怎么玩儿。我就有点不太高兴了,心想我教给你正确的玩法,你怎么不学,非得那样玩。我语气上有些严厉,又对她说:"果果,你不用来回跑,你光用遥控器就行了!"

　　在一边的老公突然说话了,"哎呀,你别说了。你的方法是你的方法,孩子有自己玩儿的方式,你为什么非要将自己的想法强加给孩子呢?"老公的话让我突然想起了参加学校学习时我的感受。我经常觉得我都是对的,孩子什么都不懂,所以就得按照我说的来。这从根本上来说就是没有尊重孩子,还是把孩子作为自己的私有财产,而不是一个独立的个体。儿童立场就是要依据儿童的心理发展,根据儿童的需要,而不是成人的需要。孩子想怎么玩是她的事情,她有她的想法,我为什么要去干预呢? 看孩子用自己的方式玩得很开心,我恍然大悟,我和在书本上及其他途径学到的做父母的知识有了连接。突然明白了真正的儿童立场并不是我的"对她好",而是尊重她认为的"好"。

　　从那天起我时刻提醒自己要克制自己对孩子的控制欲,给予孩子爱和自由。如今,我的家庭,我和孩子的关系是和谐的。但在生活中,或许有很多父母像我一样,感受着来自对未来的不确定和无助感导致的担忧和焦虑,紧绷的神经没机会得到放松,看孩子的行为时总"恨铁不成钢",巴不得把自己所知道的都教给孩子,让孩子变得更"优秀"、更"聪明"。但过度的干预和包办的结果,就是孩子并不能很好地成长。因此作为父母,要时刻告诉自己:相信自己,相信孩子,他一切都会很好,他会很好地长大。只要我们多去走近孩子,多去发现孩子,多去倾听孩子,我们会更多地看见孩子,了解孩子的内心;只要我们多去审视自己,多去觉察自己,多去改变自己,我们会变得更加充满力量,充满爱。相信只要我们站在儿童的立场,我们都会成为新时代的合格父母!

望子成龙、望女成凤是父母最大的心愿。为了孩子的健康成长,父母总是想方设法为孩子创造更好的条件,让孩子无忧无虑地成长。但是,在孩子成长的过程中,很多父母并没有意识到孩子是一个独立的生命个体,他们也需要被尊重,"有一种冷叫妈妈觉着你冷"就是父母并没有真正站在孩子的立场,给孩子足够的尊重,而是站在自己的角度去衡量孩子的热冷。更有甚者,打着"我是为你好"的旗号,或者过度干涉孩子的生活和学习,或者采用专制的方式对待孩子,剥夺孩子探索的机会,实际上是在折断孩子飞翔的翅膀。

孩子在成长,父母也要随着孩子而成长,在成长的过程中了解教育的本质,掌握教育孩子的正确方法,在对待孩子的时候能够正确区分什么才是真正的"爱"孩子,唯有此,才能在家庭教育中促进孩子更好地成长。

(二) 营造尊重的家庭教育环境

一棵树的成长,需要阳光、雨露、肥沃的土壤等良好的外部环境,一个人的成长,同样需要温暖的阳光、充分的尊重、细心的呵护和良好的教育。心教育强调爱和自由,强调教育不是通过惩罚和警诫来触动内心,而是通过规则内化为秩序感来改变外在行为。在孩子规则形成的过程中,心教育会通过活动、讲解、讨论等方式让孩子了解暴力及其在生活中的表现,教育孩子识别暴力,拒绝暴力,更不使用暴力。李同学妈妈在孩子学习和了解暴力后,发现自己在日常教育中的"暴力"行为。

一天,女儿放学回家对我说:"妈妈,那次你对待我的方式就是暴力!"

"暴力? 什么事情?"

"赵老师在学校给我们讲了暴力。"她说了一件事,一天晚上,我往桌子上放柚子的时候碰到了旁边的玻璃杯,水杯滑落在地上,摔碎了。当时,女儿正在桌子上摆积木,我以为是她打碎了杯子,就批评了她,她很委屈,也很伤心。女儿说起这件事情时,我很惊讶,这件事已经过去两三年了,我完全没印象,可是孩子竟然还记得这些细节,而且结合赵老师讲的暴力把我的行为仔细地分析了一遍。

通过这次和孩子的聊天,以及对"暴力"的分析,我清晰地意识到自己在对待孩子的时候经常会使用"语言暴力"。不知道为什么,当时孩子没有为自己辩解,也许她认为我是一个强者,她是一个弱者,我不会听他的。但也就是从那以后,我想要批评她之前都会耐心地问:你为什么这样做? 你的心里是怎样想的?

疫情期间,因为辅导作业,我和女儿有些不愉快,有天晚上,我训了她,并且说:以后不再管你了! 她哭得很伤心,然后给我发了很长一段语音,说了她内心的想法。本来是气冲冲的,听了那番话,反而很心疼孩子。作为父母,我们应该无条件地爱孩子,无条件地接纳孩子。不能因为孩子不乖,就不爱他了,孩子不可爱就不和他玩儿了。我们要给孩子传递一种信息:不管怎样,爸爸妈妈都是爱他的,绝对不会不管他不要他,从而帮孩子建立安全感。

在和女儿相处的过程中,我也采取了不少方法。在她和弟弟争风吃醋时,我告诉她:妈妈生弟弟,是想多一个人陪伴你;当担心她被冷落时,便把弟弟放在家里"单独陪伴"她,带她去公园玩,去商场买好吃的;女儿犯错误时,我会用"和善而坚定"的方式告诉她不可以。

好的亲子关系,先于教育。也许我们不应该急切地寻找方法去教育孩子,而是应该充分尊重孩子,思考怎样建立良好的亲子关系,让孩子信任家长,能和爸爸妈妈友好相处。

我们要努力去发现孩子的闪光点,正如孩子每天都会对我们有新的认识一般。记得有次女儿放学回家对我说:"妈妈,我发现赵老师也和你一样温柔。下午放学我在学校等爸爸,赵老师看到我就很关心地问'李同学,这么晚了你怎么还不走呀?'然后我和赵老师聊了一会儿。你别看赵老师在课堂上那么严厉,其实她可温柔了,声音轻轻地,像妈妈。还有俞老师,经常表扬我们,还奖励我们紫皮糖……"看着孩子眼睛里闪动的光,我突然很感动。感谢老师对孩子的严厉,也感谢老师对孩子的温柔。

教育孩子,我们和老师同在! 让孩子得到充足的心理营养,那么,生命的五朵金花:爱的能力、独立自主、连接、价值感、安全感将会悄然绽放。教育,永远没有尽善尽美,教育不需要尽善尽美,教育解决不了教育过程中的所有问题。教育就是生活,它缓慢而优雅,急不得,慢不得,停不得,更折腾不得。当我们真正地去学习悦纳生命,生命才能真正被看见、接纳、包容,生命的活力才能彰显,共同成长才能悄然发生。

四、管理者成长案例

(一) 用关怀促进教师成长

教育的本质是实现人的全面而完整的发展,而每个生命都是独特的,独一无二的,值得被爱的,我们的教育就是要遵循生命发展的规律,为生命成长提供爱和自由的空间,让其在规则与平等中实现完整成长。

校长作为学校的代言人,站位要高、格局要大、初心要纯、信念要坚、行动要实。

(1) 校长作为一个生命个体,要有生命的张力和活力、要有血有肉、有感情有温度,不要把自己固化为神坛上的角色、权威的代表,不食人间烟火,冷漠无趣、令人望而生畏,要让师生敢于接近、乐于接近,真诚面对,达到生命彼此间的平等与尊重。

(2) 校长的角色定位是学校发展建设的管理者、设计者、引领者、示范者、服务者,更是师生生命发展的唤醒者、点燃者、同行者、支持者。

(3) 校长作为教育政策的执行者和贯彻者,除了要人格状态稳定、视野开阔、思维活跃、成熟而理性、具有敏锐的观察力、有不断破碎重建生命的勇气,更需要在精神层面有定力和静气,这样才能有足够的智慧和能力去发现和捕捉生命的美好,悦纳生命、共同成长。

这是西工区上阳小学常校长对教育的认识、对自我的定位,更是他"悦纳生命、共同成长"的教育理念在上阳小学践行的基础。常校长认为,教师是学校发展的主体,如何有效调动全体教职工的工作积极性、创造性,激发教师立志从教的使命感、职业幸福感,是每一位学校管理者必须考虑的大事。学校是生命成长的能量场,教师是学校的主人,在这个场域内,当教师感受到被看到、欣赏、尊重、理解、接纳、包容,她作为生命的个体才能融入这个能量场内,建立起足够的安全感、归属感。

因此,上阳小学在每个新学期的第一天,所有的行政领导都会在校门口迎接教师们返校,一个拥抱,一束康乃馨,让每位教师以愉悦的心情迎来新的一天,新教师的迎新会、退休教师的欢送会,集体生日、教师节,学期末的总结表彰会,都能以简单而隆重的仪式感让每一个生命感受见证爱的力量,进而增强团队的凝聚力。

德国著名的哲学家雅斯贝尔斯曾经说过:"教育就是一棵树摇动另一棵树,一朵云彩推动另一朵云彩,一个灵魂唤醒另一个灵魂"。教育需要"唤醒"学生的灵魂,同样需要"唤醒"教师的灵魂。作为教师队伍生力军的新教师,更需要通过引领和指导激励其带着对教育的神圣使命和满腔热情踏上工作岗位,能将使命和热情转化为教学工作中的责任和担当。了解新入职教师的基本情况,针对其工作中的困惑和不足给予指导,对于教师的专业成长和个人发展都具有十分重要的意义。

常校长关心关注教师的生命成长状态,重视提升教师的精神品质,给予教师专业引领和精神支持,在其观察日记"我和年轻教师的生命邂逅"中即可窥见一斑。

　　2018 年小雅作为新教师分配到上阳小学,小雅给我的第一印象怎么都不像一个老师,瘦瘦弱弱,轻声细语,这能 hold 住学生吗?

　　小雅在讲台上一遍遍地组织纪律,台下的学生视教师如空气,嬉笑打闹。更让人恼火的是,将近 10 分钟了老师还进入不了课堂讲授中,一直在维持课堂纪律。小雅能否胜任这份工作呢?我心存疑虑。随后的事情深深触动了我,小雅经常下班后七、八点钟还待在办公室里备课批改作业,我再次反思了我对小雅的看法,一个年轻教师到一个陌生的环境里她最畏惧的是什么?她最需要的帮助是什么?认真回想自己的成长历程,也是从刚入职时的稚嫩粗糙、问题频出,到后来在领导和同事的呵护和支持下不断磨砺才一步步走到今天的位置,今天的我是否对年轻教师要求过高?不够宽容和理解?缺乏耐心与指导?

　　经过深入地思考后,我调整了自己的思路和做法,每天中午进行10 分钟面对面的读书交流,了解小雅的想法与真实需求,每周进班跟进听课 2 到 3 节,给予专业上的指导和帮扶,同时给小雅配备了力量最强的专业师傅、班级管理师傅进行专项帮扶,利用教师会、教研会等场合对小雅的点滴进步适时地进行表扬和鼓励,一年下来,小雅的专业水平、班级管理发生了质的飞跃,成为年轻教师群体的表率。

从小雅的成长历程中我充分感受到作为管理者不能用成见去评价认定一个老师,要对生命持有包容、接纳,给予足够的支持力量,有静待花开的心态,陪伴生命共同成长,唯有如此,生命才能绽放光彩。

管理者用心陪伴和等待的,不仅仅是学校每一位学生的成长,还有学校每一位教师的成长和发展。尊重生命,尊重成长,给予足够的包容、接纳和支持,每一朵花都会绽放美丽。

(二)透过晨诵看孩子的成长

我们经常说,这个世界不是缺少美,而是缺少发现美的眼睛。在司空见惯的日常中,我们更容易因为习惯而忽视很多东西,但是,当我们着眼于细微,着眼于日常,用好奇和发现的眼睛外观时,生活往往会给我们以惊喜。西工区第二外国语小学的王校长,就是在每天的晨诵中,感受着时光美好的同时,体悟着教育的意义。

当我一次次走进教室,和孩子们共同分享那段时光时,我开始渐渐领悟"儿童是自己精神的主人"这些文字背后的意蕴。

那天,我负责带读六年级一个班,同时也给来跟听的新教师一个引领和示范。班主任选择了林清玄的散文《长途跋涉的肉羹》。高年级孩子对精神的领悟和表达与低年级孩子就不太一样了。他们开始走出自我的感觉,更愿与他人、与外在的环境发生连接,产生精神互动。文章讲述了林清玄小时候,爸爸一次出差在外,吃到了当地非常好吃的一种肉羹,为了让妻儿也能吃到如此好吃的东西,爸爸想尽办法从千里之外把肉羹带回家,直到几十年后,作者都觉得再也没有吃过比那次更好吃的肉羹,父母从来不曾对他说"我爱你",但他们的爱却总是那么真实、丰满。文章充满了浓浓的亲情。当老师读完之后,班里依然那么安静,孩子们还没有走出那种暖暖的感觉。这时,我听到老师说,好了,孩子们,看到你们似乎还在回味,那我们就安静地坐一会儿,什么都不说。教室里很安静,只有背景音乐还在轻轻地播放,那一刻真的是"此时无声胜有声"。

课下，跟班主任老师聊起来，她告诉我，之所以选择这篇散文，是因为她发现，随着毕业的临近，孩子们经常谈论的话题就是"小升初""择校""辅导班"等等，她能感受到孩子们的压力和浮躁以及与父母之间的隔阂，她希望多与孩子分享一些真实的、朴素的、充满温情与仁爱的文章，让那一颗颗悸动不安的心能归于平静。

我感动于老师的那份用心，建议她明天与孩子们分享《有一天》这本绘本，这本绘本我在做"爱和自由"培训时，给老师们读过，是一本亲子绘本，用诗歌的语言讲述了妈妈在女儿成长过程中的心路历程，尤其是最后写道"有一天，很久很久以后的一天，你的头发也会在太阳底下闪着银光""当那一天到来的时候，亲爱的，你会想念我"。就是说，当我们满头银发的时候，才会想起那个教会我们走路的妈妈，曾经是怎样的一种伤感。所以，我一直觉得，这本绘本成人读起来会更有感觉，我不知道对于六年级的孩子能不能觉察到这份感伤。我想借此机会看看孩子们会有怎样的反应。

第二天，我又走进这个班，伴随着舒缓、忧伤的背景音乐，孩子们听得很入神，读完后，老师请大家分享感受。一个女孩子的发言让我记忆犹新，她说，她一直因为中学住校不住校的问题，和妈妈分歧很大，她想住校是因为她觉得自己能够独立，也想独立，而妈妈不愿意让她住校，总是对她说："急什么，你迟早都会住校的。"当她听到绘本中的妈妈说"有一天，我会倚在门边，看着你向我挥手道别，消失在我眼前"这句话时，她说："我突然觉得我也许能离开妈妈，可妈妈却离不开我，我会重新考虑住校的问题，即便是住校，我也会经常和她联系。"

成长，是一个漫长的过程，所以在儿童成长的过程中，每一位教育者，都需要有足够的耐心。但是或许，在某一个刹那，我们会看到，成长就在孩子每一天的言行里，而且来得迅猛，让我们猝不及防。

王校长就在孩子的晨诵中，深刻地体悟到了教育以及成长的意义。

那一刻，我被这个小姑娘的觉察震到了，原有的冲突中她了解和接纳的只是自己，当我们给她建设这样一个精神的环境，心理活动开始酝酿，于是她开始让自己内在与外在发生关系，学会接纳与共情，当她说"我突然觉得我也许能离开妈妈,可妈妈却离不开我"时,是基于她对自己和他人的了解,从而获得对人性的了解和探索,这就是她的精神成长。我们每个人都是在这样一点一滴的过程中,不断内观、修正、形成自我精神世界。

给孩子"有准备的环境",这个准备是我们对儿童的理解和认识;这个环境是物质和精神,而精神是核心。蒙特梭利说:人类具有双重胚胎,一个是生理胚胎,一个是精神胚胎。我们的生理胚胎很少停止发育,是因为它的环境是确定和稳定的,而我们的精神胚胎很多却中途停止,就是缺少了有准备的环境。在和孩子们的接触中,我真切地感受到他们的精神世界天然存在,我们要做的就是给他们创造这样有准备的环境,让他们的精神胚胎得以成长,这对我们来说是必修的功课,更是教育的功德。

(三)"儿童立场"促进学校建设和发展

作为特殊教育学校,培智原校的教育对象与其他类型的学校有很大的差异,因此在教学内容、教学方法等方面都需要进行适宜性探索。在教育过程中,更需要以儿童为中心,尊重学生的个体性和差异性,用爱心、耐心培育学生的身心健康发展。作为一所特殊学校的校长,吕校长有着深刻的体验。

2017年,吕校长从普通教育走进特殊教育,在三年的工作过程中,秉承"教育要回到原点,遵循教育常识"的教育理念,将心教育的理念逐步渗透到学校工作的各个方面,从校园环境建设到人性化管理,从学校管理到特殊教育新课标,从教师教学到课题研究,结合学校实际进行教育改革,形成了独特的适合培智学校的教育教学理念。

儿童立场:认知儿童是教育的基础

西工区推动教育者"从成人立场到儿童立场"的观念转换,在特殊教育中意义更大。智力落后儿童和正常儿童的心理特征之间有共性,二者的心理多数情况下都是随年龄增长而向前发展的,但智力落后儿童比正常儿童发展迟缓,主要表现在:

1. 智力落后儿童的感知速度慢、注意力不能集中。有些智力落后儿童不喜欢看动画片,原因就是动画片活动速度太快,呈现时间太短,加之注意力不集中,感知速度跟不上。所以培智学校的教师在教学中必须充分注意智力落后儿童这一特点,必须要放慢速度。

2. 智力落后儿童的记忆速度慢,遗忘快,机械记忆多。但他们一旦学会或记住某件事、某个概念,也可能跟一般人保存得一样好,也就是说,我们将学习材料加以组织,使它们呈现条理分明、步骤细小简单,再加上充分地学习,不断地强化,孩子就能学得牢固。

3. 智力落后儿童的形象性思维多,不善于分析、综合抽象和概括,难理解事物的内在联系。思维缺乏灵活性,适应能力、应变能力差,思考方式直线而呆板。

4. 智力落后儿童的语言发展晚,简单贫乏,缺乏连贯性。七八岁的智力落后儿童往往只能用简单句子来表达自己的思想和感情,说不出要说的话时就用手势或点头、摇头表达,像婴幼儿一样,且有些音还发不准。

5. 情感不稳定,缺乏自信心,是智力落后儿童个性心理最显著的特点。情感易变化和冲动,易受外界情景的支配,控制和调节情感的能力差,易沮丧,很少得到周围人的赞美,缺乏自信。特教学校给予学生的不仅是认知和能力,还有情感、态度和信念。如何改善成长环境,培养他们的自信心,引发他们的学习动机,是一件极为重要的事情。

智力落后儿童作为一个特殊的群体,在生理、心理各方面都有其独特性。先天缺陷使得肢体协调能力很差,甚至大小便都控制不好。教师观念实现"从成人立场到智力落后儿童立场"的转换,将爱的情感渗透于心,把关爱的目光投给每一位学生。教舞蹈的符老师在集体研修时说:当学生看起来最不值得爱的时候,恰恰是学生最需要爱的时候;我们要耐心详尽地了解学生,必要时担当起妈妈、保姆的责任。

他在自己的教育反思中写到道:

面对最淳朴、纯洁的学生,我更深刻地认识到,如果学校的特色和创新建立在教育的本真和常识之上,真正做到一切为了学生,毋庸置疑,那将造福学生,造福社会,成就老师,成就校长,成就学校。可是,一旦所谓的特色和创新背离了常识,失去了本真,成为追名逐利的工具,那将是教育的悲哀,民族的悲哀。

　　"培养什么人、怎样培养人、为谁培养人",是教育的本真和原点;坚持立德树人,提升学生的思想道德素质和科学文化素质,是教育的常识。近年来,西工区的心教育思想、爱和自由的教育理念、五大教育支柱等,完美诠释了教育的本真,也成就了我的教育理想。

　　特殊教育有一个基本理念:每一个儿童都具有学习的能力。这是对人性优点的阐扬,是对生命的尊重。结合培智学校学生的特殊性,吕校长进一步明确了"从成人立场到儿童立场"的理念,在充分尊重儿童、尊重差异的基础上,关注学生需求,促进个性发展,积极推进教育教学改革,如吕校长在工作中提出的基于培智学校特殊儿童的课堂教学"少、慢、低、费"的课堂教学要求。

　　少——教学内容要少而精;

　　慢——教学节奏要慢;

　　低——教学要求要低;

　　费——教学要不怕费时间,耐心讲、反复教。

　　一切基于儿童立场,一切基于学生的需求,一切基于学生的接收能力。"少、慢、低、费",看似降低了要求,实则更贴近学生,经过实践检验,这样的教学效果更好。

　　在不断探索心教育的理念及其实践运用的过程中,吕校长不仅形成了适合培智学校的教育思想,带领教师找到了"信心是最大的方法",更让学生和家长感受到了成长的喜悦和幸福。2018 年,西工区培智学校申报的省级教育科研课题《特殊教育中学生社会适应能力培养的策略研究》顺利结题,并获得特教专家的好评。2018—2019 两年,学校师生共同表演的舞蹈《国家》和非洲鼓《小宝贝》,在西工区教体局艺术节上,得到大家的鼓励和好评。毕业的学生也都成了自食其力的劳动者,有的做了保安、门卫,有的做了清洁工、园丁,有一个学生参了军、转业后成了公交司机,还有一个自己创业开了一家按摩店。这是培智学校工作的成效,更是对心教育理念践行者的激励。

参考文献

[1] 卡尔·雅斯贝尔斯. 什么是教育[M]. 邹进, 译. 北京:生活·读书·新知三联书店, 1991.

[2] 玛利亚·蒙台梭利. 童年的秘密[M]. 马荣根, 译. 北京:人民教育出版社,2005.

[3] 孙瑞雪. 爱与自由[M]. 北京:中国妇女出版社,2013.

[4] 玛利亚·蒙台梭利. 有吸收力的心灵[M]. 高潮,薛杰,译. 北京:中国发展出版社, 2006.

[5] 拉宾德拉纳德·泰戈尔. 流萤集[M]. 李家真, 译. 北京:外语教学与研究出版社,2010.

[6] 池田大作. 我的人学[M]. 潘金生,庞春兰,译. 北京:北京大学出版社,1990.

[7] 朱熹. 朱子全书(册二十四)[M]. 上海:上海古籍出版社,2010.

[8] 孟轲. 孟子[M]. 杨伯峻,杨逢彬,译注. 长沙:岳麓书社,2000.

[9] 徐复观. 中国人性论史·先秦篇[M]. 上海:生活·读书·新知三联书店,2005.

[10] 牟宗三. 心体与性体(第一册)[M]. 长春:吉林出版集团责任有限公司,2013.

[11] 王阳明. 王阳明全集[M]. 上海:上海古籍出版社,2017.

[12] 杨国荣. 心学之思——王阳明哲学的阐释[M]. 北京:中国人民大学出版社,2009.

[13] 余英时. 余英时文集:第7卷[M]. 广西:广西师范大学出版社,2006.

[14] 王守仁. 王阳明全集(卷二)[M]. 上海:大东书局,1935.

[15] 卡尔·罗杰斯,杰罗姆·弗赖伯格. 自由学习[M]. 王烨晖, 译. 北京:人民邮电出版社,2015.

[16] 皮亚杰. 皮亚杰教育论著选[M]. 北京:人民教育出版社,2015.

[17] 龚群. 道德乌托邦的重构——哈贝马斯交往伦理思想研究[M]. 北京:商务印书馆, 2003.

[18] 哈贝马斯. 交往行动理论:第1卷[M]. 洪佩郁,蔺青,译. 重庆:重庆出版社,1994.

[19] 哈贝马斯. 后期资本主义的合法性问题[M]. 南京:译林出版社,2001.

[20] 约翰·杜威. 民主主义与教育[M]. 王承绪, 译. 北京:人民教育出版社,1990.

[21] A. S. 尼尔. 夏山学校[M]. 王克难, 译. 台北:远流出版公司,1994.

[22] 陶行知. 陶行知全集[M]. 成都:四川教育出版社,1991.

[23] 保尔·朗格朗. 终身教育引论[M]. 周南照,陈树清,译. 北京:中国翻译出版公司, 1985.

[24] 叶澜. 教育概论[M]. 北京:人民教育出版社,1991.

[25] 朱永新. 新教育实验:为中国教育探路[M]. 北京:中国人民大学出版社,2017.

[26] B. J. 瓦兹沃斯. 皮亚杰的认知和情感发展理论[M]. 徐梦秋,沈明明,译. 厦门:厦门大

学出版社,1984.

[27] 亚伯拉罕·马斯洛. 马斯洛谈自我超越[M]. 石磊,译. 天津:天津社会科学院出版社, 2014.

[28] 郗浩丽. 客体关系理论的转向:温尼科特研究[M]. 福州:福建教育出版社,2007.

[29] 吴鼎福,褚文尉. 教育生态学[M]. 杭州:浙江教育出版社,2001.

[30] 朱建军,吴建平. 生态环境心理研究[M]. 北京:中央编译出版社,2009.

[31] 柏拉图. 文艺对话集[M]. 朱光潜,译. 北京:人民文学出版社,1963.

[32] A. N. 怀特海. 教育的目的[M]. 庄莲平,王立中,译. 上海:上海文汇出版社,2012.

[33] 拉尔夫·泰勒. 课程与教学的基本原理[M]. 罗康,张阅,译. 北京:中国轻工业出版社,2014.

[34] 施良方. 课程理论:课程的基础、原理与问题[M]. 北京:教育科学出版社, 1996.

[35] 罗杰斯. 论人的成长[M]. 北京:世界图书出版公司,2019.

[36] 靳玉乐. 新课程改革的理念与创新[M]. 北京:人民教育出版社,2003.

[37] 艾莉森·高普尼克. 孩子如何思考[M]. 杨彦捷,译. 杭州:浙江人民出版社,2019.

[38] 阿尔伯特·班杜拉. 社会学习理论[M]. 陈欣银,李伯黍,译. 北京:中国人民大学出版社,2015.

[39] 内尔·诺丁斯. 关心:伦理和道德教育的女性路径[M]. 武云斐,译. 北京:北京大学出版社,2014.

[40] 内尔·诺丁斯. 幸福与教育[M]. 龙宝新,译. 北京:教育科学出版社,2009.

[41] 阿拉斯代尔·麦金太尔. 德性之后[M]. 龚群,戴扬毅,等译. 北京:中国社会科学出版社,1995.

[42] 约翰·杜威. 学校与社会·明日之学校[M]. 北京:人民教育出版社,1994.

[43] 单忠惠. 西方教育思想史[M]. 太原:山西人民出版社,1996.

[44] 马克思,恩格斯. 马克思恩格斯选集:第一卷[M]. 中共中央马克思恩格斯列宁斯大林著作编译局译. 北京:人民出版社,1995.

[45] 张晓华. 教育戏剧理论与发展[M]. 新北:心理出版社股份有限公司,2004.

[46] 刘济良. 生命教育论[M]. 北京:中国社会科学出版社,2004.

[47] 郑晓江. 生命与死亡[M]. 北京:北京大学出版社,2011.

[48] 皮亚杰. 发生认识论原理[M]. 王宪钿,译. 北京:商务印书馆,1981.

[49] 皮亚杰,英海尔德. 儿童心理学[M]. 北京:商务印书馆,1980.

[50] 黄英杰. 试论教育即是立"心"[J]. 中国教育学刊,2018(11):39.

[51] 刘电芝,疏德明. 基于班杜拉观察学习理论的隐性课程开发[J]. 教育探索,2009(3):36-37.

[52] 姚进忠. 农民工子女社会适应的社会工作介入探讨——基于生态系统理论的分析[J]. 北京科技大学学报(社会科学版),2010,26(1):22-27.

[53] 傅永军. 哈贝马斯交往行为合理化理论述评[J]. 山东大学学报:哲学社会科学版,2003(3):9-14.

[54] 程天君. 教育无目的?儿童中心论?杜威两个重要教育命题献疑[J]. 学前教育研究,

2010(6):3-7.

[55] 杨汉麟.试论杜威的教育观与儿童中心主义的原则区别[J].教育研究与实验,1985(1):102-108.

[56] 雷月荣,侯怀银."生活即教育"述评[J].南京晓庄学院学报,2021(1):8-12,122.

[57] 杨小微.行走于天地之间——访华东师范大学叶澜教授[J].基础教育,2004(1):10-14.

[58] 叶澜.反思学习重构——十五年学术探索的回顾[J].天津市教科院学报,2000(4):4-13.

[59] 刘德华,李勋亮.叶澜基于生命立场的教育思想解读[J].教育科学研究,2011(11):28-31.

[60] 屈利明,梅小青.仪式感在当代高校思想政治教育中的意义、困境与重建[J].黑龙江高教研究,2019(10):129-132.

[61] 佚名.教育部关于全面深化课程改革落实立德树人根本任务的意见[J].基础教育改革动态,2014(11):6-11.

[62] 焦阳.核心素养教育视野下英国教育戏剧理论变迁与实践拓展[J].四川戏剧,2017(9):88-92.

[63] 马利文.专题:教育戏剧的理论与实践[J].教育学报,2014(1):56.

[64] 何永华.学校管理必须强化方向性原则[J].西华师范大学学报:哲学社会科学版,1990(3):130-132.

[65] 柳丽娜,王守恒.新课程全人发展目标下高师公共教育学课程设置的思考[J].江苏大学学报(高教研究版),2004(2):12-15,23.

[66] 白倩,冯友梅,沈书生,等.重识与重估:皮亚杰发生建构论及其视野中的学习理论[J].华东师范大学学报(教育科学版),2020,38(3):106-116.

[67] 葛晓英,徐耀光.有效利用网络平台探索家校共育新模式[J].中国现代教育装备,2020(6):15-17.

[68] 叶澜.校长今天应该怎样学习[J].中小学管理,2004(4):5-8.

[69] 于慧,龚孝华.教育家型校长培养的理性追问与实践行思[J].中国教育学刊,2021(1):71-74.

[70] 钱巨波.生命论的教育理念[J].江苏教育研究,2004(2):42-45.

[71] 叶澜.教育研究呼唤"具体个人"意识[J].中国社会科学,2003(1):91-93.

[72] 蒋柯,李其维.论皮亚杰的方法论及其当代意义[J].心理学报,2020,32(8):1017-1030.

[73] 石向实.论皮亚杰的图式理论[J].内蒙古社会科学,1994(3):11-16.

[74] 李艳丽.心教育:让生命在当下开花(上)[N].教育时报,2011-08-20(1).

[75] 褚清源.发现教育新常识[N].中国教师报,2018-04-17(1).

[76] 李炳亭.重新"定义"小学教育——河南省洛阳市西工区西下池小学的"心教育学"[N].中国教师报,2013-06-12(11).

[77] 褚清源.回到儿童世界改造环境[N].中国教师报,2018-04-11(15).

[78] 王占伟. 爱和自由, 让师生成为自己——解读洛阳市西工区西下池小学蝶变背后的文化力[N]. 教育时报, 2011 - 05 - 07(1).

[79] 杨寒冰, 张学争. 根在河洛 做根植于生命本源的"心教育"[N]. 洛阳日报, 2017 - 01 - 05(1).

[80] 弯继伟. 洛阳市西工区西下池小学: 原生态环境, 让学生"随心"成长[N]. 东方今报, 2014 - 04 - 03(1).

[81] 李艳丽. 为儿童提供有准备的环境——培育自由而全面发展的人[N]. 中国教师报, 2018 - 01 - 31(14).

[82] 陈香. 朱永新: 让阅读奔涌, 形塑中国价值社会[N]. 中华读书报, 2020 - 07 - 15(6).

[83] 郝晓东. 阅读无用是因为缺乏专业性[N]. 中国教师报, 2019 - 3 - 27(8).

[84] 于立平. 有指导的专业阅读推动教师成长[N]. 中国教育报, 2014 - 01 - 08(9).

[85] 崔斌斌. 区域课改如何走进新时代[N]. 中国教师报, 2018 - 05 - 2(1).

[86] 王占伟, 张志博. 有一种教育叫"西工"[N]. 中国教师报, 2013 - 06 - 12(1).

[87] 蔡光悦. 指向心体的生命自觉[D]. 长沙: 湖南师范大学, 2019.

[88] 李万里. 麦金太尔德性伦理思想及其当代价值研究[D]. 郑州: 郑州大学, 2019.

[89] 周文杰. 哈贝马斯交往行为理论与课堂师生互动重构研究[D]. 石家庄: 河北师范大学, 2012.

[90] 孟雷. 胡塞尔与哈贝马斯"生活世界"理论比较研究[D]. 重庆: 西南大学, 2011.

[91] 吕康清. 生命与自由之维[D]. 西安: 陕西师范大学, 2012.

[92] 孙瑶. 论怀特海的课程设置原则[D]. 哈尔滨: 哈尔滨师范大学, 2016.

[93] 孙胜男. 台湾地区幼儿戏剧教育活动原则及指导策略研究[D]. 长春: 东北师范大学, 2017.

[94] 付娜. 小学数学探究学习实践研究[D]. 长春: 东北师范大学, 2012.

[95] 祁晓燕. 诺丁斯关怀伦理思想研究[D]. 南京: 南京师范大学, 2019.

[96] 中宣部, 中央文明办, 教育部, 民政部, 文化部. 关于运用传统节日弘扬民族文化的优秀传统的意见[EB/OL]. (2005 - 06 - 17)[2021 - 03 - 27]. http://wap. moe. gov. cn/jyb_xxgk/gk_gbgg/moe_0/moe_495/moe_1079/tnull_12331. html.

[97] 赵银平. 世界读书日, 习近平为你讲述他与书的故事[EB/OL]. 新华网. (2018 - 04 - 23)[2021 - 4 - 6]. http://www. xinhuanet. com/politics/2018 - 04/23/c_1122724592. htm.

[98] SKILBECK M. School-based Curriculum Development[M]//ANN LIEBERMAN. The Roots of Educational Change: International Handbook of Educational Change. Netherlands: Springer, 2005.

[99] SHIFRA SCHONMANN. Key Concepts in Theatre/ Drama Education [M]. Netherlands: Sense Publishers. 2011.

[100] DEWEY J. Psychologyand social practice(1900)[A]//BOYDATONJA. The Middle Works of John Dewey, 1899—1924, Volumel. Carbondale and Edwardsville: Southern Illinois University Press, 1976.